U0853102

中国要素价格变动对收入分配与消费需求的影响研究

蓝管秀锋◎著

湘潭大学出版社
XIANGTAN UNIVERSITY PRESS

版权所有 侵权必究

图书在版编目（CIP）数据

中国要素价格变动对收入分配与消费需求的影响研究 / 蓝管秀锋著. -- 湘潭 : 湘潭大学出版社, 2024. 5.
ISBN 978-7-5687-1453-2
Ⅰ. F124.7; F126.1
中国国家版本馆 CIP 数据核字第 202419F294 号

中国要素价格变动对收入分配与消费需求的影响研究

ZHONGGUO YAOSU JIAGE BIANDONG DUI SHOURU FENPEI YU XIAOFEI XUQIU DE YINGXIANG YANJIU

蓝管秀锋 著

责任编辑：罗 联
封面设计：李 平
出版发行：湘潭大学出版社
社　　址：湖南省湘潭大学工程训练大楼
电　　话：0731-58298960 0731-58298966（传真）
邮　　编：411105
网　　址：http://press.xtu.edu.cn/
印　　刷：长沙鸿和印务有限公司
经　　销：湖南省新华书店
开　　本：710 mm×1000 mm 1/16
印　　张：15.25
字　　数：242 千字
版　　次：2024 年 5 月第 1 版
印　　次：2024 年 5 月第 1 次印刷
书　　号：ISBN 978-7-5687-1453-2
定　　价：78.00 元

序 言

在中国收入分配格局尚未发生明显改善，居民消费率偏低，消费需求长期不足的现实背景下，分析居民消费需求的内在影响因素成为提振中国经济发展的难题之一。近年来，中国政府大力实施供给侧结构性改革，希望通过鼓励居民消费来拉动内需，以推动社会经济的转型发展。与此同时，中国要素市场化改革严重滞后，要素价格尤其是资本、劳动、土地等关键生产要素变动严重，市场的价格决定机制急需建立。依据新古典经济理论的观点，要素价格是收入分配的重要影响因素。从资本价格变动的角度看：一方面，限制了资本在市场机制作用下的自由流动，导致资本配置效率的严重损失；另一方面，资本价格变动不能消除甚至增强了资源禀赋差异，导致收入差距扩大。从劳动价格变动的角度看：劳动力流动限制是造成城乡收入差距扩大的重要原因。随着经济发展水平的提高，农村剩余劳动力因劳动报酬差异向城市转移，这种转移有利于提高农村劳动者的收入水平，提高要素配置效率，降低城乡收入差距。从土地价格变动的角度看：作为要素市场的重要组成部分，土地要素市场化水平既能够影响土地在要素市场上的供求价格，又可以影响土地资源的配置效率和收入分配效应，进而对居民收入差距产生影响。

该书研究具有以下几点创新：首先，现有文献对中国要素价格变动影响效应的理论分析和实证研究不足，部分学者在讨论要素价格变动对居民收入分配或消费的影响时，主要从资本和劳动要素价格变动的角度进行分析。本书将土地要素价格变动纳入同一研究框架中，从理论分析和实证研究角度探究中国要素价格变动对收入分配和消费需求的影响。其次，现有文献从省级层面测算中国生产要素价格变动的相对较少，本书将资本、劳动和土地要素纳入生产函数，从省级层面测算要素价格变动程度。再次，近年来中国居民消费率持续下降，投资-消费结构失衡，本书试图从要素价格变动视角对其进行解释，对破解收入分配失衡和消费需求不足的现状具有一定边际贡献。最后，基于中国社会经济发展的客观实际，根据研究结论提出了具有实践价值的政策建议。例如，在推动劳动要素市场化改革方面，认为中国户籍制度改革已经取得重要进展，但是在进城务工人员市民化问题上需要进一步突破，仍然存在诸多掣肘劳动力城乡之间自由流动的体制机制因素，劳动市场化程度不足将对劳动力要素的配置效率产生影响。要素市场化改革的目的是使国民经济发展与劳动者的收入增长率得到同步提高，以此减少要素收入分配失衡，提高居民收入水平，并最终释放居民消费需求潜力。由于中国城乡“二元”经济结构的存在，继续推进户籍制度改革仍然是未来一段时期的重要任务，也是考验社会公平和效率的关键。因此，需要消除附加在户籍制度上的医疗、养老、教育等各项隐性福利，避免进城务工人员市民化问题无法落实，限制了农村转移人口或者外来务工人员的自由流动导致城乡收入差距持续扩大，抑制居民消费需求提升。国家统计局数据显示，2023 年中国城镇人口占总人口的比重（常住人口城镇化率）超过 65%，但是户籍人口城镇化率仅为 47%。中国农村转移人口市民化问题的彻底解决还需要政府加快推进改革进程。当然，户籍制度改革要根据各地区社会经济发展实际，将协同配合、因地制宜作为灵活制定政策的重要原则，不能简单生硬地搞“一刀切”。农村转移人口主要向沿海地区、中心城市和部分大城市流入，大城市应根据自身规划在大幅扩大落户规模的前提下调整完善积分落户制度，既要避免城市“摊大饼”式的发展，又要让各行各业的进城务工人员能够在城市获得同等的市民待遇。另外，中小城市需要加快以“人”为核心的新型城镇化建设，不仅可以在门槛上降低农村转移人口的落户标准，而且有利于促进城乡统筹发展。充分发挥市场机制在劳动要素配置中的决定性作用，使得劳动者能够真正实现自己的价值，获得与自身价值相对应的报酬收入，降低劳动要素价格变动对居民消费需求的负向影响。加强就业信息服务平台建设，有利于形成服务完善、城乡统一的劳动力市场，提升市场机制对居民特别是农村居民就业的资源配置能力，促进劳动要素配置的合理有序流动。在国民收入初次分配中，需要改变过去向国家和企业倾斜的状况，提高劳动报酬占国民收入的比重，使得广大劳动者能够享受经济增长带来的成果，做到“藏富于民”。

中国（海南）改革发展研究院副院长
RCEP 研究所所长
匡贤明

2024 年 3 月

前言

中国要素市场化改革滞后，要素价格尤其是资本、劳动、土地等传统生产要素变动严重，市场的价格决定机制急需进一步完善建立。此外，收入分配失衡、消费需求不足等问题长期存在，不仅带来诸多社会矛盾，而且影响宏观经济运行的稳定性。本书从理论分析和实证研究角度系统讨论中国要素价格变动、收入分配与消费需求之间的内在关系，并利用中介效应检验法考察要素价格变动对消费需求的影响路径。不同于以往的相关研究，本书理论分析时在借鉴凯恩斯消费函数的基础上，构建要素价格变动与收入分配失衡的理论模型，紧接着基于消费者“异质性”假设，结合中国城乡“二元”经济结构的现状，探讨要素价格变动如何通过收入水平与收入分配对消费需求产生影响。在实证研究部分，利用中国 2000—2019 年除西藏自治区及港澳台地区以外的 30 个省（自治区、直辖市）面板数据，测算中国要素价格总变动与资本、劳动、土地要素价格变动程度，依据测算结果分析中国要素价格变动对收入分配失衡和消费需求不足的内在影响机制。上述研究为中国深化要素市场改革，降低居民收入差距，实现以消费推动经济转型发展的路径提供理论支持。研究结论如下：

(1) 总的要素价格变动加剧了中国收入分配失衡，不同要素价格变动，即资本、劳动和土地要素价格变动对居民收入分配的影响机制存在一定差异性。转型时期中国资本市场行政垄断的存在，导致资本价格长期被低估，资本市场一直处于负效应的状态，资本价格变动通过抑制收入增长来影响居民的消费需求。由于中国城乡“二元”经济结构、人口户籍制度、劳动力市场不完善等因素的存在，使得中国劳动要素长期处于负效应的状态。劳动要素价格变动不仅会对资源配置效率造成许多不利影响，还会降低居民收入水平，扩大收入分配差距，抑制居民消费需求的提升。土地市场作为一种重要的要素市场，其市场化水平不仅会对土地资源配置效率和土地要素供求价格产生直接影响，还会形成重要的收入分配效应，最终对居民的消费需求产生影响。

(2) 在样本期内，除劳动要素价格存在正效应外，资本、土地要素价格均呈现负效应，表明现阶段中国劳动力市场中的劳动要素实际价格大于其边际产出水平，但这种正效应开始逐渐减弱，甚至在部分地区呈现出负向变动的趋势。

(3) 中国要素价格总变动对收入分配失衡的影响存在明显负效应，表现为变动程度的提高导致居民收入分配的不平衡，但资本、劳动和土地要素价格变动对收入分配失衡的影响存在差异性。例如，中国劳动价格变动和土地价格变动对收入分配失衡的影响呈现出类似于库兹涅茨曲线的倒“U”形关系，即伴随劳动价格变动或土地价格变动程度的上升，居民收入分配差距表现为先扩大后缩小的变化趋势。从土地市场化程度看，中国土地价格变动对居民收入不平衡的影响仍然处于正向效应阶段，即土地价格变动加剧了居民收入分配的失衡。

(4) 中国要素价格总变动与要素收入分配失衡之间呈现显著的“U”形关系，表明在样本期内，随着要素价格总变动程度的持续上升，劳动收入份额占国民经济的比重经历了先下降后上升的过程。与之相应，要素收入分配失衡也同样经历了先恶化而后缓解的过程。

（5）在中国城乡“二元”经济结构背景下，要素价格变动会通过收入水平与收入分配对居民消费需求产生影响，且该效应具有恶性累积的负外部性，即当期初居民收入分配差距越大，要素价格变动对居民消费需求的抑制效应越强。收入水平是决定居民消费需求的重要因素，甚至影响社会整体消费结构的转型升级。因此，能否推动居民收入水平的提升已成为扩大中国居民消费需求，实现经济增长“内循环”的关键所在。

（6）通过加入机制变量进行中介效应检验发现，无论是在地理距离矩阵还是在经济距离矩阵下，要素价格变动都会通过降低居民人均可支配收入来抑制居民消费需求的提高。同时，要素价格变动会导致居民劳动收入份额的下降以及城乡居民收入差距的扩大。从居民总体消费需求的角度看，要素价格变动会抑制本地区居民总体消费需求的增长，但对城镇居民消费需求和农村居民消费需求的影响效应具有差异性。中国经济正处于转型发展的关键时期，还没有完成转轨的经济体制所造成的生产要素价格变动，是现阶段居民消费需求不足的重要原因。

基于上述研究结论，本书提出了推动中国要素市场化改革、优化收入分配制度、实施“居者有其屋”等政策建议，以促进中国经济结构转型发展。中国城乡“二元”经济结构的存在，使得推进户籍制度改革仍然是未来一段时期的重要任务，也是考验社会公平和效率的关键。因此，需要消除附加在户籍制度上的医疗、养老、教育等各项隐性福利，避免出现进城务工人员市民化问题无法落实和农村转移人口或者外来务工人员无法自由流动的现象，加快推进中国利率市场化，特别是存款利率市场化的改革步伐，使利率能够切实反映资本市场价格及其供求关系的变化，促进资本的合理有效流动，充分发挥资源优化配置的作用。完善城乡统一建设用地市场，激发土地市场活力，推动土地要素自主有序流动。政府应明确农村土地产权特别是宅基地产权，加快集体经营性建设用地价格市场化，由村民集体自主决定土地的转让用途、流转价格和增值收益分配方式等。

目 录

第1章 引 言

1.1 研究背景与选题意义

1.1.1 研究背景

改革开放以来，中国凭借人口、资源红利以及制度优势等，表现出强劲的经济发展动力，GDP由1978年的3 678.7亿元上升到2023年的126.06万亿元，经济总量占全球经济的比重从1.7%提升至18.5%，经济发展速度之快、规模之大、时间之长，引起世界广泛关注，堪称“中国经济奇迹”。然而，从整体基尼系数的不断上升和居民消费率的持续下降中可以看出，中国经济增长长期依赖于投资和出口拉动的发展模式正暴露出诸多矛盾和问题，如收入分配失衡、居民消费不足等。消费、投资和出口是经济增长的“三驾马车”。长期以来，中国经济增长高度依赖于投资和出口，但是受外界因素的干扰，投资和出口容易存在波动性，导致其对经济增长的贡献存在不稳定因素。投资容易受到市场预期、政策调整以及经济周期等的影响。对外贸易会受到世界经济环境、国际贸易壁垒以及多边贸易关系等的制约。消费被认为是刺激经济增长最为稳定的驱动力，但是现阶段中国经济消费增长低于投资、出口增长，消费不足、投资过度与出口依赖的长期叠加效应容易造成内需不足、产能过剩以及贸易摩擦等。根据西方经典消费理论，社会财富的增长会带来居民消费需求的同步上升，但是中国居民消费率（即居民消费支出占 GDP 的比重）长期偏低甚至整体呈现出下滑态势。根据世界银行的统计数据，西方发达国家中居民消费占 GDP 的比重大多超过 60%。例如，美国居民消费占 GDP 比重为 82%，欧盟为 74%，而中国居民消费占比约为 40%，在世界范围内属于较低水平。中国居民消费率低造成经济发展的内生动力不足，严重制约经济的健康、稳定发展。

另外，虽然中国渐进式改革在推动社会财富的增长上取得巨大成功，但经济发展中路径依赖等的存在也暴露出一系列弊端，要素价格变动就是一个重要例子。传统经济理论认为，要素价格变动的原因主要来自垄断和外部性导致的市场不完善，没有将政府干预要素市场价格纳入其中。事实上，转型经济中由政府干预形成的要素价格变动现象更为普遍。在市场化改革方面，中国采取了一系列的物质利益调整措施。其中，价格改革在经历了以计划价格体制为主体，到混合价格体制占主导，再到社会主义市场价格体制建立三个阶段后，中国产品市场化程度显著提高，市场的价格决定机制基本确立。国家发展和改革委员会统计数据显示，2020 年中国社会消费品零售总额中市场调节价比重达到 98.3%，较上年提升 0.2 个百分点，政府指导价与政府定价比重分别为 0.9% 和 0.7%，同期，美国、德国和日本的政府管制价格分别为 2.4%、4.9% 和 3.1%，表明中国产品价格市场化程度已经达到甚至超过主要发达国家水平。与产品价格市场化的成功改革相比，中国要素价格的市场化程度却明显不足，地区与行业间的要素市场分割、要素流动障碍、要素价格变动等问题突出。从要素市场分割的角度看，中国户籍制度形成了劳动力市场分割，导致劳动力报酬无法遵循新古典经济学边际报酬与边际产出相等的原则，造成劳动力价格的变动。从要素行业分割的角度看，国有企业凭借垄断优势存在所有制歧视，能够以低于市场价格获得所需资本，损害了资本的配置效率、恶化了资本的负向变动程度。从经济运行的实际看，中国要素价格变动主要表现在资本、劳动和土地等传统生产要素方面。其中，中央政府主要控制资本价格，地方政府主要影响土地价格，劳动力价格主要由劳动力市场供求情况决定。但是，劳动力市场偏离程度同样相当严重，主要表现为劳动者在劳动力市场中处于弱势地位。

1.1.2 选题意义

1. 理论意义

当前中国正处于经济转型发展的关键时期，如何系统性、深层次地破解过去依靠高投资拉动经济增长的模式，实现以消费促进经济“内循环”，成为社会各界广泛关注的重点。消费是推动经济高质量发展的“三驾马车”之一，对该问题的研究不仅需要经济学理论支撑，而且涉及社会学、管理学、统计学等相关学科。消费可以促进生产，同时也是人们生产的目的和社会再生产的重要条件。影响居民消费的因素很多，国内外学者也一直在丰富和完善相关消费经济理论。例如，通过对影响消费的各种因素进行解释，分析导致消费需求不足的内在原因。从已有文献看，学者们对居民消费需求问题的研究大多基于收入分配、财政因素、金融集聚、人口年龄结构、城镇化质量等视角展开分析，关于中国要素价格变动、居民收入分配与消费需求之间内在机制的研究则相当有限，仅有的部分文献也缺乏系统性分析，无论是在理论模型构建上，还是在实证分析方面，都有待进一步深入剖析。因此，研究中国要素价格变动对居民收入分配和消费需求的影响就显得非常必要。从西方经典消费理论看，无论是解释短期消费行为的绝对收入消费理论，还是考虑到周围人消费影响的相对收入消费理论，抑或是生命周期理论，收入都是影响人们消费行为的核心因素。要素价格变动会通过收入分配影响居民实际收入水平，最终对居民消费需求产生影响。

本书将基于生产要素市场不完善的视角，研究中国要素价格变动对居民收入分配和消费需求的影响，这不仅有助于丰富相关理论成果，而且是对以市场经济为假设前提的西方传统经济理论的一种补充和延伸。

2. 现实意义

长期以来，提高居民消费成为中国转变经济发展方式，建立起以“消费—投资—出口”为重点的宏观经济运行模式的关键。但是，中国居民消费率始终偏低，2020 年中国居民消费率仅为 39%，不仅低于美国（68%）、英国（66%）等西方发达国家，而且低于巴西（64%）、印度（59%）等新兴经济体。但是，中国储蓄率达到 45%，超过世界上绝大部分国家。“低消费-高储蓄”成为中国社会经济发展的典型特征。从社会经济发展阶段看，中国已经是世界第二大消费市场，商品市场从过去供给短缺的“卖方市场”，转为现在需求疲软的“买方市场”，较低的居民消费率造成中国总需求不足，导致“投资—消费”结构失衡，最终影响中国宏观经济运行的稳定性。例如，2008 年国际金融危机爆发以后世界经济开始进入衰退期，全球需求市场的急剧下降导致中国沿海地区企业出口困难，出现大规模的倒闭潮。在出口受到严重影响，无法对经济产生拉动作用的情况下，为防止中国经济增速的持续下降，政府采取基建投资和鼓励居民消费的措施来避免出现经济萧条。“十三五”期间中国经济发展进入新常态，供给侧结构性改革成为经济发展新思路，降低居民储蓄率、提高居民消费能力是中国承接出口导向的关键。2020 年 5 月 14 日，中共中央政治局常委会首次提出，构建国内国际双循环相互促进的新发展格局。依托于持续降低储蓄率，形成“消费内循环”是实现国内大循环的重要路径。

作为人均资源相对稀缺的发展中大国，新中国成立后特别是改革开放以来，中国经济虽然取得了快速增长，但是这种经济增长高度依赖于政府主导、依靠变动要素价格的方式，即建立在损害资源利用效率的基础上。当要素价格不能反映要素资源的真实稀缺程度时，就会对企业的要素使用方式和技术选择机制产生影响，直接导致资源配置效率的损失和宏观经济的不稳定，加快要素市场化进程已经成为中国经济实现可持续发展的关键。因此，对转型时期中国要素价格变动进行理论分析和实证研究，有助于加快构建一个合理的、能够反映要素资源稀缺程度的市场价格体系，为实现要素资源有效配置和整体经济效率的提高起到积极的促进作用。另外，从中国特色社会主义市场化改革的历程看，中共十四大以来，建立社会主义市场经济体制成为中国经济体制改革的目标，十四届三中全会更是将经济体制改革的基本任务和要求具体化，解决改革发展关键性问题取得了显著的成绩。但是，受发展阶段的制约，中国要素市场化改革依然存在许多问题。例如，与产品市场化的成功改革相比，中国要素市场化进程明显滞后，生产要素市场，特别是资本、劳动、土地等关键要素都存在一定程度的价格变动，而垄断、外部性、政府干预、企业所有制区别、行业特征差异以及地区发展水平不同等都是造成要素价格变动的重要原因。在要素市场中，资本、劳动价格的负效应压低了资本报酬和劳动力工资水平。土地要素一级市场中，地方政府无论是在卖方市场还是买方市场都处于垄断地位，且土地要素存在住宅和商服用地价格过高，工业用地价格偏低甚至为零的严重结构性问题。同时，土地要素价格变动还会造成地方财政对土地收入的高度依赖，推动房价上涨。有学者认为，中国房价的大幅上涨虽然提高了住房所有者的家庭财富，但抑制了居民消费结构的升级，对消费产生了一定程度的挤出效应（刘颜 等，2019）。因此，研究中国要素价格变动对收入分配和消费需求的影响，对深化要素市场改革、缩小居民收入差距、实现消费推动经济增长，具有重要的现实意义。

1.2　研究思路和结构安排

在中国收入分配格局尚未发生明显改善，居民消费率偏低，消费需求长期不足的现实背景下，研究影响居民消费需求的内在因素成为提振中国经济发展的难题之一。近年来，中国政府大力实施供给侧结构性改革，希望通过鼓励居民消费来拉动内需，以推动中国社会经济的转型发展。与此同时，中国要素市场化改革严重滞后，要素价格尤其是资本、劳动、土地等关键生产要素变动严重，市场的价格决定机制急需建立。依据新古典经济理论的观点，要素价格是影响收入分配的重要因素。从资本价格变动的角度看：一方面，限制了资本在市场机制作用下的自由流动，导致资本配置效率的严重损失；另一方面，资本价格变动不能消除甚至增强了资源禀赋差异，导致收入差距的扩大。从劳动价格变动的角度看：劳动力流动限制是造成城乡收入差距扩大的重要原因。随着经济发展水平的提高，农村剩余劳动力因劳动报酬差异向城市转移，这种转移有利于提高农村劳动者的收入水平，提升要素配置效率，降低城乡收入差距。从土地价格变动的角度看：作为要素市场的重要组成部分，土地要素市场化水平既能够影响土地在要素市场上的供求价格，又可以影响土地资源的配置效率和收入分配效应，进而影响收入差距。

1.2.1 研究思路

本书主要研究中国要素价格变动、居民收入分配与消费需求之间的内在关系，以要素价格变动为切入点，分析中国居民收入分配差距扩大以及消费需求长期不足的深层原因。以“提出问题—分析问题—解决问题”为基本思路，相关技术路线如图 1.1 所示。

（1）通过对国内外相关文献的梳理，结合中国宏观经济运行实际，逐步形成基本框架和技术路线。

（2）在理论基础部分，借鉴凯恩斯的居民消费函数，构建要素价格变动与收入分配失衡之间内在关系的理论模型。同时，基于中国城乡“二元”经济结构的现状，进一步探讨消费者“异质性”假设下要素价格变动如何通过收入水平与收入分配对居民消费需求产生影响。

（3）在实证分析部分，以 2000—2019 年省级面板数据为样本，分别测算中国要素价格总变动以及资本、劳动、土地要素价格变动程度。在此基础上，分析中国要素价格变动与收入分配失衡之间的内在关系。另外，利用中介效应检验法深入研究中国要素价格变动如何通过收入水平和收入分配对居民消费需求产生影响。

（4）根据理论分析和实证研究结论，提出有可操作性的政策建议。

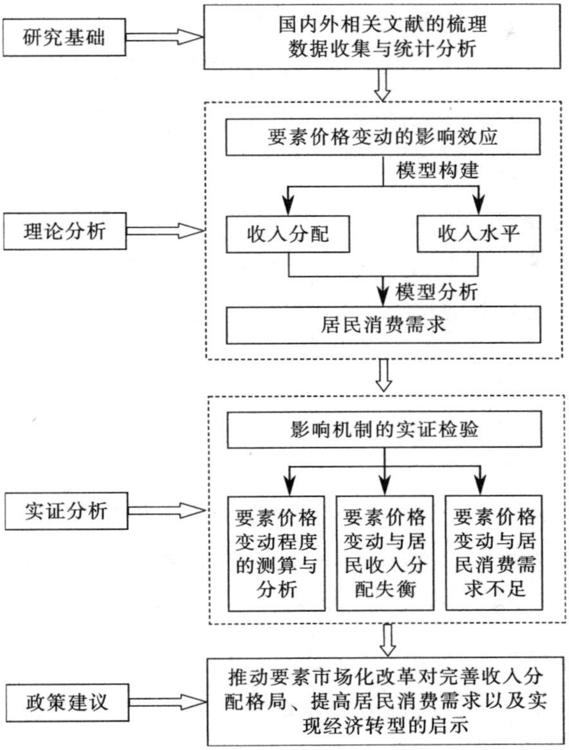

图 1.1　技术路线图

1.2.2　结构安排

本书包括以下内容：

第 1 章，引言。主要包括研究背景与选题意义、研究思路和结构安排、研究方法及数据说明以及研究中的创新点等。

第 2 章，相关文献综述。对要素价格变动、居民收入分配与消费需求的相关文献进行梳理，结合渐进式改革背景下中国居民消费需求不足的现状，提炼出本书的研究重点。首先，回顾国内外要素价格变动的相关研究，包括要素价格变动理论的发展、要素价格变动的成因、要素价格变动的测度等；接着，对居民收入分配和消费需求的相关研究进行简要梳理；然后，分析要素价格变动对社会经济的影响效应；最后，进行文献的述评总结。

第 3 章，理论基础与作用机制分析。在中国生产要素市场中，由于市场机制不完善导致资本、劳动和土地等要素价格呈现不同程度的变动，要素价格变动不仅影响中国转型时期社会经济的可持续发展，而且容易引起社会经济结构失衡，如过度投资、出口依赖、收入分配恶化、消费抑制等。其中，居民收入差距扩大、消费低迷成为影响中国经济可持续发展的重大现实问题，许多学者试图通过各种理论解释其成因。本章主要分析要素价格变动与收入分配失衡的内在关系，在此基础上进一步挖掘长期以来中国居民消费需求不足的内在影响机制，为破解中国居民收入分配差距扩大与消费需求不足的现状提供理论借鉴。

第 4 章，要素价格变动程度的测算与分析。通过相关文献的梳理，界定要素价格变动的内涵，在此基础上比较分析变动程度测算的主要方法。在测算要素价格变动的各类方法中，生产函数法是目前学者们运用较为广泛的一种方法。其中，柯布-道格拉斯（C-D）生产函数在生产函数法中最为常用。C-D 生产函数的优点在于基本模型的回归分析要求最直接、最简单，且已被经典经济学理论和实证研究反复验证，以此得出的要素边际产出估算结果具有更强的合理性。该方法不仅可以同时测算两种及以上要素价格的变动程度，而且能够估算要素间的相对价格变动程度。随着被纳入生产函数中的经济要素越来越多，该方法也开始被应用于能源、土地等要素价格变动程度的测算。在以往的研究中，多数学者仅考虑资本和劳动要素在中国经济发展中的重要作用，忽视土地要素可能产生的影响。本章在传统 C-D 生产函数的基础上，采用扩展的 C-D 生产函数法对中国 2000—2019 年除西藏自治区及港澳台地区以外 30 个省（自治区、直辖市）的要素价格总变动以及资本、劳动、土地等要素价格变动程度进行测算，并对结果进行简要分析。该部分的测算结果也是后续各章节实证分析的重要基础。

第 5 章，中国要素价格变动与居民收入分配失衡。在已有研究成果的基础上，结合中国要素市场不完善的现实背景，深入分析中国要素价格变动是否会对收入分配失衡产生影响，以期清楚地了解近年来中国城乡收入差距的扩大到底是内生于经济转型和发展阶段的客观需要，还是外生于社会改革进程中政府对推动国家发展策略的主观选择。另外，根据第4章要素价格变动程度的测算与分析可知，资本、劳动和土地要素价格的变动程度和趋势存在较大差异。因此，本章在分析中国要素价格总变动程度对收入分配失衡影响的基础上，分别讨论中国资本、劳动和土地要素价格变动对收入分配失衡产生的内在影响。本章首先进行计量模型的设定和变量说明，然后进行中国要素价格变动对居民收入分配失衡的实证分析。实证过程主要基于中国2000—2019年除西藏自治区及港澳台地区以外30个省（自治区、直辖市）的面板数据，使用两步系统GMM估计方法分析中国要素价格总变动对收入分配失衡影响的内在机理，在此基础上，分别就资本、劳动和土地要素价格变动对收入分配失衡的影响进行探讨。

第6章，中国要素价格变动与要素收入分配失衡。学术界关于收入分配问题的研究主要包括两个方面：居民收入分配和要素收入分配。两种不同的收入分配之间存在紧密的内在联系。低收入群体和高收入群体的收入来源存在显著差异，低收入群体的收入来源主要是劳动要素报酬，而高收入群体的收入来源主要是资本要素收入。因此，如果在国民收入分配中劳动收入份额占比下降，则会导致居民之间收入差距扩大。有学者针对中国居民收入分配不平衡的问题进行研究，认为中国劳动收入份额在国民收入分配中的占比持续下降是造成居民收入差距扩大的重要原因（周志莹 等，2015）。本书在第5章探讨了中国要素价格变动对居民收入分配不平衡的影响，得出结论：中国要素价格总变动和资本价格变动与收入分配失衡为线性正相关关系，即样本期内无论是中国要素价格总变动程度的提高还是资本价格变动程度的加剧，都会导致居民收入差距的扩大。实证分析发现，中国劳动价格变动和土地价格变动对收入分配失衡的影响呈现出类似于库兹涅茨曲线的倒“U”形关系，即伴随劳动价格变动或土地价格变动程度的上升，居民收入分配差距表现为先扩大后缩小的变化趋势。本章针对中国要素价格变动对要素收入分配的影响进行实证分析，不仅是对第5章研究的承接，而且可以深化人们对中国现阶段突出的收入分配失衡问题的认识，有利于全面了解要素价格变动在收入分配失衡中的作用。

第 7 章，中国要素价格变动与居民消费需求不足。对中国 2000—2019 年除西藏自治区及港澳台地区以外 30 个省（自治区、直辖市）的居民消费需求数据进行空间相关性检验，无论是通过地理距离矩阵还是经济距离矩阵，抑或是 0-1 矩阵，均得出中国省域居民消费水平存在正的空间相关性。假如忽视空间效应，会不可避免地造成估计偏误。因此，通过构造空间计量模型研究中国要素价格变动对居民消费需求的影响。本章首先进行计量模型的设定和变量说明。然后，采用中国 2000—2019 年除西藏自治区及港澳台地区以外 30 个省（自治区、直辖市）的面板数据，通过空间杜宾模型（SDM）和两步系统 GMM 估计方法对中国要素价格变动与居民消费需求之间的内在关系进行分析。同时，就要素价格变动是否会通过收入水平和收入分配来抑制居民消费需求进行机制检验。

第 8 章，研究结论与政策建议。在总结前文研究结论的基础上，提出相应的政策建议。同时，根据研究过程中遇到的困难和尚未解决的问题，提出本书的不足之处，为进一步研究提供有价值的参考，以期通过后续研究不断丰富和深化人们对中国要素价格变动、居民收入分配与消费需求问题的理解，为推动要素市场化改革、降低收入分配差距、提升居民消费需求以及转变经济发展方式等提供具有一定边际贡献的研究成果。

1.3 研究方法及数据说明

1.3.1 研究方法

一是文献研究法。通过对国内外文献的整理和比较分析，掌握学者们对有关要素价格变动、居民收入分配与消费需求的研究成果，采用的分析方法，存在的问题或不足，等等，以更加全面地了解该问题的研究现状，形成关于研究对象的一般印象，找到可拓展的研究空间。

二是计量研究法。基于中国要素市场不完善的现实背景，在借鉴国内外相关研究方法的基础上，主要使用普通面板数据模型、动态面板 GMM 模型和空间杜宾模型等进行相关实证分析。首先，在普通面板数据模型方面，根据估计方程的截距和斜率情况，分为混合效应模型、固定效应模型和随机效应模型三种不同的回归方式，通过 F 检验和 Hausman 检验对估计模型进行取舍。其次，在动态面板 GMM 模型方面，采用系统广义矩估计方法和差分广义矩估计方法。其优点是：一方面，在处理无法观测到的特殊个体效应和时间效应影响时，该分析方法可以通过差分方法或工具变量进行有效的控制。另一方面，在处理模型的内生性问题时，该方法能够采用超前的解释变量和滞后的被解释变量作为工具变量进行处理。本书在计量研究中采用两步系统 GMM 估计方法作为基准模型。考虑到估计结果的可靠性，将通过两步差分 GMM 估计方法对模型回归结果的稳健性进行检验。针对广义矩估计方法需要检验工具变量的有效性和残差项是否存在序列相关问题，本书分别采用 Sargan 检验和 Arellano-Bond 统计量检验进行处理。再次，在空间杜宾模型方面，通过 Wald 检验和 LR 检验来判断解释变量是否可以被简化为空间自回归模型或者空间自相关模型。

三是理论分析与实证研究相结合的方法。理论分析部分，借鉴凯恩斯的消费函数，构建要素价格变动与收入分配失衡的理论模型。同时，基于消费者“异质性”假设，结合中国城乡“二元”经济结构的现状，进一步分析要素价格变动如何通过收入水平与收入分配对居民消费需求产生影响。实证研究部分，利用 2000—2019 年省级面板数据，测算中国各省（自治区、直辖市）要素价格总变动以及资本、劳动、土地要素价格变动程度，根据测算结果，分析中国要素价格变动对收入分配失衡以及消费需求不足的影响机制。实证分析不仅是对理论模型的经验证明，而且能够更加精确地揭示研究问题的发展规律。

1.3.2 数据说明

本书所涉及的 2000—2019 年中国各省（自治区、直辖市）数据主要来源于国家统计局数据库、中经网统计数据库、历年《中国统计年鉴》以及各省（自治区、直辖市）历年《统计公报》等。具体包括以下几个方面：

（1）历年《中国统计年鉴》。数据来源：国家统计局数据库或中国经济社会大数据研究平台。

（2）各省（自治区、直辖市）历年《统计公报》。数据来源：从各省（自治区、直辖市）统计局官网查找，或通过搜索引擎直接获取。

（3）数据库。主要包括国家统计局数据库、中经网统计数据库、中国经济社会大数据研究平台以及中国知网数据库等。

（4）数据处理工具。主要包括 Stata 15.0、Excel 2007 等。

1.4 创新点

基于前人的研究成果，本书在研究视角、研究内容和实证分析过程等方面的创新点如下：

（1）研究视角的创新性。通过对相关文献的梳理发现，学者们对居民收入分配和消费需求问题的研究大多基于财政因素、金融集聚、人口年龄结构、城镇化质量等视角展开分析，关于中国要素价格变动、收入分配与消费需求之间内在机制的研究则相当有限，仅有的部分文献也缺乏系统性，无论是在理论构建上还是在实证研究方面都有待进一步深入剖析。本书基于中国要素价格变动视角，分析导致中国居民收入分配差距持续扩大以及消费需求长期不足的深层原因，在一定程度上丰富了相关问题的研究成果。

（2）研究内容的系统性。本书从理论分析和实证研究角度系统地讨论中国要素价格变动如何通过收入水平和收入分配机制对居民消费需求产生影响。同时，针对现有研究在实证分析方面以单个要素的研究多、多要素的综合研究少，截面分析的多、动态比较分析的少，微观分析多、宏观把握少等问题，本书从资本、劳动和土地要素三个维度，采用动态面板 GMM 模型和空间杜宾模型，研究要素价格变动对收入分配和消费需求的影响，相对完整地刻画三者之间的内在关系，为推动要素市场化改革、降低收入分配差距以及转变经济发展方式等提供科学的理论支撑。

(3) 实证分析过程的创新性。首先，在要素价格变动程度的测算方面，现有研究较少将资本、劳动和土地要素纳入同一生产函数进行分析，本书在模型中纳入了土地要素，这样处理有助于更加全面地衡量各要素对总产出的贡献程度，提高参数估计精度。其次，通过对现有文献的梳理发现，学者们在研究居民收入分配的影响因素时，大多采用普通面板数据进行回归分析，尽管相对于单纯的时间序列或截面数据分析，传统的静态面板数据模型存在诸多优势，但是要更加深入地剖析宏观经济运行中潜在的动态属性，仅仅采用传统静态面板数据回归模型已经无法较好地进行处理，而且可能会出现多个变量之间的内生性问题，导致估计结果的严重偏误。因此，本书在计量研究中采用两步系统GMM估计方法作为基准模型，通过两步差分GMM估计方法对模型回归结果的稳健性进行检验。虽然该方法可能造成估计效率的下降，但是能够确保估计结果的一致性。另外，在研究居民消费时发现，空间自相关检验过程中，无论是地理距离矩阵，还是经济距离矩阵，抑或是0-1矩阵，居民消费需求都存在正的空间相关性。若在实证研究中忽视空间因素，可能导致估计结果出现严重的偏误。因此，本书通过构建空间计量模型对中国要素价格变动与居民消费需求不足的内在作用机制进行分析。

第 2 章　相关文献综述

本章对要素价格变动、居民收入分配与消费需求的相关文献进行梳理，结合渐进式改革背景下中国居民消费需求不足的现状，提炼出本书的研究重点。

2.1　国内外相关文献回顾

2.1.1　要素价格变动的相关研究

古典经济学认为，经济规律决定要素报酬，并通过价格机制实现资源的有效配置。同时，相信市场在完全竞争条件下可以自动实现均衡，即产品和要素的需求与供给实现出清，资源在价格机制作用下达到完美配置。因此，在完全竞争市场中不存在要素价格变动，也就没有所谓的变动问题。但是，在现实经济社会中，似乎很少存在没有垄断、外部性或者政府干预等的完全竞争市场，要素价格变动反而是一种经济常态。

1. 要素价格变动理论的发展

一般来说，生产要素是指在国民经济运行中经济社会进行物质生产所需的一切要素和环境因素。现代市场经济理论将生产要素概括为：第一，物的要素，如资本、土地以及生产设备等。第二，人的要素，如劳动力。第三，人与物的结合因素。其中，人与物的结合是国民经济运行中进行生产活动必须具备的前提条件。同时，资本、劳动和土地等要素可以通过要素市场进行交换形成要素价格。18世纪中后期，亚当·斯密（Adam Smith，1776）在其著作《国富论》中提出“无形的手”在资源配置中的作用，主张要素和商品价格应当由市场决定。价格机制的真正功能是作为一种信息传递机制，通过价格机制不仅能够实现对给定资源的配置，更重要的是，市场对资源的配置比计划更为有效。但是，由于市场不完善、要素流动障碍以及制度约束等的存在，基于各种严格假设构建的经济模型不能解释现实经济生活中的一些经济问题，市场失灵时有发生（Hayek，1960；Magee，1971）。

要素价格变动理论起源于传统国际贸易理论的发展。从西方经济学界要素价格变动理论发展的脉络看，严格意义上，二战以后才将要素价格变动作为一种经济现象进行相对系统的分析。最早论证要素市场不完全的学者应该是Stolper和Samuelson（1941），他们在其发表的论文《保障与实际工资》中通过建立一般均衡框架研究要素回报问题，提出由于发展中国家要素市场不完善的普遍性，采用出口替代政策是发展中国家推进工业化进程的重要政策选择。随后，该理论成为人们关注要素价格变动的起点，为要素价格变动理论的发展提供了重要的研究框架和分析工具。其中，国外具有代表性的学者主要有巴格瓦蒂（Bhagwati，1963）、鲍德温（Baldwin，1970）以及斯律尼瓦杉（Srinivasan，1996）等。巴格瓦蒂（Bhagwati，1971）在《要素价格变动和福利的一般理论》中将要素价格变动划分为贸易变动、生产变动、要素市场变动以及消费变动四种基本类型，通过对要素价格变动产生的原因进行分析，认为要素价格变动主要来源于政策引致的工具性变动、市场不完善形成的内生性变动两种。鲍德温（Baldwin，1970）从关税的角度进行分析，认为关税是贸易中存在垄断时纠正要素价格变动的良好政策，能够降低进口商品的相对价格或提高出口商品的相对价格，使商品的国内价格满足边际贸易条件相等，而非关税措施可能导致资源配置发生变动。罗德瑞克（Rodrik，1992）从改革目标的角度指出，降低相对价格变动是改革的目标之一，若政府实施一系列改革措施的时间持续性缺乏公信力，则政府改革的努力就很难达到预期效果。随后，斯律尼瓦杉（Srinivasan，1996）从寻租行为、可信度和时间持续性以及贸易政策等方面对要素价格变动理论相关的重要发展进行总结，提出为了获得垄断利润必然会形成疏通活动的寻租竞争，导致资源消耗。在可信度和时间持续性方面，通过对两个开放国家之间的贸易往来建立两期模型进行研究，认为因可信度缺失引起的时间交互式变动甚至导致无干预的自由贸易政策都无法成为一种理想的经济模式。在贸易政策工具选择方面，通过贸易政策工具选择在不同国家之间的比较分析，提出不完全竞争模式下各国进行理想贸易政策工具选择的方式。

2. 要素价格变动的成因

早期，在完全竞争市场的假设前提下，古典经济学派认为依靠市场“看不见的手”自发调节能够实现产品和要素市场的均衡。因此，在完全竞争市场条件下不存在要素价格变动问题。但是，由于正负外部性、政策性干预、城乡结构、地区发展差异以及垄断等因素的存在，导致现实经济生活中市场的不完全，使得要素价格与要素投入偏离边际原则。通过对现有文献的梳理发现，有关要素价格变动产生的原因，学者们的研究重点和结论各有不同，大致可以概括为如下几个方面：

（1）要素流动障碍或市场分割。要素价格依赖于要素的充分流动与市场的自由竞争，当出现要素市场流动障碍或市场分割时，要素价格变动就会发生。要素市场分割加剧资源错配，甚至导致要素收入分配恶化。例如，在劳动力市场分割导致劳动力流动障碍的情况下，劳动力报酬就无法遵循边际报酬等于边际产出的原则，由此形成主要劳动力市场和次要劳动力市场的分割。前者的劳动力报酬会高于市场平均工资水平，后者刚好相反（Tobin，1972；冯涛 等，2015；陈晓暾 等，2019）。主要劳动力市场与次要劳动力市场的存在不仅造成劳动力价格的变动，而且形成限制劳动力从次要市场向主要市场自由流动的体制障碍和制度约束等非经济壁垒（Pieter，2019；郭策策 等，2020）。在资本市场分割方面，资本流动障碍导致地区间资本回报率差异与资本价格变动。许多学者对发展中国家企业融资渠道进行研究后认为，非正式融资渠道的贷款利率比正式融资渠道高很多，其资金使用成本比正式融资渠道高出约 30%，导致非正式融资渠道的企业融资成本显著高于正式融资渠道的借款企业，融资渠道的市场分割降低了资本在不同借款企业间的配置效率（Banerjee，2005；张兴龙 等，2016）。在土地市场分割方面，作为经济发展过程中重要的要素市场，土地市场化程度的高低不仅会对土地资源配置效率和土地要素供求价格产生直接影响，还会通过收入分配效应影响居民收入水平（杨灿明 等，2015）。改革开放以来，尽管中国市场化改革已经取得重要进展，但土地作为特殊的生产要素，长期受制于地方政府的垄断和管制，土地交易一级市场的市场化程度相对滞后，存在着严重的土地价格变动问题。具体而言，这种土地价格变动主要体现在地方政府对农地非农化市场和城市土地一级市场的双向垄断上。在农地非农化市场上，地方政府是农地转为城市土地的唯一实施主体，农村集体土地要想进入城市土地市场，必须首先由地方政府从农民手中征收土地，将土地变为国家所有，然后才能进行土地出让（孙秀林 等，2013；Wu et al.，2015）。农地转为非农用地后，在城市土地一级市场上，地方政府又是城市土地的独家垄断供给者，可以根据需要，以不同的出让方式将土地资源在工业用地和商住用地之间进行策略性供给（陶然 等，2009；Li，2014）。由此可见，中国的土地一级市场是一个处于地方政府垄断下价格被严重控制的要素市场。

（2）垄断、行业特征或工会等因素的存在。不存在垄断、行业特征或工会等的自由竞争市场条件下，要素的均衡价格取决于要素市场需求与供给的相互作用。但是，在现实经济生活中，由于规模经济、特许经营、专利保护以及资源约束等垄断因素的存在，常常导致要素价格与均衡价格产生偏离。通过对国内外文献的梳理发现，国外学者主要关注垄断、行业特征、工会等对要素价格变动的影响。在西方发达国家，工人为了提高谈判能力，通常以工会的形式同资本家进行协商或谈判。由于工会具有一定程度的垄断势力，从而能够推动劳动力价格的上涨并与市场均衡价格发生偏离，继而造成经济效率的损失。因此，工会往往被认为是劳动力市场的垄断方。另外，企业规模、所有制形式等行业特征也是造成要素价格变动的重要因素（Kravis，1997；Esteban，2017）。国内学者更多地将焦点放在行政垄断、国企垄断等对要素价格变动的影响上。由于中国市场准入、行政审批以及自由裁量权等垄断因素的存在，导致行政垄断行业的鲜明特点是劳动要素价格普遍高于民营企业和市场平均水平，资本、土地要素使用成本相对偏低。在排除内生性因素干扰后，行政垄断与资本、劳动以及土地要素价格变动仍然具有显著关系（陈林 等，2016）。另外，国有企业凭借其垄断优势存在所有制歧视。一方面，国有企业以更低的市场利率获得所需的资本，从而损害资本配置效率，加深资本的负向变动程度；另一方面，国有企业通过内部收入分配、职业培训、社会保障等，使得劳动力价格高于市场平均水平，缩小了劳动力价格的变动水平。虽然国有企业在一定程度上提高了劳动力价格的公平性，增加了劳动者的收入，但是导致了要素价格变动与社会福利的损失（罗知 等，2018）。

（3）制度约束、政策性变动等非经济壁垒。政府可能为了实现某些目标，如招商引资、产业扶持、优先发展战略等，采取一系列市场干预的非经济措施，导致资本、劳动、土地等要素价格与市场均衡水平的偏离，限制了市场在要素配置过程中的决定性作用。有学者认为，政府普遍存在“预算软约束”，即企业由政府出资建立，并在贷款支持、资金投入、财政补贴以及税收减免等方面获得倾斜，这种政策性变动常常导致要素价格被人为压低，造成经济效率的损失(Kornai，1986)。许多发展中国家在工业化进程中人为地抬高本币汇率或限制存贷款利率水平等，以更低的成本使用国内外资金，造成金融市场无法有效调节资本的实际供求，金融市场失灵导致资金配置低效，资本实际利率偏离自然利率水平（麦金农，1988；Beckman，2016）。在中国，由于非经济壁垒导致的要素价格变动问题同样相当普遍。例如，新中国成立初期，在资源短缺的特定背景下，中国实行重工业优先发展战略，为了获得更多的资金投入，降低重工业发展成本，国家采取了一系列制度性安排，包括计划经济手段、工农产品价格剪刀差以及户籍制度等，人为压低产品和要素价格，限制劳动力的自由流动。改革开放后，产品市场化水平显著提高，但要素市场化程度仍然相对滞后。受中国行政体制、干部用人机制以及社会发展阶段的特殊性制约，各地区普遍重视 GDP 指标的增长，采取地方财政补贴、税收减免、压低劳动力报酬或土地价格优惠等来吸引投资，导致资本、劳动、土地等要素价格的低估（魏鹏飞 等，2017）。

另外，企业垄断、劳动力市场歧视、城乡“二元”经济结构、地方性保护政策等也是造成要素价格变动的重要原因。

3. 要素价格变动的测度

通过对相关文献的梳理发现，国内外学者主要利用生产函数法、前沿技术分析法、影子价格法等，在地区或国家层面对要素价格变动程度进行测度。

（1）生产函数法。最常用的生产函数法包括柯布-道格拉斯（C-D）生产函数法、超越对数生产函数法、时变弹性生产函数法以及替代弹性生产函数法，每种方法都有各自的优点和不足。国外学者利用 C-D 生产函数法对中国和印度的全要素生产率进行分析，测算了两国非经济因素对要素错配效率的影响（Hsieh et al.，2009；Fernando，2013）。中国学者分别对农业和工业企业投入要素资本、劳动、土地等的变动程度进行测算，认为中国要素份额具有相对稳定性，但无论是资本、劳动还是土地要素，均存在一定程度的偏离，且土地要素偏离程度更高（朱喜 等，2011；李静 等，2012；王宁 等，2015；谢冬水，2017）。相比于 C-D 生产函数，超越对数生产函数则不以严格的单位替代弹性假设为前提，最大限度地避免估计可能产生的误差。因此，近年来在要素价格变动程度的测算中，该方法逐渐被国内外学者广泛运用（史晋川 等，2007；唐杰英，2015）。时变弹性生产函数不同于 C-D 生产函数，其在测度上的差异主要是产出弹性随时期而变化，相较于固定常数来说能够更加客观真实地体现要素收入份额随时期的变化情况（李程，2015；章上峰，2016）。C-D 生产函数法、超越对数生产函数法、时变弹性生产函数法都属于直接测度法，而替代弹性生产函数法则是一种间接测度的方法，主要是通过要素替代弹性来衡量市场化水平，要素市场化水平又与要素价格变动程度相关（Allen，2001；胡浪，2017）。

（2）前沿技术分析法。Broeck（1977）最早提出并构建随机前沿分析法函数模型，包括参数化随机前沿分析法和数据包络分析法。之后，学者们采用企业层面非均衡面板数据，研究农业部门企业的投入要素和技术的变动水平，进一步将要素价格变动概括为产品市场的配置变动和要素市场的技术变动两种（Jagdish，2013；Kopp et al.，2017）。中国学者采用工业企业数据，通过参数化随机前沿分析法对制造业企业中要素的变动情况进行估算，认为中国制造业企业中要素价格变动程度虽然有所下降，但偏离问题依然普遍存在（陈平 等，2017；郝晓莉 等，2019）。数据包络分析法是一种基于线性规划的前沿技术分析方法，其测度原理是通过计算最小凸包络来实现对要素投入和产出的变动测度。例如，一些学者利用数据包络分析法，从企业的微观视角进行研究，认为开放进程中中国要素市场化改革滞后导致行业、地区间要素的流动障碍与价格的负向变动，进而影响资源的配置效率与宏观经济运行失衡，提出应加快要素市场化改革、减少行政干预、促进要素自由流动，以改善中国资源配置效率，提升整体的社会福利水平（窦勇，2010；罗知 等，2017）。

（3）影子价格法。其分析原理是资源配置在自由竞争市场条件和价格机制作用下能够自动实现均衡。影子价格法用于估算影子价格与实际价格在自由竞争市场条件下的变动状况，由此来测算要素价格的变动程度。根据估算的函数不同，可以将参数化影子价格法分为影子利润函数法和影子成本函数法两种。区别于生产函数法和前沿技术分析法，该方法最大的优点是能够通过参数化的方法分别对各要素价格变动水平进行分解测算，更加细致地分析要素价格变动产生的内在因素。国外学者运用影子利润函数法，以美国航空业为例分析航空业企业资本、劳动、能源等投入要素的价格变动情况。分析得出，相对于资本与劳动要素来说，能源要素在要素价格变动的背景下更加容易导致其配置比例偏低（Atkinson et al.，2008）。中国学者在借鉴一般化成本模型的基础上，研究要素市场变动对经济效率的影响，认为中国劳动报酬普遍被低估，但资本与能源要素报酬被人为地抬高（袁鹏 等，2014）。

除上述要素价格变动的测度方法外，还有CGE模型法、指标分解法以及标杆分析法等。

2.1.2 收入分配的相关研究

经济学界对有关收入分配问题的研究通常包括居民收入分配和要素收入分配两个层面。居民收入分配又称规模收入分配或个人收入分配，指的是居民收入之间的分配。要素收入分配又称功能收入分配或总体收入分配，指的是国民收入在不同生产要素之间的分配。接下来将从收入分配视角展开相关文献的梳理。

(1) 当前中国收入分配的现状。现阶段，中国不同群体之间的收入分配问题主要体现在以下方面：机关事业单位收入分配尚未全国统一；相较于非垄断行业，垄断行业职工收入水平普遍偏高；企业职工收入水平远低于企业管理层；等等（孙浩进，2009）。上述既得利益群体过高的收入，引起社会强烈反应，严重影响群体融合和社会稳定（刘伟，2018）。有学者通过比较分析机关事业单位和企业职工养老保障制度的双轨制问题，认为退休收入存在明显的不公平，机关事业单位人员的退休金超过普通企业人员的两倍以上，这种社会保障制度的双轨模式必然导致待遇差距，这是与中国特色社会主义制度公平正义的基本原则相违背的。此外，公务员工资制度也存在工作强度和工资水平倒挂问题，主要表现为：乡镇基层的公务员工作强度大，工资水平不高；某些同级别的职能部门公务员工作强度低，收入却较高（王子龙，2014；周爱民，2019）。因此，开展高效准确的群体工资调查工作，建立科学的政企职位绩效评价体系，不仅是合理确立机关事业单位人员工资水平的关键，而且有利于缓解收入分配的不公平，促进社会和谐（王丹，2011）。从垄断行业职工收入过高的角度看，导致行业收入差距呈现两极分化态势的主要原因是现阶段中国存在自然垄断和行政垄断问题。垄断行业职工的工资收入远高于非垄断行业就业人员，除工资收入以外，还包括其他各项福利和隐性收入，如职业培训、住房公积金、养老保险、奖金、津补贴等，也是垄断行业职工高收入的重要来源（马草原 等，2018）。由于垄断行业在工资绝对收入水平上存在“财富效应”，在发展趋势上又具有“马太效应”，必然会使不同行业群体的收入差距不断扩大。许多学者从不同角度对这一问题展开了深入研究，提出了类似观点（李军 等，2015；张龙 等，2015）。

另外，有学者以2020年中国城乡居民人均可支配收入和基尼系数为基础，分析城乡居民收入分配差距的现状和变化趋势。结果表明，2020年中国城乡居民基尼系数约为0.474，较上年增长1.49%，处于0.45～0.5的收入差距较大国际警戒线水平。从城市内部、农村内部及城乡之间看，仅城乡之间居民相对收入差距小幅减少，城镇内部收入最高和最低的10%人群，差距持续拉大，高低收入比呈现逐年扩大趋势，该比率从2014年的9.2倍，扩大到2020年的12.1倍，5年间增长31.5%。居民绝对收入逐年增长，但不平等状况持续加剧，表明城镇居民收入增长更多地向高收入户倾斜，导致高低收入户之间的贫富差距加大。同时，农村内部这一比率也从10.2倍上升到14.7倍（李实 等，2020）。总体来看，中国不同行业从业人员收入差距、城乡居民内部收入差距以及区域间居民收入差距等共同导致贫富差距扩大（杨威，2014）。收入差距扩大已经成为经济高质量发展和社会公平的重要制约因素。近年来，随着社会保障制度改革的不断推进，学者们开始关注离退休人员的收入分配问题。所在单位性质不同将导致离退休人员养老金收入存在巨大差异，这是养老金收入分配横向不平等的另一种突出表现（李实 等，2013）。

（2）影响收入分配的因素。通过对已有文献的梳理发现，外国学者主要从人力资本、贸易政策、高等学校入学率、资本产出率等视角解释居民收入分配差距扩大的原因。有学者从人力资本角度，构建一个两部门、两时期的理论分析模型，研究金融发展对居民收入分配差距的影响。由于存在信息不对称和道德风险等不完全信贷市场，导致穷人无法获得必要的贷款对未来进行人力资本投资；富人则恰好相反，不仅可以利用自身积累的财富，而且能够获得大量贷款，从而更好地提升自己。因此，信贷市场的不完全造成穷人和富人之间阶层的固化和贫富差距的拉大。该研究进一步指出，普惠金融发展有助于提高穷人借贷水平，缩小收入分配差距（Alvaredo et al.，2017）。另外，有学者认为，贸易自由化和贸易开放会加剧发展中国家之间收入的不平等，其中，物质资本投资、技术进步是导致不同国家之间收入不平等的主要原因（Kennedy et al.，2014）。国内学者大多从实证研究的角度总结居民收入差距的主要影响因素，包括技术进步、经济发展模式、教育支出、劳动力市场等。有学者指出，无论是从高收入群体还是低收入群体视角看，导致收入分配公平性提高的因素具有一致性，主要包括教育支出水平、三次产业就业结构、经济增长速度、政策性补贴水平等；而市场化进程、人才红利、服务业吸纳就业、城乡一体化水平、工业化进程等，使得居民收入分配更为均衡（史乐陶，2018）。也有学者从城乡居民收入差距两极分化视角剖析其影响因素。从全国范围来看，一方面，通过优化行政管理效率、加快生态绿色农业发展、推动农业规模化经营以及促进人才回流等，能够对城乡收入分配格局的优化起到积极作用。另一方面，以城市为重点的产业结构升级、经济开放、基础设施投资等，又进一步加剧了城乡收入差距（俞彤晖，2018）。

另外，区域金融发展水平、消费税、社会流动、房价、家庭结构等也是影响居民收入分配的重要因素。

2.1.3　居民消费的相关研究

改革开放以来，中国积极融入全球化进程，实现经济、社会、科技等持续高速发展。然而，经济的快速增长没有带来居民消费水平的同步提高，居民消费率反而呈现出不断下降的趋势，即居民消费支出占 GDP 的比重持续下降。中国居民消费率从 1998 年的 45.41%，下降至 2020 年的 39.37%，远低于 60%的世界平均居民消费率水平（修磊，2017；郑得坤 等，2020）。投资和出口在推动经济增长过程中容易受到内外环境因素的影响，扩大消费内需成为稳定经济增长的重要引擎（姜秀敏 等，2013；梁其翔，2016；李文溥 等，2019）。本章将从以下几个方面对影响居民消费的因素进行梳理。

1. 收入水平与收入分配

近年来，导致中国居民消费需求下降的因素很多，其中，收入水平偏低是引起有效需求不足的重要原因，国民收入分配状况的恶化又被视为影响居民收入的关键。中国社会财富分配向企业和政府倾斜，政府转移支付占国民收入的比重不足，贫富差距的扩大导致居民消费倾向持续下降，严重制约中国居民的消费需求。

（1）国民收入初次分配。凯恩斯消费函数中收入与消费之间的内在关系表明，居民可支配收入是影响消费需求的重要因素，劳动收入占国民收入初次分配中的比重又是决定居民可支配收入的关键。现阶段，中国劳动者的收入水平普遍偏低，导致居民消费需求被严重抑制（谢琦，2013；张婷，2020）。中国国民收入初次分配中劳动者收入偏低的主要原因是：现阶段中国劳动力市场供求状况表现为供给相对过剩，同时，有关劳动者权益保护的法律法规不健全，许多企业通过各种途径占有本应属于劳动者的收入并转化为企业利润，导致劳动者只能获得相对较低的劳动报酬收入，限制了居民消费需求的增长（刘长庚，2018；闵素玲 等，2019）。一些私营企业为了获取更多的公司利润，采取公开或隐蔽的手段规避法律责任，任意克扣或压低工人劳动报酬、津补贴等；部分国有企业也同样存在经营管理者以降低成本为由侵害劳动者合法权益的事件（Attanasio et al.，2016）。

从国民收入初次分配结构的角度看，居民内部、行业之间以及企业内部职工收入差距扩大也是掣肘居民消费需求的重要原因。凯恩斯的边际消费倾向递减规律认为，高收入阶层由于基本物质需求已经得到满足，随着收入水平的提高，其边际消费倾向反而呈现出递减规律，增加的收入主要用来满足其投资需求；低收入阶层由于尚未实现基本物质需求，拥有更高的边际消费倾向，增加的收入主要用来满足其消费需求（凯恩斯，1997）。也有学者通过研究后提出类似观点，认为相较于工资收入，资本收入具有更高的边际储蓄倾向（Kalecki，1971）。因此，占比最大的中低收入居民是边际消费倾向最高的群体（刘运转，2018；Chakrabarty et al.，2018）。中国国民收入初次分配水平与结构的不合理，导致多年来居民收入占比持续下降，居民内部、行业之间以及企业内部职工收入差距不断扩大，严重抑制了广大居民消费需求的提升。

（2）国民收入再分配。新古典经济学派认为，政府征税必将导致居民可支配收入减少，在没有发生政府转移支付的情况下，使得居民消费需求下降。一直以来，国内外学者对税收与居民消费需求之间的负相关关系没有太多争议，使得国家税收政策的实施对居民消费需求影响的结构效应被忽视。随着研究的不断深入，有学者提出商品税制在不同国家之间的差异化会形成消费者边际替代率的区别，产生不同的消费模式（Bonis，1999）。也有学者通过分析需求管理中的税收政策作用，得出最优税收政策对居民消费需求和国家经济增长具有逆周期稳定效应，衰退时期通过低税政策刺激经济增长，繁荣时期采用高税政策抑制通货膨胀，从而实现相对稳定的居民消费需求（Ljungqvst et al.，2003）。税制结构会对国民收入再分配效应产生重要影响，增值税税率的变动对消费者的替代效应很大，但收入效应相对较小。假设消费者跨期替代弹性为 1，则增值税税率每下降 2.5%，能够使得平均消费者支出增加大约 1.2 个百分点，即增值税税率下降对消费者的支出水平和结构的调整能够通过替代效应产生影响（Keen et al.，2002；Kaplanogloa，2004；Crossley et al.，2009）。国内学者从税收角度深入探讨其对居民消费需求的影响，认为以增值税为主体的税制结构严重抑制了中国居民消费需求。因此，中国未来的税制结构调整要以扩大内需为导向，持续推进消费税改革（张斌，2011；喻开志 等，2013；王蕴，2019）。

财政支出是否影响居民消费需求？西方经济学界对该问题的研究最早可以追溯到以亚当·斯密为代表的古典经济学时期，认为社会生产的唯一目的是消费，市场经济这一“看不见的手”能够指导经济系统的运行，政府的干预活动可能导致供求关系失衡。凯恩斯则主张通过政府干预这一“有形的手”，直接在微观居民消费和宏观财政政策之间形成内在联系。同时，他通过构建消费函数，认为社会经济发展直接受政府财政支出影响，最终以直接或间接的方式作用于居民消费需求。近代以来，有关财政支出对居民消费影响的研究多以实证分析为主，提出财政支出具有挤入效应、挤出效应以及影响的不显著性等。多数研究认为，政府财政支出的增加会使居民消费的边际效用增强，形成财政对消费的挤入效应。有学者通过对比研究二战后美国居民消费需求与政府财政支出的相互关系，得出政府投资能够扩大总产出，产生挤入效应。因此，政府财政支出的扩张将显著促进居民消费需求的增加（Devarajan et al.，1996；Blanchard et al.，2002）。中国学者通过建立欧拉方程研究政府财政支出与居民消费需求两者之间的内在机制后认为，财政支出对居民消费需求存在挤入效应，即扩大财政支出能够推动居民消费增长，但这种挤入效应的积极影响会随着外部环境因素变化发生变动（刘宛晨 等，2006；张超 等，2018）。也有学者在假定劳动规模报酬不变的情况下研究劳动力供给增加时政府财政支出对消费需求的影响，认为财政支出增加将导致实际薪酬下降，减少居民消费，原因是劳动的边际产出会由于一定量劳动力供给的增加而减少，存在挤出效应。政府财政支出每增加 1%，引起当期居民消费减少 0.01 个百分点（Wissem，2015；王玉凤 等，2015）。近年来，随着研究方法的不断改进，部分学者提出财政支出对居民消费影响不显著的结论（Wolff et al.，2014；吴强 等，2017；万建军，2019）。

2. 人口的年龄结构变动

近年来，将人口年龄结构纳入经济模型，研究其与经济增长的关系成为经济学界关注的热点。在中国经济增长方式由投资、出口拉动转向以扩大消费内需为导向的关键时期，学者们进行了大量有关人口年龄结构变动对居民消费需求的影响分析。当前，学术界对该问题的研究尚未形成一致结论。多数学者认为，人口老龄化可以促进居民消费需求的提高（李承政 等，2012；郑妍妍 等，2013；陈晓毅，2015）。也有学者指出，老年抚养比的变动可能导致居民消费率的下降（张乐 等，2011；范兆媛 等，2020），或是对居民消费率不存在显著影响（徐雪 等，2019）。通过对现有文献的梳理发现，关于人口年龄结构变动影响居民消费需求的理论分析，国内外学者主要从收入分配效应、预期不确定性效应以及消费惯性效应等方面展开讨论。收入水平决定居民消费意愿和消费能力，居民收入状况又会随着人口年龄结构的变动发生改变。劳动年龄人口占比的增加直接表现为劳动力投入在国民经济发展中的增加，推动社会总产出的增长，提升人均收入水平，促进居民消费需求的增加（吴石英，2019）。人口年龄结构变动对消费影响的预期不确定性效应表现为居民可能因未来收入和支出的不确定性增加，采取更为谨慎的消费行为，减少当期消费。当前，中国不完善的社会保障体系导致居民尤其是农村居民对未来的不确定性持续增加，家庭养老仍然是农村地区最主要的养老方式，人们只能通过减少消费支出来增加储蓄，为自己或是父母养老，直接抑制了居民的消费倾向（胡乃军 等，2014）。另外，消费惯性效应的存在制约了老年人群体消费层次和消费水平的提升，不利于全社会消费结构的优化和消费水平的增长（李建民，2001）。

3. 金融发展水平与社会保障

自罗纳德·麦金农在其著作《经济发展中的货币与资本》（1973）一书中提出金融深化和金融抑制理论以来，学术界开始广泛关注金融发展与经济增长之间的内在关系，在此基础上深入剖析金融发展对居民消费需求的影响。从国内外已有的研究看，学者们大多基于信贷、保险、股票市场等微观视角展开理论探讨，提出消费信贷的概念（郝政，2019）。随后，有学者根据 20 世纪 90 年代以来美国金融市场的经验数据分析个人消费对经济增长的影响，得出消费信贷能够促进居民消费增长的重要结论（李佳 等，2020）。有学者通过构建计量模型，从实证研究的角度定量分析消费信贷对居民消费的影响，认为消费信贷与未来居民消费增长之间存在显著正相关关系。也有学者对此提出不同的观点，得出消费信贷可能抑制消费需求的结论（Angelos，1996；Olney，1999）。有关保险与消费需求之间关系的研究起步相对较早，也形成了一定数量的成果。大部分学者认为，社会保险能够平滑未来可能面临的各种风险，从而有利于居民消费的增加（Blake，2004；Brown，2009；赵青 等，2018）。随着股票市场的兴起，有学者在理论与实证研究上从消费者预期效应、财富效应以及投资 Q 效应等方面展开探讨。虽然研究结论有所区别，但大部分学者赞同股票市场的繁荣能够增强消费者对未来的预期，在短期内推动消费增加（Gertler et al.，2002；郑志峰，2010）。国内从宏观或中观层面对金融发展与居民消费需求之间关系的研究相对较少，研究范围主要集中于中国特定省（自治区、直辖市）的城镇或农村地区。例如，有学者基于中国

1979—2010 年农村金融发展的时间序列数据，研究农村金融发展与农村居民消费需求之间的内在关系，得出金融发展对消费支出存在长期稳定的正向关系，近年来中国农村金融发展水平的提高是农民消费增长的重要原因之一（胡帮勇 等，2013；戴序 等，2019）。由于理论模型、研究假设或选取指标的不同，一些学者提出了与上述不同的结论。他们认为，不论是从长期还是短期看，金融抑制现象较为普遍，中国农村金融发展对促进农民消费需求的增长效果不显著（齐红倩 等，2018）。在城镇金融发展与城镇居民消费需求的内在关系研究中，近年来中国城镇居民平均消费倾向持续下降表明，虽然金融发展对居民消费支出的增长存在正向促进效应，但从长期看，这种积极影响并不显著（江国才 等，2012；任鑫 等，2019）。

国内外有关社会保障与居民消费需求之间关系的研究主要基于 Modigliani（1954）提出的生命周期假说，随后的研究大多集中在对生命周期模型假设条件进行改进的基础上开展理论分析与实证检验，且现有研究尚未形成一致结论。例如，有学者通过构建计量经济模型研究 2007—2015 年中国住房价格、社会保障支出和居民消费之间的关系，认为社会保障体制改革以及社会保障支出的增加能够完善资本市场，减少居民预防性储蓄，促进居民消费（纪建悦 等，2018）。也有学者提出不同的观点，认为随着社会保障体制建设的逐步完善，人们对预期寿命的提高使得居民预防性储蓄增长，以保证退休后的消费支出，任何有关社会保障改革的福利供给都不可能改变这种效应（Akira，2001）。除上述观点外，部分学者发现，无论是从长期还是短期看，社会保障支出对居民消费需求的作用都难以确定（罗楚亮，2004；Hungerford，2009）。

4. *产业结构的互动性*

一直以来，消费需求问题都是人们关注的重点。通过对已有文献的梳理发现，在经济理论的发展进程中，国内外学者也对居民消费需求与产业结构的互动性做了系统的分析。例如，马克思在其社会再生产理论中深刻揭示了居民消费需求与产业结构的一般关系，即生产与消费的关系，成为后来人们分析这一问题的思想源泉。随后，恩格尔统计分析了部分发达国家居民消费情况，从消费结构升级的角度剖析两者的内在联系，认为随着收入水平的增加，人们对食品类商品的消费支出会逐渐减少，即经济发展能够带动消费结构的升级，进而引起需求结构的改变，推动产业结构的调整。美国经济学家库兹涅茨采用实证研究的方法，分析得出产业结构调整与消费结构变动密切相关。

中国对产业结构与消费需求问题的互动性研究起步较晚且多以实证分析为主，但也形成了一定成果。改革开放以来，中国产业结构演变受外商直接投资中技术和资本双重属性的深刻影响，表现出两大基本特征：一是工业化进程不断深化，第二产业结构呈现出向重工业倾斜的调整过程；二是在中国国民经济发展中通过大量引进外商直接投资来实现技术创新，对经济发展发挥了至关重要的作用。产业结构演变的上述特征是导致中国收入分配差距扩大、居民消费需求偏低的重要原因（伍艳艳 等，2010）。也有学者从供给结构的角度提出，需求不足的根本原因在于供给结构不合理，产业结构调整能够把潜在需求转化为现实的有效需求，通过产业结构优化来实现供给结构调整是扩大内需的重要途径（孟习贞，2000）。从最大享乐主义的角度看，消费者在不断满足高享受的同时推动消费结构升级，使社会整体消费水平与需求层次提升，导致原有供求结构失衡且无法适应新的消费需求。因此，如何提高居民收入水平以及对未来收入的增长预期是中国产业结构调整的重点，不仅可以直接扩大内需，而且能够间接影响内需（郭春丽 等，2013；陈靖，2016）。从消费需求与消费品供给结构的角度看，两者的不相适应会抑制有效需求的提升，当前制约中国居民消费需求增长的产业因素主要包括三次产业比例结构不合理、垄断行业改革滞后、自主创新能力不足等（廖红伟 等，2019）。

2.1.4　要素价格变动对社会经济的影响效应研究

在自由竞争市场经济条件下，生产要素如资本、劳动、土地等的价格取决于要素的相对稀缺性。如果存在上文提到的非经济因素，例如：要素的流动障碍或市场分割，垄断、行业特征或工会等的存在以及制度约束、政策性变动等，要素价格就不再仅由其供求机制作用下的稀缺程度反映。因此，要素价格变动影响着资源配置效率，造成资源使用结构的不合理，继而在微观上影响企业经营，宏观上制约经济增长（林毅夫，2004）。本节将从以下几个方面梳理国内外学者关于要素价格变动对社会经济的影响效应研究。

1. 要素价格与收入分配

在自由竞争要素市场条件下，要素报酬按照生产的边际产出进行分配，从而实现社会生产的帕累托最优与社会福利的最大化。若要素市场为存在价格变动的非自由竞争市场，要素投入数量与结构将会违背资源禀赋优势。要素价格变动不仅导致要素报酬违背边际收入等于边际产出的原则，甚至会引起收入差距的扩大以及社会福利的损失。

虽然要素价格变动与收入分配问题的成因各有不同，但该问题在许多国家都比较突出。要素价格变动的存在使得美国劳动和资本要素报酬在不同产业间存在显著差异，且要素价格变动造成劳动者工资增长缓慢，消费者剩余大幅削减。若要素能够在产业间形成良好的再分配机制，则产出水平增长将达到3%左右（Harberge，1959；Floystad，2013）。新中国成立初期实行高度计划经济体制，国有企业普遍存在较为明显的软约束问题，该种现象即使在改革开放后仍没有得到显著改善。在这种背景下，国有企业更多的是追求“租金”而非企业利润，导致劳动力效率普遍低下，造成体制内外的福利差距（林毅夫，2002）。也有学者对要素与居民收入分配之间的关系进行研究，认为两者之间存在密切关系，且资本、土地收入不平等程度显著大于劳动收入的不平等程度，提出调整要素税率能够改善收入分配差距。同时，中国劳动力市场户籍制度、工作单位性质等的“身份”分割也是造成居民收入差距的重要因素（郭庆旺等，2012；冯涛 等，2015）。

2. 居民消费

当前，中国要素价格变动问题普遍存在，且多数学者的研究主要集中于其对经济发展的影响。随着研究的不断深入，部分学者开始关注要素价格变动对居民消费需求的影响。

从要素价格变动对总需求结构失衡的影响看。中国经济内外部失衡问题成为掣肘宏观经济运行的重要因素。其中，内部总需求结构失衡主要表现为资本的快速积累引起投资过度和消费需求的严重抑制（徐长生 等，2008；Knight et al.,2011；张见，2015）。要素价格变动，一方面，导致资本价格的偏低，降低了企业生产成本，推动了企业投资的增加；另一方面，引起劳动报酬收入的减少，抑制居民消费需求。因此，在宏观经济运行中，总体需求结构呈现高投资—高出口、高储蓄—低消费并存的失衡局面，增加了经济长期运行的潜在风险（姜学勤，2009；贺京同 等，2016）。

从要素价格变动对居民消费不足的影响看。有学者采用动态面板数据研究要素价格变动与收入分配差距之间的内在联系，进一步分析因收入分配失衡导致的居民消费需求不足问题，结果表明，资本和劳动要素价格变动抑制了中国居民消费需求的提升（冼国明 等，2013）。也有学者认为，土地价格变动会增加劳动收入份额，劳动价格变动会降低劳动收入份额，资本价格变动对劳动收入份额的影响不显著（尚晓晔，2016）。

3. *居民就业*

中国要素价格变动问题的存在严重抑制了资本对劳动力的吸纳能力，从不同类型的企业看，要素价格变动对就业都具有消极影响。因此，解决要素价格变动问题成为促进社会就业的重要环节（康志勇，2012）。有研究认为，中国贷款政策对国有企业的倾斜使得国有企业能够长期以低于市场的价格获得所需资金，推动资本不断深化。一方面，技术进步对就业带来的抑制效应，导致资本对劳动的过度替代；另一方面，非国有企业无法获得所需资金，出现企业员工的“下岗潮”（盛仕斌 等，1999）。随后，也有学者提出类似观点，认为改革开放以来依靠资本的大量投入，经济实现快速增长，这一过程使得企业的生产决策表现出明显的资本替代劳动偏向，不合理的要素配置导致经济增长过程中劳动力受到排挤，使得 GDP 就业弹性呈现下降趋势（张军，

2002)。近年来，中国城市就业的增长率不断下降，甚至出现外来务工人员返乡潮现象，这在一定程度上与中国要素价格变动问题的存在直接相关（宋大强 等，2020）。

4. 全要素生产率

要素在自由竞争市场条件下可以实现相互替代，企业在生产过程中能够结合要素比价关系做出相应决策。通过市场机制下要素资源的相互替代，实现经济增长模型中均衡增长的基本假设。与之相反，当要素市场化程度不足导致要素比价关系无法充分体现要素的稀缺程度时，要素之间建立在自由竞争市场下的充分替代性假设已经不再成立，进而影响企业在生产过程中的要素投入方式。要素价格变动通过影响企业生产过程中的要素投入方式作用于投入产出比，即对全要素生产率产生影响。

从要素价格变动视角研究企业生产过程中的全要素生产率问题，最早开始于20世纪60年代对苏联战后经济增长与资本-劳动替代关系的研究。有别于苏联因体制性问题导致的市场变动与全要素生产率损失，西方主要发达国家则是出于特定时期的发展需要对某些行业或者生产部门进行规制，进而影响要素市场并最终导致全要素生产率损失（Weitzman，1970；盛明泉 等，2019)。有学者通过对1977—1984年美国天然气公司的有关数据进行研究后认为，规制对美国天然气行业全要素生产率与技术进步产生了重要影响，即使是在放宽规制期间，仍然对行业全要素生产率和技术进步产生抑制作用。在此期间，美国天然气行业全要素生产率最高降幅达1.68个百分点，最低降幅为0.57个百分点。同时，规制也造成技术进步率损失，使得生产成本大幅提高（Granderson，1999）。有别于苏联或美国，中国经济在转型时期受到的干扰因素较多，如地方保护主义、要素市场分割、要素流动性障碍、政府干预等现象突出。从市场分割、地方保护等方面看，因地方保护主义形成的市场分割导致的技术非效率问题在中国各地区凸显，消除地方保护主义能够大幅提高产出水平（郑毓盛 等，2003；朱顺林，2005；罗小芳，2019）。从宏观经济的角度看，改革开放后中国经济得到快速发展。中国实行工业化发展战略的最大特点是经济增长更多地依靠要素投入、快速的资本形成率以及高储蓄率，以制度偏向形成的资本快速积累导致资本边际报酬递减，进而造成全要素生产率的损失（Jagdish，2019）。

5. 资源配置效率

要素市场因经济周期、经济政策以及垄断等因素导致不同产业之间要素的投资回报率存在较大差异。其中，建造业、制造业等传统劳动密集型产业，劳动力的配置效率显著偏低。如果提高要素配置效率，产出增长将提高 3%以上。因此，要素价格变动不仅影响资源配置效率，甚至对企业生产决策产生重要影响（Floystad，1975；Mckinnon，2017）。改革开放后，得益于对外开放政策、人口红利、基础设施建设以及进出口贸易等，中国经济实现近 40 年的高速增长。在创造经济增长奇迹的同时，中国要素市场因政府干预、市场经济体制不完善等因素导致要素价格变动问题突出、资源配置效率损失严重，引起国内外学者的高度关注。例如：由于受政府政策影响，中国国有或集体企业劳动力工资增长除受劳动生产率、宏观经济周期影响外，还受社会维稳等政策因素影响，导致工资增长偏离实际增长率水平，影响资源配置效率。因此，有学者提出，资源错配问题已经严重影响了中国资源配置效率、经济发展质量和效益水平，改善资源配置效率能够为经济高质量发展提供有力支撑（林毅夫 等，1998；唐志军 等，2019；曹亚军，2020）。

2.2 文献述评

通过上述文献梳理发现，对要素价格变动、收入分配和消费需求的研究主要包括如下两个方面：一方面，针对要素价格变动、收入分配和消费需求各自的研究，或是两者之间内在机理的探讨；另一方面，近年来也有部分学者试图从理论和实证上理清三者之间的内在关系，如石庆芳（2014）、韦朕韬（2019）等，但是也存在一定不足。这些研究成果为本书在研究方法和思路上提供了许多有益的借鉴，具有重要的参考价值。结合中国渐进式改革背景下居民消费需求不足的现状，本书认为值得拓展的研究空间有：

第一，当前从省级层面测算中国要素价格变动的文献还比较缺乏，从省级层面对中国要素价格总变动以及资本、劳动、土地要素价格变动程度的测算，有利于细化理解中国渐进式改革中要素市场化进程，能够更好地把握中国各区域间要素市场化的差异性，了解要素价格变动的现状、形成的原因和演变趋势。

第二，深入分析要素价格变动与收入分配失衡之间的内在联系，对破解中国居民收入分配差距持续扩大的现状具有一定边际贡献。同时，也有利于缩小居民收入分配差距，为中共十八届三中全会中提出的“以人民为中心”“完善收入分配调控体制机制和政策体系”的目标要求提供重要的政策建议。

第三，进一步挖掘长期以来导致中国居民消费需求不足的原因。在中国经济增长方式由投资、出口拉动转向以扩大消费内需为导向的关键时期，居民消费需求的提升有利于中国转型时期经济结构的调整和经济的可持续增长。但是，目前针对中国居民消费需求问题的相关研究大多缺少系统的分析。因此，如何在深入分析要素价格变动与收入分配失衡之间内在关系的基础上，进一步挖掘中国居民消费需求长期不足的原因，具有重要的现实意义。

第四，为破解中国居民消费需求不足问题提供了新的研究视角，补充和丰富了消费需求问题的研究成果。在研究方法上，克服了以往规范性研究多，实证性研究少；单个要素研究多，多要素综合研究少；截面分析多，动态比较分析少；微观分析多，宏观把握少；等等不足。

2.3　本章小结

通过对上述国内外文献的梳理可以看出，已有研究中较少从要素价格变动视角系统分析中国收入分配失衡和消费需求不足问题，但是，两者之间并非相互孤立，彼此割裂。有学者研究了要素价格变动对收入分配的影响效应，也有学者研究了收入分配失衡对居民消费需求的影响。从这些研究中可以发现，要素价格变动、收入分配和消费需求三者相互联系，层层递进。因此，本书期望通过对它们之间的内在关系进行系统翔实的分析，丰富相关问题的研究成果，为破解中国当前收入分配差距持续恶化的现状和居民消费需求不足问题提供新的研究思路和政策建议。

第3章　理论基础与作用机制分析

在中国生产要素市场中，由于市场机制不完善导致资本、劳动和土地等要素价格呈现不同程度的变动，要素价格变动不仅影响中国转型时期社会经济的可持续发展，而且容易引起社会经济结构失衡，如过度投资、出口依赖、收入分配恶化、消费抑制等。其中，收入差距扩大、消费低迷成为近年来影响中国经济可持续发展的重大现实问题，许多学者试图通过各种理论解释其成因。本章主要分析要素价格变动与收入分配失衡的内在关系，在此基础上进一步挖掘长期以来中国居民消费需求不足的影响机制，为破解中国居民收入分配差距扩大与消费需求不足的现状提供理论借鉴。

3.1　相关概念说明

现实生活中存在各种变动现象，许多学科对变动问题提出各自不同的解释。从经济学的角度看，由于市场机制不完善以及政府干预等，导致经济发展过程中要素资源配置无法实现最优化，发生要素价格对边际产出的偏离，将这种偏离定义为要素价格变动（Bhagwati et al.，1969；Chacholiades，1978）。另外，也有学者提出要素价格变动是由于市场机制不完善、资源配置效率低下以及市场分割等导致生产要素价格被低估且难以得到有效利用的状态，其形式主要分为要素价格刚性、要素价格差异化以及要素流动障碍三种类型（Magee，1971）。20 世纪中期以后，许多学者开始关注国际贸易中出现的各种变动现象，同时针对变动问题进行了大量有价值的研究（Meade，1955；Hagen，1958；Johnson，1966）。研究认为，无论是在市场发达地区还是在市场不发达地区，都存在要素市场价格无法准确反映其机会成本的变动现象。

改革开放以来，中国采取了一系列的物质利益调整措施。例如，实行渐进式改革。其中，价格改革作为渐进式改革的关键环节，在经历了以计划价格体制为主体，到混合价格体制占主导，再到社会主义市场价格体制建立三个阶段的改革后，中国商品市场化程度得到显著提高，市场的价格决定机制基本确立。与商品价格市场化的成功改革相比，中国要素价格的市场化程度明显不足，政府干预、要素市场分割、要素流动障碍等问题突出，导致各种要素在市场中的稀缺性无法得到准确反映，出现要素价格变动现象。由此可知，要素价格变动是由于市场机制不完善，造成要素资源在社会经济中的配置无法实现帕累托最优的状态。有学者从地方政府干预的角度进行研究，认为地方政府基于自身利益考虑所采取的一系列地方保护主义导致地区间市场被分割，限制了要素资源的自由流动，使得市场机制无法在资源配置中发挥主导作用，提出要素价格黏性、要素流动不充分以及要素价格差别化是要素市场发展滞后的主要原因（王宋涛 等，2017）。也有学者从要素市场的角度进行研究，提出在要素市场中变动现象反而是一种经济常态。不同的商品在生产过程中，其投入要素的边际替代率不同，使得要素的机会成本和其市场价格表现出一定的偏离，形成一种要素市场偏离的状态，要素价格变动可以认为是要素市场偏离导致的结果（曹亚军，2019）。

消费指的是人们在社会再生产中利用社会产品满足生存与发展需要的过程，包括生活消费和生产消费两种基本形式。前者是人们为了保证生产过程不断进行，消耗生产出来的物质和精神产品的过程，是“生产过程以外执行生活职能”的行为；后者是物质资料生产过程中直接用于生产活动的全部消耗。早在 17 世纪中后期就有部分学者对工人阶级的消费行为进行了调查研究，提出居民消费是一种“消费支出行为”的结论，将居民消费支出定义为“居民购买各种物质产品和服务的支出”，或是“在核算期内常住居民对商品和服务的全部最终消费支出”，或是“人与自然进行能量和物质互换的方式，是居民为了满足自身生活需要，购买各类商品的支出性行为”（方福前，2009；范黎波 等，2017）。本书中的居民消费是指居民为了满足家庭日常生活消费的需要，用于生活消费的全部最终支出，主要包括居民以货币形式直接支付的商品和服务消费。

凯恩斯消费理论认为，随着人们收入水平的不断提高，消费也会上升，但收入与消费的增长速度不相同，由此提出消费倾向的概念。消费倾向是指不同时期同一消费群体或不同消费群体对商品需求的趋向性，有平均消费倾向（APC）和边际消费倾向（MPC）之分。平均消费倾向是指在任意收入水平上消费支出占总收入的比重，也就是在消费曲线上任意一点与原点之间连线的斜率，其取值一定大于0，可以小于1、大于1或者等于1。边际消费倾向是指消费者每增加1单位收入，其收入用于增加消费的比重，也就是消费曲线上各点的斜率，其取值大于0，小于1。

3.2 理论基础

3.2.1 消费理论

消费作为人类生活的基本经济活动，一直以来都是学者们高度关注的热门话题，由此形成了许多消费理论。消费思想发展经历了以注重精神性娱乐消费为主的古希腊古罗马时期，到中世纪西方发达国家所提倡的禁欲主义时代，再到鼓励大众消费的资本主义时代。古典经济学派的代表性学者，如西斯蒙第（Sismondi）、李嘉图（Ricardo）、马尔萨斯（Malthus）、亚当·斯密（Adam Smith）等都试图通过一定的理论来解释社会生产和消费之间的内在关系。随着边际效用理论的发展，以马歇尔为代表的西方经济学家开始将边际理论的分析方法运用到消费领域的研究中，对已有消费理论进行公式化处理。

现代经典消费理论大多是在世界经济危机后才相继提出，主要包括凯恩斯（Keynes）主张的有效需求不足理论、萨伊（Say）提出的供给创造需求理论等。在人们的日常生活中，个人收入、商品价格、消费偏好、消费者性别等社会特征都是影响消费的因素。凯恩斯在其绝对收入理论中认为，个人收入是影响消费最重要的因素，消费会随着总收入水平的提高而增加，但消费的增长低于收入水平的提高。根据边际消费倾向递减规律，社会中低收入者增加的收入主要用于提高其消费支出，因此具有比高收入者更强的消费倾向。但是，该理论没有将消费者储蓄心理和未来收入考虑在内，无法动态研究消费行为。后来的研究中，经济学家杜森贝利（Duesenberry）对凯恩斯绝对收入理论提出质疑，提出相对收入的概念，他认为消费者的行为容易受到自身前期消费习惯和周围消费水平的影响，由此形成棘轮效应和示范效应。棘轮效应指的是当人们收入增加时提高消费水平容易，但在收入减少时降低消费水平较难，当期收入水平以及过去消费习惯都会对人们的消费行为产生影响。示范效应是指当周围人的消费增加时，即使自己的收入没有增长，也会提高消费支出的行为。美国经济学家莫迪利安尼（Modigliani）在考虑到更多的现实因素后，提出了生命周期消费理论，认为人们会在较长时间范围内安排消费开支，使得消费在整个生命周期内实现最佳配置。一般而言，人们在青年时期以人力资本投资为主，形成负储蓄；在中年时期参加工作，收入会大于消费，不仅可以弥补青年时期的负债，而且能够准备积蓄养老；在老年时期为纯消费，收入再次低于消费。根据这一理论，整个社会人口年龄结构变动会影响总消费与总储蓄，其中青年和老年人口比重的增加，会导致储蓄倾向较低，消费倾向较高；如果中年人口比例增加，则储蓄倾向较高，消费倾向较低。另外，弗里德曼（Friedman）提出永久收入理论，其基本观点是：人们的消费支出主要不是考虑当前收入，而是由能够预期到的永久收入决定。永久收入其实是一个消费者能够预期的长期收入，通过观察多期收入的加权平均数计算，其权重由距现在的时间远近确定。根据永久收入理论的观点，当国家或地区经济出现衰退时，政府采用税收刺激消费需求的政策不能实现预期效果。为了实现效用最大化，理性的消费者会根据未来收入去考虑消费。该理论和莫迪利安尼提出的生命周期理论都认为人们在做出消费行为时会考虑整个生命周期内的收入，而不是仅仅参照当前的收入水平。两者的不同之处也非常明显，永久收入理论强调人们在预计未来收入时所采用的基本方法，生命周期理论重点强调储蓄行为。

在上述两种消费理论的基础上，霍尔（Hall）加入理性预期假设，提出人们的现期消费行为会遵循随机游走原则而不受收入水平和滞后期消费的影响，并且人们对消费的变化无法预测。莱布森（Laibson）对理性预期假设提出疑问，认为人们的消费行为存在非理性。例如，人们及时行乐的欲望心理会增加消费者短期消费，使平时储蓄变少，这就是一种非理性的消费行为。

3.2.2 生产要素的价格决定理论

在西方经济学中，生产要素的价格决定理论是其分配论的重要组成部分。19 世纪初期，人们将生产过程中的要素投入划分为资本、劳动和土地三大类，分别采用利息、工资和地租表示各要素的价格。随着经济学理论的深化，人们又引入企业家才能这一要素，采用利润表示其收益。美国经济学家克拉克（Clark）在充分自由竞争假设条件下，首次提出边际生产率分配理论，认为“收入分配的自然规律”取决于要素对生产的实际贡献，即各要素的“边际生产率”。因此，在其他条件不变的情况下，要素的价格将由其追加的一单位生产要素的边际产品价值最终决定。有些经济学家对该理论提出疑问，认为这一理论只能用于解释要素的边际生产率分配收益，但厂商在生产过程中追求利润最大化时必须遵循边际收益等于边际成本的原则。另外，供给与需求的共同作用也是要素价格的重要影响因素。从需求的角度看，厂商生产中使用要素的原则在不同的市场结构中存在差异，各生产要素收入分配也存在区别。在产品和要素市场都是完全竞争的条件下，厂商在生产中使用要素的边际收益就是增加一单位要素投入的边际产品价值（VMP），是一种投入品的边际产品（MP）与产品价格（P）的乘积，即 $VMP=MP\times P$。厂商在生产中增加一单位投入要素的边际成本为要素价格（W），要素价格是成本函数对要素的导数，为常数。厂商在追求利润最大化时使用要素的原则为增加一单位要素投入的要素价格等于边际产品价值，即 $W=VMP$。当产品市场为垄断市场时，厂商在追求利润最大化过程中使用要素的原则为要素价格（W）等于边际收益产品（MRP），边际收益产品等于投入的边际产品与厂商边际收益的乘积，即 $MRP=MP\times MR$。故在卖方垄断的市场情况下，厂商在生产过程中使用要素的原则为 $W=MRP$。当要素市场为垄断市场时，厂商在追求利润最大化过程中使用要素的原则为每增加一单位要素投入的边际要素成本等于边际产品价值，即 $MFC=VMP$。边际要素成本等于要素的边际产品与产品的边际成本的乘积，即为 $MFC=MP\times MC$。当厂商处于产品和要素的双垄断市场时，厂商在追求利润最大化过程中使用要素的原则为边际要素成本等于边际收益产品，即 $MFC=MRP$。

从供给的角度看，资源所有者对生产要素的供给遵循效用最大化原则。以劳动要素为例，劳动者获得最大效用的条件是通过一系列调整过程在“保留自用”与“劳动供给”之间进行抉择，最终达到均衡状态，即要素保留自用的边际效用和要素供给的边际效用相等。要素供给的边际效用为增加一单位要素所带来的消费者效用的增量，等于收入的边际效用乘以要素供给的边际收入。在劳动要素市场上，劳动的供给曲线向右上方倾斜，需求曲线向右下方倾斜，因此劳动供求曲线的交点表示均衡的劳动数量和工资水平。土地要素是固定的，同时，土地要素的供给与价格无关，在假设土地要素只有一种生产性用途的情况下，得出土地供给是一条垂直于横轴的直线。换句话说，在生产性用途上土地要素的机会成本为零。地租由土地的需求曲线决定，因为地租在土地供给有限的条件下体现为土地的服务价格，所以与土地的供给曲线无关。地租产生的原因在于土地的稀缺性，当土地供给数量不变时，土地产品价格的上升或者土地边际生产率的提高会导致土地需求曲线向右移。资本要素拥有三个基本特点：首先，资本可以被生产出来；其次，生产出来的资本可以用来获得更多的商品或服务；再次，资本能够作为生产过程中的投入要素用于商品或服务的生产。由于存在上述特性，资本存在一个被称为资本价值的市场价格，且可以将资本进行出售。同时，资本也可以被租借，形成一种被称为利率的服务价格。

3.2.3 二元经济结构理论

美国经济学家刘易斯（Lewis，1954）在其发表的论文《劳动力无限供给下的经济发展》中，基于劳动力无限供给假设，揭示了在发展中国家并存着以传统生产方式为主的农业部门和以制造业为主的工业部门，从而在区域经济上形成二元经济结构。他认为发展中国家农业部门存在着人口相对过剩的现状，剩余劳动力的边际生产率较低，甚至为零，因此农业剩余劳动力的非农化转移能够提高劳动生产率，促使二元经济结构逐步消解。采用弹性的概念去理解劳动力的无限供给，就是资本家在现有的工资条件下招收更多的劳动力，竞争职业的劳动者会远远超过其实际需求，即劳动力的供给具有无限弹性。在经济部门的划分上，刘易斯根据是否使用可再生产的资本，把整个经济部门分为资本主义部门和维持生计部门两部分，资本主义部门的人均产出比维持生计部门高。同时，资本主义生产不等于制造业，也可能是工业或者其他行业。传统农业的小家庭耕作构成了维持生计部门的主体。由于两部门的生产效率存在明显差距，在农业部门产量不减少的条件下，农村剩余劳动力为了提高其收入水平会不断地向资本主义部门转移，在现有工资下能够实现劳动力的无限供给。随着资本主义生产的扩大以及劳动生产效率的提高，劳动的边际生产率曲线会不断地外移。劳动力由维持生计部门向资本主义部门的转移可以促进城镇化和工业化的发展，使得二元经济结构逐渐消解。虽然刘易斯提出的二元结构模型在经济学界产生了较大影响，但也受到了一些批评。首先，有学者认为劳动力的转移可能由于要素分配份额的变化而停止；其次，假定剩余劳动力仅在农业部门，实际也可能存在于城市中和城镇工业部门；再次，许多学者指出农业劳动的边际生产率未必如模型中假定的较低甚至等于零；最后，农业剩余劳动力的吸收速度理论上取决于可用来再投资的资本剩余规模。

费景汉（Fei）和拉尼斯（Rains）发展了刘易斯的二元经济结构模型，明确地将二元经济结构归结于现代工业与传统农业的并存。该模型认为刘易斯模型忽视了农业对工业发展的重要影响，也没有分析农业劳动力向工业部门不断流入的前提条件是农业存在剩余产品。费景汉-拉尼斯（Ranis-Fei）模型将经济发展过程划分为三阶段：第一阶段，与刘易斯模型类似，社会中存在着大量的隐蔽性失业，劳动的边际生产率较低甚至等于零，因而劳动力可以无限供给。第二阶段，现代工业部门只能吸纳传统农业部门中边际生产率水平低于农业部门平均产量的剩余劳动力，当他们转移出去以后，农业总量会下降，出现粮食短缺问题，贸易条件在两部门间变得更有利于农业部门，推动工业部门工资上升。第三阶段，农村中的全部剩余劳动力都转移到了工业部门就业，此时农业已经开始资本化，经济进入商业化过程，两部门的工资水平都由其劳动的边际生产率决定，当两部门劳动的边际产量相等时，经济便进入新古典世界。该模型的意义在于强调农业部门对工业部门的贡献不是简单地为工业部门提供所需的劳动力，还为工业部门提供农业剩余。但是，这一模型没有对经济停滞的本质和原因进行解释，与刘易斯模型一样，假定经济发展早期农业部门劳动的边际生产率为零，也没有对家庭劳动和雇佣劳动进行区分。乔根森（Jorgenson）模型通常被认为属于新古典经济学范畴，该模型更重视技术进步和农业发展，提出剩余劳动力不存在刘易斯模型中边际生产率为零的情况，认为两部门的工资水平也不是一成不变的。

3.2.4　市场机制与市场失灵理论

18 世纪中后期，古典经济学家亚当·斯密（Adam smith，1776）在其著作《国富论》中提出“无形的手”在市场配置中的决定性作用，认为人们在追求自身利益最大化的同时，市场机制无形中推动了社会整体利益的增加。随后的研究中，经济学家大多以完全竞争市场理论为基础，对要素与商品的价格形成机制进行解释。市场机制作为社会经济中资源配置的一种方式，主要遵循价格变化和供需变化原则，在市场主体之间进行要素和商品的交换和自由竞争。市场机制主要包括竞争机制、价格机制、风险机制和供求机制四种基本形式。其中，竞争机制包括价格竞争和非价格竞争两种，指的是各经济主体为了实现自身利益，在市场中展开自由竞争，形成市场主体之间的优胜劣汰。价格机制可以促进市场主体之间的竞争，指的是在市场经济的竞争中，通过市场价格变动来调节资源配置，引导要素或商品的供求。风险机制则表示市场在明确产权的条件下，各经济主体相互作用的机制，包括市场活动、盈亏与破产等。供求机制主要通过市场价格和供求数量的变化来实现市场主体之间供给与需求的平衡，指的是市场中各种要素和商品的需求与供给相互作用，从而调节资源配置的一种机制。在不同的市场结构中供求机制发挥作用的方式不同。市场机制是在市场经济中价值规律、供求规律和平均利润规律等共同作用下，价格、供求和竞争三大要素相互作用的结果。价格会在市场供求和竞争关系的作用下围绕价值上下波动，其供求关系的状况决定波动的程度。作为一种开放机制，市场经济中的主体获利是市场机制能够持续运行的关键，因为获利是经济主体的动力所在。在利益的驱动下，不同的市场主体会自动调节自己的经济行为，进行扩张或收缩生产，最终实现市场均衡。

完全竞争市场有利于市场机制发挥资源的优化配置作用，实现资源配置的帕累托最优。但是，现实经济生活中，垄断、政府干预、外部性以及信息不对称等因素的普遍存在，导致价格机制无法准确反映市场经济的变化，市场失灵反而是一种经济常态。广义市场失灵理论主张政府适度干预市场经济，认为依靠市场的自发调节无法实现经济发展和社会公平。庇古（Pigou，1920）在其著作《福利经济学》中提出被称为“庇古税”的从量税概念，认为公共物品具有外部性，经济中社会成本与私人成本不一致是导致市场配置资源失效的原因。政府通过对产生外部性的当事人征税或者补贴，使得社会成本与私人成本一致，是纠正外部性的有效方案。1937 年和 1960 年，科斯（Coase）分别在其发表的论文《厂商的性质》和《社会成本问题》中提出了交易费用的论断，他认为通过市场机制能够实现外部性因素内部化，只要交易费用较低和产权明晰，市场机制都能够有效配置资源，实现帕累托最优。随后，德姆塞茨、诺斯等制度经济学家发展了科斯的产权经济理论。

3.2.5　要素价格变动与收入分配关系的相关理论

要素价格变动理论起源于传统国际贸易理论的发展，在一个价格变动的要素市场上，要素报酬无法准确反映其真实价值，出现要素收入分配的失衡。国内外学者对有关要素价格变动的研究主要集中于资本、劳动和土地要素，并进一步分析各要素的收入分配失衡问题。卡尔多（Kaldor，1961）突破了新古典理论增长均衡的思想，提出一种具有代表性的关键性事实，它能够真实反映宏观经济领域的运行和基本特征。在美国，由于分配比例是固定的，尽管资本-劳动比例在变动，但资本产出比长期保持稳定，工资与利润比、实际利率、生产要素报酬在国民收入中所占的份额、每工时实际产出等经济变量都大体上稳定不变，这种经济现象被后来的学者们称为“卡尔多典型事实”。中国学者对要素价格变动的研究起步较晚，也很少涉及要素的收入分配问题。由于中国要素市场中资本、劳动等要素价格变动的普遍存在，使得劳动者的收入被严重低估，平均报酬差距扩大。在国家垄断行业中，劳动者除了工资性收入外，还有各种类型的补贴和隐性待遇，导致不同行业劳动者收入分配的不合理。同时，要素收入在国民收入分配中的比重失衡还会进一步扩大城乡收入差距，表现为国民收入分配中农民的收入明显低于非农人员（韩汉君，2005）。产业结构、金融发展、对外开放度、价值链分工、税收政策、技术进步、所有制结构等是影响要素收入占比的重要因素（杨兰品 等，2016；李丹，2017；邓晓兰 等，2019；郭继强，2020）

按照市场经济原则对国民收入进行初次分配后，政府会运用消费税、社会保障、公共财政、转移支出等手段进行收入的再分配（卢盛峰 等，2018；张世贵 等，2019；陶纪坤，2020；刘蓉 等，2020）。在完全竞争市场中，要素的报酬等于其边际产出，但如果要素市场为存在扭曲的非完全竞争市场，则要素报酬就不再由其边际产出决定，形成要素价格的变动。在要素价格发生变动时，即使政府采取一系列的再分配政策，也很难取得预期效果，居民最终收入分配的不公平性也将进一步恶化。

3.3 作用机制分析

3.3.1 理论模型

1. 要素价格变动与收入分配失衡的理论模型构建

(1) 模型的基本假设

假设1：社会经济中只有城市和农村两个不同的生产部门，生产过程仅有资本、劳动和土地三种投入要素，两个不同的生产部门拥有的资本存量分别为 K_1 和 K_2，劳动力数量分别为 L_1 和 L_2，土地数量分别为 I_1 和 I_2。

假设2：长期以来，中国特定的宏观经济环境导致城市和农村部门的资源禀赋存在较大差异。其中，农村部门资本短缺，但劳动力资源相对富裕，而且农村部门以个体经济或私营经济为主，资本要素的极端欠缺在一定程度上推动了资本配置效率的提高。因此，假定在农村生产部门内资本要素价格不存在变动。城市部门内劳动力资源短缺，但资本存量相对富裕。这种资源禀赋差异也符合中国城乡"二元"经济结构的现状。在城镇化发展进程中，由于城市部门内的劳动报酬相对较高，大量农村剩余劳动力向城市转移，提高了劳动力资源的配置效率。可以说，中国劳动力要素价格变动在很大程度上是因为城乡户籍制度下不合理的资源配置导致的。因此，假定城市生产部门内劳动要素价格不存在变动；土地价格和边际产出会因其用途的不同表现出较大的差异性。一方面，无论是农村部门还是城市部门，土地要素均存在价格变动问题；另一方面，社会经济中没有统一的土地价格。为了简化分析，假定土地存在统一的市场价格 i 和边际产出 MPI。

假设3：城市和农村部门在完全竞争市场上组织要素进行生产，且分别生产单一的最终产品 X_i，若两个部门的生产活动均满足规模报酬不变，可以将生产函数形式表示如下：

城市部门：$X_1=F(K_1, L_1, I_1)=A_1K_1^{\alpha}L_1^{\beta}I_1^{\gamma}$ (3.1)

农村部门：$X_2=F(K_2, L_2, I_2)=A_2K_2^{\varepsilon}L_2^{\theta}I_2^{\mu}$ (3.2)

式（3.1）至（3.2）中：X、K、L 和 I 分别为相关部门的最终产品产出水平以及资本、劳动力和土地要素的投入量，其中 $0<\alpha$、β、$\gamma<1$，$0<\varepsilon$、θ、$\mu<1$。

假设 4：城市和农村部门都根据产出最优化原则进行最终产品的生产，且资本、劳动和土地要素的实际价格按照对应的边际产出支付。中国要素市场不完善，导致要素价格存在严重的变动。因此，理性的厂商会在生产最优化条件下，根据资本、劳动和土地要素的变动情况进行资源的合理配置，以实现利润最大化目标。用 $DisK$、$DisL$、$DisI$ 分别表示资本、劳动和土地要素的变动程度，两部门的成本约束条件可以表示为：

城市部门：$\text{st.}\ V_1=DisK_1r_1K_1+DisL_1w_1L_1+DisI_1i_1I_1$ (3.3)

农村部门：$\text{st.}\ V_2=DisK_2r_2K_2+DisL_2w_2L_2+DisI_2i_2I_2$ (3.4)

两部门生产最优化决策可以分别表示为：

城市部门：$\pi_1=X_1-V_1$

$$=A_1K_1^{\alpha}L_1^{\beta}I_1^{\gamma}-(DisK_1r_1K_1+DisL_1w_1L_1+DisI_1i_1I_1) \quad (3.5)$$

农村部门：$\pi_2=X_2-V_2$

$$=A_2K_2^{\varepsilon}L_2^{\theta}I_2^{\mu}-(DisK_2r_2K_2+DisL_2w_2L_2+DisI_2i_2I_2) \quad (3.6)$$

根据上述分析过程，分别对式（3.5）中的 K_1、L_1 和 I_1 求导，可以得出城市部门最优化产出为：

$$\frac{\partial \pi_1}{\partial K_1}=A_1\alpha K_1^{\alpha-1}L_1^{\beta}I_1^{\gamma}-DisK_1r_1=MPK_1-DisK_1r_1=0 \quad (3.7)$$

$$\frac{\partial \pi_1}{\partial L_1}=A_1\beta K_1^{\alpha}L_1^{\beta-1}I_1^{\gamma}-DisL_1w_1=MPL_1-DisL_1w_1=0 \quad (3.8)$$

$$\frac{\partial \pi_1}{\partial I_1}=A_1\gamma K_1^{\alpha}L_1^{\beta}I_1^{\gamma-1}-DisI_1i_1=MPI_1-DisI_1i_1=0 \quad (3.9)$$

分别对式（3.6）中的 K_2、L_2 和 I_2 求导，可以得出农村部门最优化产出为：

$$\frac{\partial \pi_2}{\partial K_2}=A_2\varepsilon K_2^{\varepsilon-1}L_2^{\theta}I_2^{\mu}-DisK_2r_2=MPK_2-DisK_2r_2=0 \quad (3.10)$$

$$\frac{\partial \pi_2}{\partial L_2}=A_2\theta K_2^{\varepsilon}L_2^{\theta-1}I_2^{\mu}-DisL_2w_2=MPL_2-DisL_2w_2=0 \tag{3.11}$$

$$\frac{\partial \pi_2}{\partial I_2}=A_2\mu K_2^{\varepsilon}L_2^{\theta}I_2^{\mu-1}-DisI_2i_2=MPI_2-DisI_2i_2=0 \tag{3.12}$$

式（3.7）至（3.12）中：MPK、MPL、MPI 分别为资本、劳动和土地要素的边际产出；r、w、i 分别为资本、劳动和土地要素的实际价格；$DisK\times r$、$DisL\times w$、$DisI\times i$ 分别为资本、劳动和土地要素应该达到的价格水平。对上述等式进行整理，可以得出两部门中资本、劳动和土地要素的变动程度表达式：

$$DisK_1=MPK_1/r_1,\quad DisL_1=MPL_1/w_1,\quad DisI_1=MPI_1/i_1 \tag{3.13}$$

$$DisK_2=MPK_2/r_2,\quad DisL_2=MPL_2/w_2,\quad DisI_2=MPI_2/i_2 \tag{3.14}$$

假定城乡收入差距可以用来表示收入分配失衡状况，且能够通过两部门的劳动报酬差异表示。根据上述分析得出两部门的收入差距为：

$$cxcj=\frac{w_1}{w_2}=\frac{A_2\beta\varepsilon\mu}{A_1\theta\alpha\gamma}\times\frac{L_2^{\theta+1}I_2^{\mu-1}}{K_1^{\alpha-1}L_1^{\beta+1}}\times\frac{K_2^{\varepsilon-1}}{I_1^{\gamma-1}}\times\frac{DisK_1r_1}{DisK_2r_2}\times\frac{DisI_1i_1}{DisI_2i_2}\times\frac{DisL_2}{DisL_1} \tag{3.15}$$

令 $\prod=\frac{A_2\beta\varepsilon\mu}{A_1\theta\alpha\gamma}\times\frac{L_2^{\theta+1}I_2^{\mu-1}}{K_1^{\alpha-1}L_1^{\beta+1}}\times\frac{K_2^{\varepsilon-1}}{I_1^{\gamma-1}}$，可以将式（3.15）两部门的收入差距进一步化简为如下形式：

$$cxcj=\prod\frac{DisK_1r_1}{DisK_2r_2}\times\frac{DisI_1i_1}{DisI_2i_2}\times\frac{DisL_2}{DisL_1} \tag{3.16}$$

（2）要素价格变动对收入分配失衡的影响

对式（3.16）进行求导，可以得出两者之间的内在关系：

$$\frac{\partial\, cxcj}{\partial\, DisK_1}=\prod\frac{r_1}{DisK_2r_2}\times\frac{DisI_1i_1}{DisI_2i_2}\times\frac{DisL_2}{DisL_1}>0$$

$$\frac{\partial\, cxcj}{\partial\, DisL_1}=\prod\frac{DisK_1r_1}{DisK_2r_2}\times\frac{DisI_1i_1}{DisI_2i_2}\times\frac{-DisL_2}{(DisL_1)^2}<0$$

$$\frac{\partial\, cxcj}{\partial\, DisI_1}=\prod\frac{DisK_1r_1}{DisK_2r_2}\times\frac{i_1}{DisI_2i_2}\times\frac{DisL_2}{DisL_1}>0$$

$$\frac{\partial\, cxcj}{\partial\, DisK_2}=\prod\frac{-DisK_1r_1}{(DisK_2)^2r_2}\times\frac{DisI_1i_1}{DisI_2i_2}\times\frac{DisL_2}{DisL_1}<0$$

$$\frac{\partial\ cxcj}{\partial\ DisL_2}=\prod\frac{DisK_1r_1}{DisK_2r_2}\times\frac{DisI_1i_1}{DisI_2i_2}\times\frac{1}{DisL_1}>0$$

$$\frac{\partial\ cxcj}{\partial\ DisI_2}=\prod\frac{DisK_1r_1}{DisK_2r_2}\times\frac{-DisI_1i_1}{(DisI_2)^2i_2}\times\frac{DisL_2}{DisL_1}<0$$

通过上述等式可以看出，中国城市部门的资本、土地要素价格变动和农村部门劳动要素价格变动是收入分配失衡的重要原因，而城市部门的劳动要素价格变动和农村部门的资本、土地要素价格变动对收入分配失衡存在抑制效应。本书认为，该结论基本符合中国城乡“二元”经济结构的现状。农村部门劳动力充裕，但资本较为短缺，城市部门的情况却截然相反。由假设 2 可知，中国收入分配失衡主要受城市资本、土地要素价格变动和农村部门劳动要素价格变动的影响。同时，总的要素价格变动 $DisT=(DisK)^{\frac{\alpha}{\alpha+\beta+\gamma}}(DisL)^{\frac{\beta}{\alpha+\beta+\gamma}}(DisI)^{\frac{\gamma}{\alpha+\beta+\gamma}}$ 主要由资本、劳动和土地要素价格变动构成。城市部门又是造成资本和土地要素价格变动的主要方面，在中国以“投资—出口”为导向的宏观经济背景下，城市部门固定资产投资占了国民经济的绝对多数。劳动要素价格变动受城市和农村部门的双重影响，中国农村部门劳动力相对充裕，劳动报酬的城乡差异导致大量农村剩余劳动力向城市转移，这种劳动力的“无限供给”抑制了城市劳动报酬的增长，加剧了劳动要素价格变动程度。另外，近年来由于“人口红利”的逐渐消失，中国东部沿海地区也出现一定程度的“用工荒”现象，劳动力供给短缺推动了劳动报酬的增加，中国劳动要素价格变动问题得到缓解，但总体上仍然表现为价格变动。

综上所述，本书提出如下 5 个命题：

命题 1：总的要素价格变动加剧了中国收入分配失衡。

命题 2：中国资本要素主要集中于城市部门，因此总的资本要素价格变动恶化了收入分配失衡。

命题 3：劳动要素价格变动会对收入分配失衡产生影响，中国城镇化进程的快速推进，使得农村大量剩余劳动力向城市转移（而且近年来“人口红利”逐渐消失），一方面提高了整体的劳动工资水平，另一方面加剧了城市部门的就业压力。因此，无法准确地预判劳动要素价格变动对收入分配失衡的影响，两者之间可能存在线性的负向或正向影响，也有可能表现为非线性关系。

命题 4：土地要素价格变动既会通过改变城乡居民收入结构对居民收入分配状况产生直接影响，也有可能通过资源配置对居民收入分配状况产生间接影响。因此，土地要素价格变动对收入分配失衡的影响存在不确定性，需要通过实证分析来进一步阐释。

命题 5：为了更好地研究要素价格变动对收入分配失衡的影响，引入经济发展水平、金融发展程度、人力资本状况、产业结构等相关控制变量来具体分析。

2. 要素价格变动对居民消费需求不足的影响路径分析

在西方古典经济学消费理论中，个人总收入水平是影响居民消费最重要的因素。随后，凯恩斯（Keynes）、萨伊（Say）、杜森贝利（Duesenberry）、莫迪利安尼（Modigliani）、弗里德曼（Friedman）等，都从不同角度对收入决定消费的观点进行解释。本章在借鉴现有研究成果的基础上，从理论的角度就要素价格变动如何通过收入水平和收入分配对居民消费需求产生影响进行分析。由凯恩斯的消费函数可知，消费支出水平是个人收入的线性函数：

$$C=C(Y)=a+bY,\ 0<b<1 \tag{3.17}$$

式（3.17）中：C 为总消费支出；Y 为个人总收入水平；a 为自发性消费；b 为边际消费倾向。本书假设社会总收入等于所有个人总收入的加总。其中，社会收入只包含资本收入、劳动收入和土地收入三种基本形式，这三项收入之和就是总收入。式（3.17）可以进一步表示为：

$$C=C(rK+wL+iI)=a+b\left(K\frac{MPK}{DisK}+L\frac{MPL}{DisL}+I\frac{MPI}{DisI}\right) \tag{3.18}$$

对式（3.18）中资本要素的变动程度 $DisK$、劳动要素的变动程度 $DisL$ 和土地要素的变动程度 $DisI$ 分别求偏导，得出：

$$\frac{\partial C}{\partial DisK}=C(\dot{Y})\frac{\dfrac{-K\times MPK}{(DisK)^2}}{\left(K\dfrac{MPK}{DisK}+L\dfrac{MPL}{DisL}+I\dfrac{MPI}{DisI}\right)^2}<0 \tag{3.19}$$

$$\frac{\partial C}{\partial DisL}=C(\dot{Y})\frac{\frac{-L\times MPL}{(DisL)^2}}{\left(K\frac{MPK}{DisK}+L\frac{MPL}{DisL}+I\frac{MPI}{DisI}\right)^2}<0 \tag{3.20}$$

$$\frac{\partial C}{\partial DisI}=C(\dot{Y})\frac{\frac{-I\times MPI}{(DisI)^2}}{\left(K\frac{MPK}{DisK}+L\frac{MPL}{DisL}+I\frac{MPI}{DisI}\right)^2}<0 \tag{3.21}$$

由式（3.19）至式（3.21）可知：消费对资本、劳动和土地三种生产要素的变动程度求偏导，结果均为负值。由此表明，这三种要素的市场价格变动都会对居民消费需求产生抑制作用，导致居民消费内需不足。本章将通过详细的内在机制分析，进一步探讨要素价格变动如何通过收入分配对居民消费需求产生影响。

在上述关于收入对居民消费需求的影响分析中，其实是采用“代表性消费者”的基本假设，即认为所有消费者在社会中的消费行为都是同质的，但在实际中，消费者的“异质性”才是一种经济常态。收入分配同样是影响居民消费需求的重要因素。当前，中国仍处于城乡“二元”经济结构中，城乡收入差距过大的现状没有得到明显改善，较大的城乡贫富差距不仅影响农村居民的生活质量，更掣肘社会经济的协调发展。根据边际消费倾向递减规律，社会中阶层之间收入水平的差异，形成不同的消费倾向。其中，低收入阶层消费倾向较高，储蓄倾向较低；与之相反，高收入阶层则消费倾向较低，储蓄倾向较高。城乡收入差距的持续扩大，造成低收入阶层原本较高的消费倾向被抑制，导致低收入阶层的消费需求严重不足，最终影响整个社会消费需求的提升。

本章结合中国“二元”经济结构的现状，进一步分析要素价格变动如何通过收入分配对居民消费需求产生影响。

假设 5：社会中包含收入较高和收入较低的两类不同群体，收入差异的存在导致这两类群体具有不同的平均消费倾向。其中，收入较高群体的平均消费倾向为 n_1（$0<n_1<1$），收入较低群体的平均消费倾向为 n_2（$0<n_2<1$）。相较于收入较高群体，收入较低群体拥有更强的平均消费倾向，即 $n_2>n_1$。

假设 6：收入较高和收入较低两类群体的总收入分别为 Y_1 和 Y_2，社会总收入为 $Y=Y_1+Y_2$。

假设 7：社会总收入中，若收入较高群体的总收入占比为 ζ，则 $\zeta=Y_1/Y$ $(0<\zeta<1)$。其中，ζ 值越高，表明社会总收入更多地向收入较高群体倾斜，收入分配失衡越严重。本书将这种收入分配的失衡理解为劳动收入份额在社会总收入分配中的比重下降，或是城乡二元结构下居民收入差距的扩大。

假设 8：要素价格变动的存在会对社会收入分配状况 ζ 产生影响，即 $\zeta=\zeta(MQ_i,\ \delta)$。其中：$MQ$ 为要素价格变动程度；i 为资本、劳动和土地等生产要素；δ 为其他影响收入差距的因素。

社会中，收入较高群体的消费总量 C_1 和收入较低群体的消费总量 C_2 共同构成全社会居民的消费总量 C。其中：$C_1=n_1Y_1$，$C_2=n_2Y_2$，由此得到：

$$C=C_1+C_2 \tag{3.22}$$

由假设 7 可知，社会总收入（Y）中，收入较高群体的总收入（Y_1）的占比为 ζ，由此得到：

$$Y_1=\zeta Y \tag{3.23}$$

收入较低群体的总收入（Y_2）等于社会总收入（Y）减去收入较高群体的总收入（Y_1），由此得到：

$$Y_2=Y-Y_1 \tag{3.24}$$

由假设 8 可知，要素价格变动的存在会对社会收入分配状况产生影响，由此得到：

$$\zeta=\zeta(MQ_i,\ \delta) \tag{3.25}$$

将式（3.23）至式（3.25）代入式（3.22）中，可以得到：

$$C=[(n_1-n_2)\eta(MQ_i,\ \delta)+n_2]Y \tag{3.26}$$

对式（3.26）中的 MQ_i 求偏导，由假设 5 可知，相较于收入较高群体，收入较低群体拥有更强的平均消费倾向，即 $n_2>n_1$，可以得到：

$$\frac{\partial C}{\partial \zeta}\times\frac{\partial \zeta}{\partial MQ_i}=n_1-n_2<0 \tag{3.27}$$

由式（3.27）可知：在中国城乡“二元”经济结构下，要素价格变动会通过收入分配对居民消费需求产生影响，并且这种影响效应具有恶性累积的负外部性，即当期初居民收入分配差距越大时，要素价格变动对居民消费需求的抑制效应越强。

3.3.2　内在机理

1. 资本价格变动对居民消费需求的影响

转型时期中国资本市场行政垄断的存在，导致资本价格长期被低估，资本市场一直处于价格变动的状态。例如，地方政府为了推动本地区经济的快速增长，或是因为某些政绩工程的需要，往往会通过优惠信贷、降低贷款利率等政策措施吸引企业进行投资。另外，地方政府为了扩大招商引资，还会采取各类财政补贴的方式来变相降低企业生产成本，这些人为的市场干预都会造成资本价格的变动。下面将从内在机理角度分析资本价格变动如何通过收入水平与收入分配对居民消费需求产生影响。

（1）资本价格变动、收入水平与居民消费需求

在以经济发展为重点的激励竞争机制下，地方政府不仅对主动干预地区产业具有很强的积极性，还会采取行政垄断等方式来变动要素价格以获得比较竞争优势。例如，受政府价格管制影响，企业能够以远低于市场均衡水平的超低价格获得生产过程中所需的投入要素。在资本价格变动方面，由于中国金融市场改革的严重滞后，银行系统存在汇率管制、市场准入的严格限制、业界隔离和信贷配给等明显的金融抑制特征。在过去以重工业优先发展为重点的计划经济时期，由于缺少重工业发展战略所需的资本，采取人为压低利率的措施来配合国家的战略需求。低利率能够实现资本的快速积聚，为社会经济发展提供大量所需的资金。由于路径依赖等因素的存在，官方利率一直处于被压低的状态，银行系统中的金融抑制现象一直没有改善。金融抑制本质上是政府对金融市场中的价格和交易进行干预，变动金融体系中的重要价格信号——利率，形成一

种低成本的社会资金聚集方式，其名义利率低于市场的均衡利率。如果考虑到通货膨胀因素，实际利率甚至可能为负值。另外，中国行政体制上的政治集权和财政体制上的财政分权，导致地方政府之间存在“标尺竞争”的地区利益最大化动机。地方政府会采取各种优惠政策以增强对流动性资源的吸引，实施金融抑制就是其中的主要措施之一。这种地方政府间的相互博弈过程进一步恶化了地区间要素价格的变动程度。资本价格变动的存在，促使企业进行“非生产性寻租”行为，以获得更多的优惠待遇或资源。这种非生产性寻利活动无疑会增加企业的生产成本，最终转嫁到消费者身上。市场上商品或服务价格的上升，会减少居民实际收入水平，降低价格敏感群体的消费意愿，导致居民消费需求不足。

根据中国人民银行公布的数据，2020 年中国居民存款增加 7.2 万亿元，国民储蓄率为 44.91%。由于中国贫富差距巨大、未来大额刚性支出、预期收入的不确定性等原因，导致居民更愿意将其收入存入银行，形成过度储蓄。其中，买房就是居民未来大额刚性支出重要的一种。例如，在北上广深等一线城市，房价均已超 5 万元/m^2，即使是首付也要几百万元，过高的房价导致居民不得不进行储蓄，严重抑制了居民的消费需求。另外，中国贫富差距扩大，使得中低收入群体没有能力对其收入进行有效理财或购买股票等在资本市场中投资，更多的是把自己的收入存入银行，依靠银行存款利息来获取微薄的财产性收益。然而，中国资本价格政府干预的存在，使得存款利率长期被低估，降低了居民的资本收入。有学者指出，中国法定利率仅相当于市场利率的 50%，甚至更低。如果考虑消费者价格指数上升引起的通货膨胀的影响，实际利率基本围绕零利率上下波动，甚至在某些年份为负利率，导致中低收入居民财富的缩水更加严重（李北伟 等，2020）。低利率或负利率使社会财富从中低收入居民向政府、企业或高收入居民转移，不仅影响中低收入居民银行存款的现期利息收入，还会影响其预期收益，无论是现期利息收入还是预期收益的减少，都会造成居民现期消费需求的降低。资本价格变动还导致中国小微企业融资难的问题加剧，银行及金融机构贷款主要流向国有大中型企业，这种金融市场供需机制失衡促进了利率较高的非正式信贷市场的发展，畸高的利率水平在导致金融脱离实体经济的同时挤占了居民的可支配收入，抑制了居民消费需求的提升。

(2) 资本价格变动、收入分配与居民消费需求

从单个生产要素资本价格变动对居民消费需求的影响机制分析可知，资本价格变动使得居民收入减少，消费需求被严重抑制，进而导致整个社会的消费不足。中国社会经济发展中市场经济的不完善，一方面表现出要素价格变动的普遍性，另一方面呈现出要素价格变动程度的差异性。接下来将进一步分析资本价格变动如何通过收入分配对居民消费需求产生影响。

中国要素市场改革进程的滞后是宏观经济发展中亟须解决的重要问题，其中资本、劳动、土地等要素价格的负向变动是其突出表现。相较于劳动要素价格的变动程度，中国资本配置的相对过度导致其价格的负向变动程度更加严重(占华，2020)。由于高收入群体主要依靠资本收益，低收入群体则更多通过劳动获得报酬收入，资本价格变动的存在导致要素收入分配中劳动报酬收入占比减少，劳动报酬收入的下降在一定程度上恶化了要素收入分配的公平性，扩大了居民收入分配差距，抑制了居民消费需求的提升。

中国资本价格变动的存在使得资本要素具有更小的机会成本。因此，企业在生产过程中倾向于使用更多的资本对劳动要素进行替代，资本深化形成的技术进步在一定程度上挤压了居民的就业机会，影响了劳动者的实际收入和消费决策。大型企业特别是国企往往会因为资金和技术等因素，存在更为明显的资本代替劳动现象，私营企业则相对较少。同时，中国劳动力成本的不断上升，也迫使企业不得不向资本密集型转变。由劳动密集型向具有更高产品附加值的资本密集型产业过渡，往往会带来大量低技能劳动者的失业问题，减少劳动报酬收入，加剧收入分配失衡，降低居民消费需求。

2. 劳动价格变动对居民消费需求的影响

古典经济学认为，经济规律决定要素报酬，且价格机制能够实现资源的有

效配置。价格机制的真正功能是作为一种信息传递机制，通过价格机制不仅能够实现对给定资源的配置，更重要的是，市场对资源的配置比计划更为有效。改革开放以来，中国采取了一系列的物质利益调整措施，产品的市场化程度显著提高，市场的价格决定机制基本确立。与产品价格市场化的成功改革相比，中国要素价格的市场化程度却明显不足，地区和行业间的要素市场分割、要素流动障碍、要素价格变动等问题突出。其中，城乡“二元”经济结构、人口户籍制度等因素的存在使得中国劳动要素长期处于价格变动的状态。劳动要素价格变动不仅会对中国资源配置效率和经济增长方式带来许多不利影响，还会影响居民收入水平和收入分配差距。从上文的分析可知，劳动要素价格变动会对居民消费需求产生抑制作用，导致居民消费内需不足。下文将从内在机理上分析劳动价格变动如何通过收入水平与收入分配对居民消费需求产生影响。

（1）劳动价格变动、收入水平与居民消费需求

中国劳动力市场分割与体制分割的存在，形成“二元”劳动力市场格局。区别于具备相对成熟的市场经济的西方发达国家，中国政府干预导致的制度性分割是劳动力市场分割的突出特点，其中城乡户籍制度、所有制形式、就业机会差异等因素共同构成了中国劳动价格变动长期存在的重要原因（钟若愚 等，2019；蒲艳萍 等，2020）。在新中国成立之初，中国为了摆脱贫困，实现经济的快速发展，采取了城镇与重工业优先发展的经济战略。为了配合重工业优先发展战略的实施，政府通过干预的手段执行了包括工农产品价格剪刀差、城乡户籍制度等在内的一系列制度安排。改革开放以后，随着经济的快速发展和市场化改革的不断推进，中国劳动力市场化得到明显改善，大量农村剩余劳动力向城市转移，为基础设施建设作出了巨大的贡献。但是，中国多重分割下劳动力市场中劳动者的工资差异问题没有得到根本的解决。户籍制度不仅限制了劳动力在城乡之间的自由流动，而且造成劳动力资源无法得到有效配置，形成严重的劳动价格变动问题。

地方政府在追求经济发展的过程中，为了吸引更多企业投资，往往会采取

行政干预的手段人为压低劳动力市场价格，以降低企业生产成本，增强本地区的招商引资能力。甚至一些地区政府以维护本地企业利益的目的，纵容企业凭借其在劳动力市场的强势地位支付给劳动者远低于市场均衡价格的工资，漠视企业对劳动者合法权益的侵犯。这种依靠人为压低劳动力价格来增加企业投资的方式不仅损害了资源配置效率，而且造成劳动者当期收入的减少，形成劳动者对未来收入的不确定性预期，不利于激发居民的消费热情。2020 年，中国城镇私营单位就业人员年平均工资为 4.96 万元，不仅远低于美国的 42.8 万元、日本的 26.1 万元和韩国的 21.65 万元（单位：人民币），甚至低于马来西亚、墨西哥、巴西等许多发展中国家。这种依靠政府干预形成劳动价格变动的发展模式影响到劳动者的生产效率和生产积极性，具有经济发展的不可持续性，一旦地区比较竞争优势下降，必将导致大量企业撤离以及劳动者的失业，抑制居民消费需求的提升。

(2) 劳动价格变动、收入分配与居民消费需求

在市场经济条件下，劳动要素的边际产出决定其价格水平。但是，中国人口户籍制度等的存在使得劳动力市场表现出明显的分割性，户籍制度限制了劳动力在城乡之间的自由流动，导致中国市场机制无法有效地对劳动力资源进行最优配置，抑制了劳动报酬的提高。近年来，全国各省（自治区、直辖市）都在研究制定相关的户籍制度改革实施意见，其中有 25 个省（自治区、直辖市）发布了居住证实施办法，但限制城乡间劳动要素自由流动的问题没有因此得到有效解决，各地区地方保护主义的普遍存在，阻碍了劳动者自我价值的实现，使得劳动者无法创造更多的财富。劳动价格的负向变动通过压低劳动者的工资收入，使国民收入分配中劳动报酬占比减少，劳动收入份额下降进一步影响收入分配，导致居民收入差距扩大。中国劳动收入份额从 1978 年的 50%以上下降至 2020 年的不足 35%，劳动收入份额不仅低于西方发达国家，甚至低于世界平均水平，违背了“卡尔多典型化事实”(徐蔼婷，2014；郭继强 等，2018)。从上述数理模型的推导可知，居民收入分配差距的扩大会影响居民消费水平的提升。在中国劳动力市场中，行业分割和企业所有制分割是劳动力市场分割的

两种重要形式，具体表现为不同行业或不同单位性质的从业者之间存在较大工资水平差距。国家统计局统计数据显示，2020 年全国居民年平均货币收入为82 461元，其中国有单位从业人员年平均收入为89 474元，其他单位从业人员年平均收入为79 532元，而城镇集体单位从业人员年平均收入为60 664元，仅相当于全国居民年平均货币收入的 73.6%。从行业划分来看，信息传输、计算机服务和软件业平均年收入最高，为147 678元，其次为金融行业和科学研究、技术服务人员，平均年收入分别为129 837元和123 343元，这三个行业的平均年收入分别相当于城镇单位就业人员平均工资的 1.79 倍、1.56 倍、1.49 倍。排名在倒数三位的农林牧渔业、住宿餐饮业和居民服务业的平均年收入分别仅为城镇单位就业人员平均工资的 44.45%、58.56%，67.15%。由此可以看出，社会中不同行业或不同单位性质的从业者之间收入差异较大，居民收入差距的扩大不利于整个社会消费需求的提高。

城乡“二元”经济结构导致城乡居民之间人力资本投资存在差距，农村剩余劳动力（农村进城务工人员）向城市转移的过程中，很难进入城市中的大型企业或是收入相对较高的国有单位。事实上，这也是造成中国城乡居民收入差距过大的重要原因。同时，劳动价格变动也不利于中国城乡“二元”经济结构的改善，城镇居民相对于农村居民，在教育、医疗、就业、环保、社会保障、基础设施等众多方面享有优势。从社会保障的角度看，城镇居民拥有更加完善的社会保障服务体系，而农村居民由于社保改革的相对滞后，不得不进行更多的预防性储蓄，以抵御将来可能的未知风险，这种对未来预期的不确定性严重影响了农村居民当期的消费欲望。低收入群体往往缺乏良好的受教育机会，虽然边际消费倾向较高，但受限于自身的收入水平以及预期的经济状况，通常采取储蓄的方式来应对未来的消费需求，这种储蓄行为严重制约了低收入群体的现期消费欲望。高收入群体在教育、培训、医疗、养老等领域都具备充足的资金投入，虽然对未来预期收入较高，且存在较强的消费能力，但相对于低收入群体，他们的边际消费倾向更低。因此，劳动价格变动通过影响居民收入分配，抑制整体消费需求的提升。

3. 土地价格变动对居民消费需求的影响

土地市场作为一种重要的要素市场，其市场化水平不仅会对土地资源配置效率和土地要素供求价格产生直接影响，还会形成重要的收入分配效应，进而影响居民的消费需求（张少辉 等，2019）。改革开放以来，中国采取了一系列市场化改革措施，其中商品的市场化程度明显提高，但要素的市场化改革却相对滞后。在中国土地市场中，土地交易一级市场长期受到地方政府的干预，存在着严重的土地价格变动问题。这种土地价格变动主要表现为一级市场上农村土地征收过程中的地方政府买方垄断和城市建设用地供给过程中的地方政府卖方垄断两部分。地方政府一方面利用法律法规在农地非农化过程中的有关规定，凭借其垄断地位，在土地一级市场上实施垄断低价，人为压低农地非农化土地用途转让价格，征用农村集体土地；另一方面，在城市建设用地供给的一级市场中，又通过用途管制、规划限制等方式将土地资源在商服住宅用地和工业用地之间进行策略性供给（Wu et al.，2015；谢冬水，2017）。由此可见，地方政府垄断、“二元”土地市场制度性分割等的存在，使得中国土地市场成为一个存在严重价格变动的要素市场，这种土地价格变动会通过收入分配效应影响居民消费需求。

第一，土地市场农地非农化过程的地方政府买方垄断，导致农民和政府之间土地增值收益的分配严重不平等，不仅对农民的土地财产权益造成损害，而且导致城乡之间居民的收入差距扩大，抑制居民的消费需求。《中华人民共和国宪法》（1982 年）第十条规定，城市的土地属于国家所有。农村和城市郊区的土地，除由法律规定属于国家所有的以外，属于集体所有。同时，《中华人民共和国土地管理法（第二次修正）》《中华人民共和国城镇国有土地使用权出让和转让暂行条例》（1990 年）均对中国土地用途转换与开发利用等进行了十分严格的规定。因此，在中国现行农村集体土地使用制下，虽然土地所有权归农村集体，但农村集体和农民均不具备对集体土地自行改变用途的权利，即不存在自由处置权。凡农村集体土地转为非农建设用地，必须通过政府征用。尽管地方政府在征地过程中会对被征地村民进行补偿，补偿费主要包括土地补偿费、青苗补偿费、附着物补偿费、安置补助费等，但补偿标准没有对土地未来的增值收益进行充分考虑。同时，农民缺乏与地方政府进行有效谈判和议价的权利，这就导致农地征收补偿费用远远低于市场条件下的实际价值，使得土地用途转换形成的增值收益在农民和政府之间的分配严重不平等。有学者认为，若用1表示土地出让的全部收入，则地方政府能够得到其中的60%～70%，农民所得收入只有5%～10%，甚至更低（杨灿明 等，2015）。虽然《中华人民共和国土地管理法》（2020年）对土地征收、补偿安置、监督管理等有关规定进行了更新，但在许多方面仍然没有实现突破性进展。这种因地方政府干预形成的土地价格变动问题没有发生根本性改变，造成农民的土地财产权利被极大地限制，使得农民无法通过合法途径对集体土地进行自由处置获得土地增值收益。因此，在农村集体土地非农化过程中，地方政府支配绝大部分增值收益，限制了农民财产性收入的增加，使得农民财富缩水，最终导致城乡居民收入差距的进一步扩大。城乡居民收入差距的持续扩大，一方面造成社会总体的边际消费倾向和平均消费倾向下降，另一方面使得占人口多数的农村居民储蓄倾向提高，导致居民消费率下降（陈斌开，2012）。由此可见，地方政府干预和垄断下的土地价格变动是加剧城乡居民收入差距、抑制居民消费需求的重要原因。

第二，城市建设用地一级市场的地方政府卖方垄断，产生居民收入向政府转移的逆向收入分配效应，导致居民收入在国民收入分配结构中的比重下降，实际收入水平的降低抑制了居民消费需求的提高。中国土地价格变动的另一重要表现是地方政府对城市建设用地一级市场的卖方垄断。现行土地制度下，地方政府控制着土地买卖市场中城市建设用地供给的自由支配权，通过对商服住宅用地和工业用地的差异化出让实现土地市场的策略性供给。对于商服住宅用地，往往采用严格限制土地供给数量的策略，在土地一级市场上以招、拍、挂等方式进行出让，从中获得高额的商住用地转让收入；对于工业用地，地方政府出于提高政绩、改善就业、促进地区经济发展等的考虑，往往使用低价转让的策略来扩大招商引资。这种城市建设用地一级市场上的政府卖方垄断会通过高房价和产业结构变动造成居民消费需求不足。从高房价的角度看，地方政府推动高额的商住用地出让价格，导致房价长期居高不下。房价的快速上涨一方面产生居民收入向政府转移的逆向收入分配效应，另一方面不可避免地改变了居民日常生活中的消费和储蓄行为，居民为了买房不得不进行高储蓄，进而影响居民的消费需求（陈斌开 等，2014）。有学者指出，过高的住房价格是导致当前中国居民低消费—高储蓄的主要原因，地方政府垄断形成的土地供给价格变动又是助推房价长期居高不下的内在动力。由此可见，地方政府垄断条件下商服住宅用地的严格限制供给是中国居民消费需求不足的重要影响因素。从产业结构变动的角度看，地方政府低价转让工业用地的策略将吸引更多的工业企业进行资本投资，这种政府干预行为降低了工业企业的生产经营成本，一方面促进了地区资本密集型产业的快速发展，另一方面对服务业发展产生了一定的挤出效应，导致产业结构变动、要素配置低效率以及居民劳动收入份额下降，最终抑制居民消费需求的提升（Li，2014）。

3.4　本章小结

本章在介绍相关概念和理论基础后，采用构建数理模型的方式，探讨了要素价格变动与收入分配失衡的内在关系，在此基础上分析要素价格变动如何通过收入水平与收入分配对居民消费需求产生影响。理论上的进一步研究发现，不同的要素价格变动，即资本、劳动和土地价格变动对中国居民消费需求的影响机制也存在一定差异性。

转型时期中国资本市场行政垄断的存在，导致资本价格长期被低估，资本市场一直处于价格变动的状态，资本价格变动又通过抑制收入增长来影响居民的消费需求。中国城乡“二元”经济结构、人口户籍制度等因素的存在，使得中国劳动要素长期处于负向变动的状态。劳动要素价格变动不仅会对中国资源配置效率造成许多不利影响，还会降低居民收入水平，扩大收入分配差距，抑制居民消费需求的提升。土地市场作为一种重要的要素市场，其市场化水平不仅会对土地资源配置效率和土地要素供求价格产生直接影响，还会形成重要的收入分配效应，影响居民的消费需求。因此，资本、劳动以及土地价格变动会通过影响居民收入水平和收入分配来抑制居民消费需求的提升。

中国要素市场存在的种种问题仍然需要进一步深化改革才能有效解决，但现行的政绩考核体系、行政垄断、政府干预以及财政分权体系等都在一定程度上对要素的市场化进程带来不利影响，在未来的一段时期内，中国社会经济发展中仍然会存在要素价格变动问题。因此，分析要素价格变动与收入分配失衡之间的内在联系，进一步挖掘长期以来导致中国居民消费需求不足的影响机制，对破解中国居民消费需求不足的现状具有重要的理论价值和现实意义。

第4章　要素价格变动程度的测算与分析

改革开放以来，中国经济发展取得举世瞩目的成就，GDP由1978年的3 678.7亿元上升到2023年的126.06万亿元，经济总量占全球经济的比重从1.7%提升至18.5%，经济发展速度之快、规模之大、时间之长，引起世界广泛关注，堪称“中国经济奇迹”。那么，是什么创造了这一中国经济奇迹？学者们通常从市场经济、人口红利、进出口贸易、城镇化、社会稳定等方面展开讨论。1978年以来，中国采取了一系列物质利益调整措施。例如，实行渐进式改革。其中，价格改革是渐进式改革的关键环节，在经历了以计划价格体制为主体，到混合价格体制占主导，再到社会主义市场价格体制建立三个阶段后，中国产品市场化程度得到显著提高，市场的价格决定机制基本确立。微观层次的改革一方面解决了经营自主权和激励约束问题，使得中国社会经济中原本被抑制的市场活力得到充分释放；另一方面最大限度地减少了不必要的交易成本，促进了社会经济效率的提高。因此，市场化改革是实现中国经济长期高速增长的重要原因。市场经济不仅涉及产品市场，还包括生产要素市场。尽管中国产品市场化程度得到显著提高，市场的价格决定机制基本确立，但与产品价格市场化的成功改革相比，中国要素价格的市场化程度明显不足，地区与行业间的要素市场分割、要素流动障碍、要素价格变动等问题突出，政府仍然保持着对许多生产要素的配置权力，干涉要素价格。因此，需要进一步加大市场化改革力度，破除掣肘生产要素有效配置的体制障碍和制度约束。

当要素市场处于非完全竞争条件下的价格变动状态时，生产要素的价格就不再由其供求机制作用下的资源相对稀缺程度反映，导致经济发展过程中要素资源配置无法实现最优化，发生要素价格对边际产出的偏离，学者们普遍将这种偏离定义为要素价格变动（Bhagwati et al.，1969；Chacholiades，1978）。在研究过程中测算要素市场偏离，就是测算要素市场中各种要素的价格变动程度。其中，根据要素价格与边际产出的关系不同，可以将价格变动分为负向变动和正向变动两种。将要素的边际产出大于要素价格定义为要素的负向变动，而将要素的边际产出小于要素价格定义为要素的正向变动（Samuelson，1941）。根据对象不同，可以将要素价格变动概括为相对变动和绝对变动两种。将一种要素的边际产出与实际要素价格之间的变动定义为要素价格的绝对变动，而将两种或两种以上要素绝对变动程度之比定义为相对变动（Yotopoulos，1971；Atkinson，1980）。从实证分析的角度看，研究要素价格变动对社会经济各方面可能产生的影响，首先需要解决的问题是如何对要素价格变动程度进行量化。对要素价格变动程度的量化，不同学者在测算方法的选取上存在明显差异，现有文献大多基于市场经济中已经存在要素价格变动的基本假设前提，而不是通过一定的方式对各要素价格的变动程度进行直接测度。测算方法大体上可以分为三类：一般均衡法、变动指标法和局部均衡法。根据模型的处理方式不同，一般均衡法可分为动态随机一般均衡法和可计算一般均衡法。关于变动指标法，学者们主要借鉴樊纲等《中国市场化进程指数报告》中的产品市场市场化进程（DPI）表示产品市场发育程度，根据 $DisT=(DPI-DFI)/DPI$ 测算要素市场总体变动程度。其中，$DisT$ 为地区要素市场变动指数，DPI 为产品市场市场化进程程度指数，DFI 为要素市场市场化进程程度指数。局部均衡法又分为成本函数法、生产前沿分析法、利润函数法以及生产函数法。生产函数法是最为常见的一种测算方法，即先估计出投入要素组合的生产函数，计算出各要素的边际产出，再与各要素价格相比较，得出各种要素价格的绝对变动程度和要素之间的相对变动程度（史晋川 等，2007；王林辉 等，2013；邓翔 等，2017；宣烨，2019；李言，2020）。生产函数法又包括 C-D 生产函数法、超越对数生产函数法、时变弹性生产函数法以及常替代弹性生产函数法等。

通过对国内外学者的相关研究进行梳理可以发现，虽然要素价格变动的定义非常简单，相关测算方法也不复杂，但由于各种原因导致测算结果存在较大差异，本书认为造成这种偏差的可能原因除了计量模型本身的缺陷外，还包括以下两个方面：

第一，在测算过程中所设置的生产函数形式以及与之相对应的要素投入量和产出的选择。C-D 生产函数形式直接且相对简单，但存在资本与劳动要素单位产出弹性和为 1 的强假设，使得测算结果可能出现偏误。因此，许多学者在实际研究中会选择改进的时变弹性生产函数进行测算，但是时变弹性生产函数也可能存在因估计参数过多导致变量间的多重共线性显著、模型自由度不足等计量缺陷，导致无法有效测算。例如，有学者通过包含能源要素在内的三要素时变弹性生产函数模型计量分析产业结构与要素价格变动之间的相互关系，得出劳动边际产出为负数的结论（夏晓华 等，2012；韩国高 等，2017）。这一结论显然与中国经济发展的现实不相符。另外，有学者对时变弹性生产函数和 C-D 生产函数进行对比分析，认为要素价格变动的测算，因模型选取的不同会导致结果存在明显差异，因而采用适宜的估算方法才是一种严谨的行为（史晋川 等，2007）。在第二产业内部要素价格变动的测算研究中，产出（Y）应该以工业增加值还是销售收入，抑或是工业总产值表示？资本（K）应该以固定资产净值还是固定资产原值表示？其变量表示方式的不同会造成估算结果存在较大区别。例如，有学者在测算资本要素价格的变动程度时，将产出（Y）表示为工业总产值，资本（K）表示为固定资产原值，由此得出资本边际产出大于 1 的结论；若通过利息支出/负债的方式进行计算，会发现资本价格其实是小于 1 的。为了使研究结论更具可信性，在资本价格的基础上加 1，将其解释为资本自身的投入消耗。据此测算出的资本价格绝对变动程度，很难找到相应的经济理论予以支持。

第二，要素价格的统计口径、处理方式以及数据来源等。资本价格理论上是市场主体在使用资金时的交易成本，与国家金融机构法定贷款利率相比，资本价格应不低于其最低利率水平。通过对国内文献的检索，本书认为盛仕斌和徐海（1999）可能是最早采用利息支出/负债的方式计算资本价格的学者，他们使用中国 1995 年不同经济类型企业的截面数据计算资本价格，得出的企业平均资本价格结果尚可接受，但其后不同学者的相关研究结果却存在较大偏差。例如，有学者采用面板数据或时间序列数据测算出的资本价格明显低于金融机构法定贷款利率，甚至部分研究测算出的资本价格低于同期存款利率（程娅昊等，2014；丁建勋，2017）。后来的学者在研究中也发现了这一问题，采用折中或是两次剔除的办法对资本价格测算结果的偏差进行纠正：当利息支出/负债的值大于 0.05 时，则以该值表示资本价格；当利息支出/负债的值小于 0.05 时，则采用各类所有制企业历年贷款利率的平均值代替，以提高资本价格测算结论的合理性。无论是采用折中的办法还是对最终结果中的异常值进行两次剔除，都可能存在无法克服的信息损耗问题（刘奕 等，2018；吴武林 等，2020）。在对劳动价格变动程度进行测算时，劳动力工资水平应与测算劳动边际产出的劳动投入量相对应。在实际研究中，对于相同产业内部劳动价格变动程度的测算，工资水平与劳动投入量的对应情况较好，但在测算全国整体经济的要素价格变动程度时，问题相对突出。例如，有学者在测算全国整体经济的要素价格变动程度时，将劳动投入量选取为全年就业总人数，劳动力工资水平选取为年平均工资。根据相关资料，全年就业总人数不仅包括普通在岗职工、农村就业人员、城镇单位就业人员以及其他就业人员，还包括私营企业主、个体工商户主等；平均工资仅表示城镇单位在岗职工的平均年工资，该值明显高于全国全年就业总人数的平均工资。通过上述分析发现，在实证研究过程中，计量口径的差异可能会造成测算结果的科学性受到质疑（王希，2012）。

4.1 理论模型的设定

通过上述分析可知，在测算要素价格变动的各类方法中，生产函数法是目前学者们运用较为广泛的一种。其中，C-D 生产函数法在生产函数法中最为常用。C-D 生产函数的优点在于其基本模型的回归分析要求最直接、最简单，且已被经典经济学理论和实证分析反复验证，以此得出的要素边际产出估算结果具有更强的合理性。该方法不仅可以同时测算两种及以上要素价格的变动程度，而且能够估算要素间的相对价格变动程度。随着被纳入生产函数中的经济要素越来越多，该方法也开始被应用于能源、土地等要素价格变动程度的测算。

在以往的研究中，多数学者仅考虑资本和劳动要素在中国经济发展中的重要作用，忽视土地要素可能产生的影响。本章在传统 C-D 生产函数的基础上，采用扩展的 C-D 生产函数法对中国 2000—2019 年除西藏自治区及港澳台地区以外 30 个省（自治区、直辖市）的要素价格总变动程度以及资本、劳动、土地要素价格变动程度进行测算。首先，根据生产函数得到中国投入要素的产出弹性系数；其次，根据投入要素的产出弹性系数求出中国各地区投入要素的边际产出；最后，将投入要素的边际产出除以对应的要素价格，测算出各地区要素价格总变动程度以及不同要素的价格变动程度。生产函数的估计是该方法能否得以有效进行的关键。本书在借鉴胡文明（2012）研究成果的基础上，假设企业生产过程中的投入要素包括资本、劳动和土地要素，有别于以往仅包含资本和劳动要素的 C-D 生产函数，本书在模型中纳入土地要素，这样处理有助于更加全面地衡量各要素对总产出的贡献程度，且测算结果更为准确。生产函数的具体形式设定如下：

$$Y_{it}=AK_{it}^{\alpha}L_{it}^{\beta}I_{it}^{\gamma} \tag{4.1}$$

式（4.1）中：A 为全要素生产率，由于全社会在短期内的综合技术进步保持不变，因此是常数；α、β 和 γ 分别为不随时间和地区变化发生改变的资本、劳动和土地要素产出弹性系数，因此是固定参数；Y_{it} 为地区 i 在 t 时期的总产出，即地区生产总值；K_{it} 和 L_{it} 分别为地区 i 在 t 时期的资本投入和劳动投入；I_{it} 为地区 i 在 t 时期的土地投入。

对式（4.1）中的资本、劳动和土地要素分别求导后可以得到地区 i 在 t 时期这三种要素的边际产出如下：

$$MP_{K,it}=A\alpha K_{it}{}^{\alpha-1}L_{it}{}^{\beta}I_{it}{}^{\gamma}=\alpha\frac{Y_{it}}{K_{it}} \tag{4.2}$$

$$MP_{L,it}=A\beta K_{it}{}^{\alpha}L_{it}{}^{\beta-1}I_{it}{}^{\gamma}=\beta\frac{Y_{it}}{L_{it}} \tag{4.3}$$

$$MP_{I,it}=A\gamma K_{it}{}^{\alpha}L_{it}{}^{\beta}I_{it}{}^{\gamma-1}=\gamma\frac{Y_{it}}{I_{it}} \tag{4.4}$$

根据要素价格变动的定义，在假设资本、劳动和土地要素的实际价格分别为 r、w 和 s 的条件下，结合式（4.2）至式（4.4）中的要素边际产出，可以得到这三种要素的绝对变动以及要素价格总变动的具体形式如下：

$$DisK_{it}=\frac{MP_{K,it}}{r_{it}} \tag{4.5}$$

$$DisL_{it}=\frac{MP_{L,it}}{w_{it}} \tag{4.6}$$

$$DisI_{it}=\frac{MP_{I,it}}{s_{it}} \tag{4.7}$$

$$DisT_{it}=(DisK_{it})^{\frac{\alpha}{\alpha+\beta+\gamma}}(DisL_{it})^{\frac{\beta}{\alpha+\beta+\gamma}}(DisI_{it})^{\frac{\gamma}{\alpha+\beta+\gamma}} \tag{4.8}$$

式（4.5）至式（4.8）中：$DisK_{it}$、$DisL_{it}$ 和 $DisI_{it}$ 分别表示地区 i 在 t 时期生产要素资本、劳动和土地的绝对价格变动程度。当该值等于 1 时，则要素价格不存在变动，资源配置是合理的；当该值大于 1 时，则要素价格存在负向变动；当该值小于 1 时，则要素价格存在正向变动。其中，r_{it}、w_{it} 和 s_{it} 分别为资本要素的实际价格、劳动要素的实际价格和土地要素的实际价格。

为了便于实证分析，提高参数估计精度，对式（4.1）左右两边进行对数处理，得到具体的生产函数形式如下：

$$\ln Y_{it} = \ln A + \alpha\ln K_{it} + \beta\ln L_{it} + \gamma\ln I_{it} + \varepsilon_{it} \tag{4.9}$$

式（4.9）中：Y_{it} 为地区 i 在 t 时期的总产出，即地区生产总值；K_{it} 和 L_{it} 分别为地区 i 在 t 时期的资本投入和劳动投入；I_{it} 为地区 i 在 t 时期的土地投入；ε_{it} 为随机误差项。

通过面板数据，对中国 2000—2019 年除西藏自治区及港澳台地区以外 30

个省（自治区、直辖市）的要素价格总变动程度，以及资本、劳动、土地要素价格变动程度进行测算，主要涉及的变量有总产出，资本、劳动和土地要素的投入量以及相对应的要素实际价格。

1．总产出（Y_{it}）

用地区生产总值表示，利用工业生产者价格指数（PPI）进行平减处理（2000 年＝100)，对实际值取对数后表示为 $\ln Y_{it}$。其中，地区生产总值和工业生产者价格指数来源于国家统计局数据库、各地区历年《统计公报》和中经网统计数据库。

2．资本投入量（K_{it}）和资本价格（r_{it}）

由于企业在实际运行中利用现有的全部资本组织生产，所以这里的资本投入量是一种存量的概念。在现有研究中，对于资本存量的估算存在许多方法，其中永续盘存法是最常用且精确性较高的一种（靖学青，2013）。因此，本书采用永续盘存法对资本投入量进行估计：

$$K_t = K_{t-1}(1-\eta_t) + \frac{U_t}{P_t} \tag{4.10}$$

式（4.10）中：K_t 和 K_{t-1} 分别为 t 时期和 $t-1$ 时期的固定资本存量；η_t 和 P_t 分别为 t 时期固定资本的折旧率和投资价格指数；U_t 为 t 时期新增投资额。该式主要包括基期资本存量（K_0）、固定资本的折旧率（η_t）和每年增加投资量（U_t/P_t）。

接下来，将分别对估计模型中涉及的变量数据处理方式进行说明：第一，基期资本存量（K_0）。采用 $K_0 = U_0/\theta + \eta_t$ 进行估算（Hall et al.，1999)，其中：U_0 为期初投资，即起始研究时间 2000 年的固定资本形成额；θ 为样本期内固定资本形成额的年平均增长率；η_t 为固定资本折旧率，用 t 年的固定资本折旧与 $t-1$ 年的固定资本原值之比表示，其中 t 年的固定资本折旧等于各年累计折旧额与上年累计折旧额的差值，数据来源于历年《中国统计年鉴》《中国工业经济统计年鉴》。第二，每年增加投资量（U_t/P_t）。本书分别用固定资本形成额和固定资本投资价格指数来代替 U_t 和 P_t，利用固定资本投资价格指数将固定资本形成额换算为以2000年为基期的不变价格，以此来代替每年增加投资量，数据来源于历年《中国统计年鉴》《中国工业经济统计年鉴》《中国经济普查年鉴》。

现有研究中，资本价格主要采用利率或折旧率的方法进行衡量。其中，利率法又包括银行贷款利率和企业当年利息支出/负债两种不同方式。例如，Hsieh（2009）通过直接赋值的方式将利率定为0.1来代替资本价格，也有学者采用各年度6个月至1年（含1年）的平均企业贷款基准利率或是通过计算累计每天的利率水平取其平均值得出年平均利率来表示（王希，2012；李平 等，2014）。在采用固定资产折旧率代替资本价格的研究中，通常将资本价格表示为固定资产折旧/实际固定资产存量的比值（石庆芳，2014）。由于中国金融市场化改革相对滞后，且利率市场化进程尚未完全结束，融资约束依然成为制约企业发展的重要因素。本书认为，采用利率水平的方式可能无法准确合理地衡量企业资金使用成本，所以本书在资本价格的确定上选择折旧率的方法进行衡量，数据来源于历年《中国统计年鉴》《中国工业经济统计年鉴》。

3. *劳动投入量*（L_{it}）*和劳动价格*（w_{it}）

劳动投入量（L_{it}）采用各年度规模以上企业就业总人数（万人）进行衡量，数据来源于各省（自治区、直辖市）历年统计年鉴。

现有研究中，劳动价格的衡量指标最常用的为在岗职工平均工资或地区平均工资。其中，地区平均工资通过将非农就业人员和农业就业人员的收入进行加权平均求得，或是以收入法核算国内生产总值中劳动者报酬/地区在岗职工就业总人数的比值表示。根据研究需要，本书更倾向于采用各省（自治区、直辖市）在岗职工平均工资（万元）作为衡量劳动价格的指标，因为无论地区平均工资水平高低，企业实际支付的是在岗职工的平均工资，且这部分工资支付是被纳入企业生产成本的。同时，为消除价格水平对在岗职工实际工资的影响，本书利用CPI对数据以2000年为基期进行平减处理，数据来源于《中国统计年鉴》。

4. 土地投入量（I_{it}）和土地价格（s_{it}）

本书认为，在实际经济运行中，地方政府为了鼓励投资，一般采用协议出让的方式为生产企业提供所需土地。因此，本书对土地投入量的衡量将采用各省（自治区、直辖市）历年协议出让土地面积作为替代指标，数据来源于历年《中国国土资源统计年鉴》。

由于企业是通过地方政府协议出让土地的方式获得所需土地的，这就在一定程度上造成了土地市场价格决定机制的不完善。因此，本书将各省（自治区、直辖市）协议出让土地收益/对应年份协议出让土地面积作为衡量土地价格的指标。

4.2　要素价格变动的测算与分析

4.2.1　数据描述

本节根据上述要素价格总变动程度以及资本、劳动、土地要素价格变动程度的测算方法，对各类要素价格变动测算函数中出现的变量符号、变量名称和数据来源进行说明，结果见表 4.1。

表 4.1　变量名称及数据来源

变量符号	变量名称	数据来源
Y_{it}	地区生产总值	《中国统计年鉴》
K_{it}	资本投入	《中国工业经济统计年鉴》
L_{it}	劳动投入	《中国经济普查年鉴》
I_{it}	土地投入	《中国国土资源统计年鉴》
r_{it}	资本要素实际价格	《统计公报》
w_{it}	劳动要素实际价格	国家统计局数据库
s_{it}	土地要素实际价格	中经网统计数据库

对中国2000—2019年除西藏自治区及港澳台地区以外30个省（自治区、直辖市）的要素价格总变动程度以及资本、劳动、土地要素价格变动程度进行测算，各变量的描述性统计分析结果见表4.2。

表4.2　要素价格变动程度测算函数中各变量的描述性统计分析

变量符号	最大值	最小值	平均值	标准差	样本数
$\ln Y_{it}$	11.587	5.578	7.548	1.139	600
$\ln K_{it}$	10.532	4.338	6.718	1.096	600
$\ln L_{it}$	9.652	5.811	7.692	0.938	600
$\ln I_{it}$	12.881	7.364	9.815	1.175	600

4.2.2　要素价格变动的测算

采用典型面板数据，根据估计方程的截距和斜率项情况，分为混合效应模型、固定效应模型和随机效应模型三种不同的回归方式。具体采用哪种模型才能有效地对参数进行估计，通常需要F检验和Hausman检验来确定。为了提高要素价格变动程度测算的合理性，利用Stata15.0软件比较分析三种不同回归模型的回归结果，判定出最为适用的方式，具体回归结果如表4.3所示。

从表4.3中三种不同模型的估计结果可以看出，F统计量对应的P值为0，且在1%的显著性水平上拒绝原假设。由此可知，相较于混合效应模型，固定效应模型更适用。同时，通过Hausman检验发现随机效应模型在1%的显著性水平上拒绝原假设。结合三种不同模型的检验结果，本书选择固定效应模型作为基准模型进行相关回归分析。从固定效应模型中可以看出，资本、劳动和土地要素对总产出的影响均为正值，且都在1%水平上显著。另外，估算的要素产出弹性系数α、β和γ分别为0.414、0.042和1.004。利用要素的边际产出弹性系数，可以求出中国各地区投入要素的边际产出，然后将投入要素的边际产出除以对应的要素实际价格，就能够测算出各地区要素价格总变动程度以及不同要素的价格变动程度。

表 4.3　三种不同模型的参数估计结果

变量	模型 1 混合效应模型	模型 2 固定效应模型	模型 3 随机效应模型
$\ln K_{it}$	0.7392*** (134.27)	0.4142*** (122.64)	0.7381*** (172.43)
$\ln L_{it}$	0.3354*** (12.42)	0.0421*** (7.68)	0.3247*** (14.53)
$\ln I_{it}$	0.5521*** (18.95)	1.0042*** (10.94)	0.5159*** (17.32)
常数项	−4.5536*** (−8.51)	−2.1806*** (−6.59)	−3.0163*** (−8.23)
F 检验	—	132.24*** [0.00]	—
Hausman 检验	—	—	54.61*** [0.00]
R^2	0.9201	0.9724	0.9511
样本数	600	600	600

注：括号中的数值表示回归系数对应的 t 值，***、**、* 分别表示 1%、5%和 10%的显著性水平。

4.2.3　测算结果与分析

利用上述估算的要素产出弹性系数求出资本、劳动和土地要素的边际产出，结合式（4.5）至式（4.8）可以测算出各地区要素价格总变动程度以及不同要素的价格变动程度。接下来，将依次对中国各省（自治区、直辖市）2000—2019 年要素价格总变动程度、资本要素价格变动程度、劳动要素价格变动程度和土地要素价格变动程度进行分析，其中要素价格总变动程度见表 4.4。

表 4.4 中国各省（自治区、直辖市）要素价格总变动程度

地区		年份									
		2000	2001	2002	2003	2004	2005	2006	2007	2008	2009
东部	北京	6.214	5.835	5.547	5.316	5.401	5.118	5.064	5.013	4.738	4.509
	天津	5.624	5.408	5.362	5.241	5.379	5.485	5.562	5.471	5.806	5.638
	河北	7.161	7.115	7.083	6.974	7.526	7.704	7.367	7.428	7.609	7.947
	上海	6.234	5.976	5.812	5.784	5.549	5.032	4.954	4.907	5.127	5.106
	江苏	7.644	7.561	7.587	7.613	7.804	6.985	7.009	7.241	7.225	7.019
	浙江	7.126	7.112	7.165	7.066	7.049	6.974	6.935	7.021	7.133	7.117
	福建	5.976	5.809	5.643	5.471	5.874	5.723	5.996	6.231	6.119	6.342
	山东	6.855	6.657	6.452	6.115	7.549	7.126	7.351	7.669	7.401	7.453
	广东	4.786	4.831	4.906	5.115	4.979	4.856	4.972	5.253	5.475	5.609
	海南	6.336	6.073	5.672	5.564	5.338	5.467	5.309	4.895	4.805	5.007
中部	山西	7.041	7.056	6.835	6.509	6.487	6.703	6.811	7.094	7.128	7.583
	安徽	8.712	8.743	9.109	9.221	9.127	8.856	8.897	8.609	7.991	8.012
	江西	5.734	5.465	5.312	5.641	5.679	6.792	6.848	6.895	6.556	6.427
	河南	8.801	8.795	8.932	9.007	9.674	8.966	9.715	10.921	9.779	10.423
	湖北	6.132	6.809	7.261	7.049	8.117	7.643	7.905	7.772	7.658	7.542
	湖南	6.856	7.139	7.126	7.275	7.618	8.141	8.194	8.211	8.659	9.006
西部	内蒙古	6.055	5.937	5.951	5.876	6.802	6.586	6.043	6.124	6.143	6.657
	广西	8.896	9.044	8.693	8.114	8.618	7.809	8.157	7.896	8.116	7.994
	重庆	9.674	9.566	10.523	9.593	9.111	9.005	8.677	8.575	8.993	9.569
	四川	10.083	10.132	11.164	10.907	10.132	9.254	9.077	9.012	9.457	9.772
	贵州	9.675	9.775	9.867	10.754	10.722	9.995	8.905	7.956	7.558	7.437
	云南	9.067	8.791	8.528	8.643	9.005	9.034	8.857	8.776	8.609	9.034
	陕西	7.925	7.607	7.511	7.704	7.583	7.375	7.224	7.243	8.446	9.054
	甘肃	5.894	6.744	6.907	6.173	5.957	7.115	6.884	6.677	6.692	7.047
	青海	5.957	6.486	6.907	7.046	6.893	6.637	7.005	7.047	7.001	6.797
	宁夏	6.857	6.679	6.648	6.721	6.803	6.227	5.908	6.004	6.247	6.711
	新疆	6.445	6.097	6.099	6.246	6.338	6.583	6.994	7.203	7.566	7.423
东北部	辽宁	5.374	5.386	5.454	5.076	5.533	5.608	5.943	6.129	6.337	6.132
	吉林	4.676	4.735	4.907	4.856	5.273	5.121	5.346	5.813	6.364	6.701
	黑龙江	6.846	6.523	6.097	5.979	6.132	6.008	5.901	5.833	6.125	5.993
全国		7.022	6.996	7.032	6.952	7.128	6.989	6.991	7.021	7.094	7.224

续表

地区		年份									
		2010	2011	2012	2013	2014	2015	2016	2017	2018	2019
东部	北京	4.361	4.528	5.103	5.241	5.486	5.212	5.046	4.973	4.835	4.802
	天津	5.964	6.047	6.431	6.519	6.534	6.806	6.413	6.395	6.184	6.078
	河北	8.069	7.791	8.243	7.704	7.625	7.035	6.922	6.807	6.649	6.584
	上海	5.233	5.384	5.201	5.337	5.409	5.297	5.114	5.062	4.809	4.661
	江苏	7.124	7.183	7.225	7.352	7.121	7.099	6.893	6.801	6.694	6.533
	浙江	7.312	7.224	7.103	7.226	7.142	6.945	6.838	6.779	6.537	6.486
	福建	6.533	6.664	6.705	6.881	6.753	6.689	6.654	6.472	6.306	6.227
	山东	7.762	7.784	7.861	7.904	7.665	7.661	7.593	7.442	7.385	7.297
	广东	5.871	6.007	6.157	6.224	6.095	5.993	5.847	5.776	5.654	5.371
	海南	5.146	5.383	5.784	6.097	5.994	5.831	5.463	5.114	5.016	4.985
中部	山西	7.583	6.907	7.142	6.918	6.737	6.549	6.507	6.445	6.431	6.325
	安徽	8.665	8.123	8.341	8.225	8.153	7.967	7.794	7.683	7.559	7.407
	江西	6.903	7.336	7.054	7.121	7.106	7.211	7.009	6.845	6.773	7.658
	河南	9.807	10.562	11.702	11.943	10.582	9.763	9.732	9.581	9.332	9.217
	湖北	7.805	8.114	8.243	8.221	8.105	8.047	7.654	7.237	7.105	6.849
	湖南	9.152	8.846	9.012	8.693	8.701	8.664	8.102	7.694	7.473	7.332
西部	内蒙古	6.833	6.921	7.335	7.424	7.209	7.196	7.054	6.807	6.749	6.731
	广西	8.562	8.659	10.447	10.604	11.537	10.114	9.784	9.336	8.967	8.779
	重庆	9.461	9.444	9.562	9.558	9.353	9.114	8.677	8.242	7.956	7.775
	四川	9.945	9.711	9.845	9.873	9.774	9.572	9.556	9.431	9.057	8.964
	贵州	7.803	7.749	7.783	7.665	7.538	7.442	7.291	7.004	6.859	6.773
	云南	9.683	9.709	10.342	9.852	9.775	9.683	9.447	9.375	9.227	9.075
	陕西	9.137	8.995	8.857	8.779	8.658	8.442	8.131	7.805	7.664	7.392
	甘肃	7.236	6.759	7.011	6.995	6.708	6.661	6.395	6.251	6.009	5.907
	青海	6.994	6.648	6.744	6.557	6.475	6.381	6.115	5.963	5.806	5.779
	宁夏	6.548	6.442	6.357	6.265	6.119	6.074	5.837	5.766	5.694	5.533
	新疆	7.337	7.291	7.111	6.896	6.788	6.572	6.523	6.447	6.385	6.139
东北部	辽宁	6.147	6.409	6.346	6.481	6.209	6.091	6.113	5.975	5.743	5.701
	吉林	7.011	7.024	7.241	7.126	7.115	7.094	6.841	6.805	6.751	6.528
	黑龙江	6.154	6.437	6.519	6.705	6.461	6.207	6.135	5.874	5.775	5.628
全国		7.345	7.443	7.627	7.613	7.498	7.314	7.116	6.939	6.779	6.684

从表 4.4 中可以看出，样本期内中国要素价格总变动程度均呈现出负向变动，即要素的边际产出大于要素的实际价格。同时，存在以下特点：第一，中国各省（自治区、直辖市）之间要素价格总变动程度存在较大差异，这种差异不仅体现在历年各省（自治区、直辖市）的对比分析上，从时间趋势上看依然十分明显（如图 4.1 所示）。第二，不同区域之间要素价格总变动程度存在明显区别，主要表现为大部分年份东部地区和东北地区要素价格总变动程度对比同期中西部地区更低。第三，区域内部要素价格总变动程度同样表现出显著差异性。例如：从东部地区看，广东、上海和海南的要素价格总变动程度明显低于河北、山东、江苏等省份；从中部地区看，山西的要素价格总变动程度明显低于区域内部的其他省份；从西部地区看，区域内部各省（自治区、直辖市）之间的差异性更为明显。其中，既有要素价格总变动程度平均值超过 9.0 的广西、重庆、四川和云南，也有平均要素价格总变动程度仅为 6.272 的宁夏。中国各省（自治区、直辖市）要素价格总变动程度随时间的变化趋势图，如图 4.1 所示。

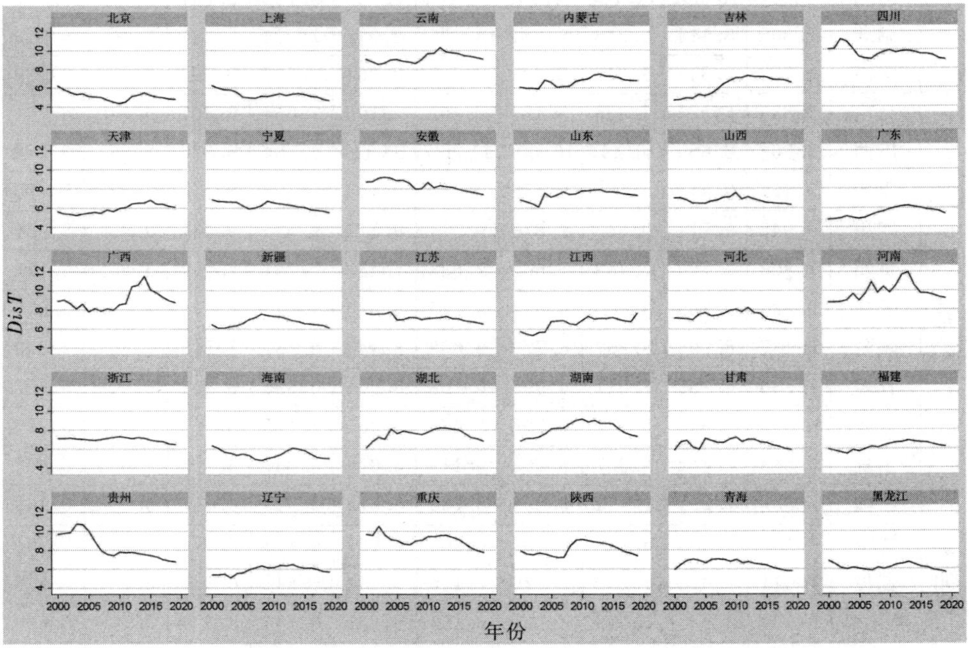

图 4.1　中国各省（自治区、直辖市）要素价格总变动程度的趋势图

本书认为，中国要素价格总变动程度之所以出现上述情况，可能的原因如下：第一，2003 年以后，中国大部分地区要素价格总变动程度出现波动式缓慢上升，是因为在加入 WTO 后，为了挖掘出口行业竞争优势以推动相对强劲的经济发展，国家只能通过行政干预等手段人为压低制造业发展成本，即采取低劳动力价格、低资金使用成本、低汇率政策，在能源、土地、原材料等方面实行低价政策，以适应宏观政策要求和经济发展目标。第二，2008 年后，受美国次贷危机引起的国际金融危机影响，中国为了抗危机、保增长，被迫推出以加大基础设施建设为重点的 4 万亿投资计划，导致这一轮要素价格总变动程度的快速上升。第三，2013 年以后，随着中国市场化改革的不断深入，市场在要素资源配置中的决定性机制基本确立，在全国范围内形成统一开放、公平有序的竞争市场。因此，全国各地区要素价格总变动程度均出现明显的下降趋势。

表 4.5　中国各省（自治区、直辖市）资本要素价格变动程度

地区		年份									
		2000	2001	2002	2003	2004	2005	2006	2007	2008	2009
东部	北京	3.502	3.318	3.175	3.084	3.097	3.081	2.977	3.216	3.224	3.237
	天津	2.958	2.977	2.952	2.869	3.377	3.548	3.609	3.455	4.618	3.911
	河北	4.141	4.153	4.176	4.207	3.369	3.577	3.649	3.412	4.601	3.944
	上海	3.634	3.575	3.613	3.706	3.568	3.336	3.324	3.514	3.775	3.781
	江苏	4.012	4.123	4.447	4.603	4.842	3.995	4.378	4.792	5.006	4.883
	浙江	4.311	4.325	4.569	4.558	4.503	4.226	4.281	4.374	4.513	4.712
	福建	4.179	4.184	4.156	4.101	5.002	4.479	4.883	5.352	5.471	5.499
	山东	3.422	3.336	3.247	3.119	5.384	4.268	4.557	4.806	4.723	4.532
	广东	3.343	3.516	3.805	4.001	4.356	4.072	3.965	4.237	4.552	4.579
	海南	3.112	3.125	3.096	3.243	3.318	3.564	3.577	3.086	3.574	3.601
中部	山西	3.717	3.932	4.016	3.825	3.372	3.916	4.068	4.502	3.956	4.103
	安徽	3.824	4.135	4.721	4.833	5.028	5.034	4.793	4.861	5.702	5.225
	江西	2.841	2.779	2.786	3.097	3.117	5.102	5.247	5.275	3.896	3.551
	河南	4.336	4.563	4.708	5.061	6.104	5.589	5.932	6.114	5.873	5.905
	湖北	6.974	6.537	6.301	5.475	5.892	4.673	4.886	4.679	5.032	4.511
	湖南	4.023	4.315	4.362	4.368	5.565	5.598	5.677	5.862	6.307	6.783

续表

地区		年份									
		2000	2001	2002	2003	2004	2005	2006	2007	2008	2009
西部	内蒙古	2.236	2.674	3.125	3.567	5.138	4.029	3.451	3.394	3.623	4.451
	广西	5.478	5.213	5.187	5.362	5.671	5.305	5.667	5.246	5.308	4.572
	重庆	3.551	3.842	4.963	4.958	5.106	5.321	5.179	5.607	6.004	6.171
	四川	6.104	6.317	6.564	6.439	5.813	4.337	4.365	4.276	4.905	5.012
	贵州	5.647	4.923	4.775	5.208	4.869	4.456	4.083	4.012	3.764	3.686
	云南	4.079	4.083	4.097	4.252	4.617	4.779	4.804	4.836	5.012	5.624
	陕西	3.431	3.456	3.473	3.612	3.506	3.624	3.648	3.515	5.012	5.217
	甘肃	4.221	4.563	4.507	3.539	3.312	4.441	4.127	3.903	4.134	3.954
	青海	3.012	3.527	3.795	3.546	3.308	3.077	3.415	3.646	3.857	3.112
	宁夏	2.976	2.905	2.997	2.983	2.955	2.537	2.694	2.331	2.518	2.563
	新疆	2.942	2.865	2.796	3.074	3.228	3.801	3.805	3.884	4.759	4.157
东北部	辽宁	2.314	2.672	3.163	3.075	3.621	4.113	4.315	4.506	4.771	4.384
	吉林	2.547	3.002	3.319	3.431	3.506	3.428	3.261	3.374	3.416	3.477
	黑龙江	4.326	3.879	3.962	4.013	4.872	4.821	4.953	4.909	6.211	5.835
全国		3.836	3.915	4.037	4.061	4.392	4.248	4.279	4.351	4.607	4.553

地区		年份									
		2010	2011	2012	2013	2014	2015	2016	2017	2018	2019
东部	北京	2.215	3.307	3.456	3.573	3.644	3.419	2.908	2.894	2.776	2.705
	天津	3.979	3.964	4.201	4.337	4.349	4.621	4.176	4.095	3.978	3.894
	河北	3.956	3.978	4.213	4.371	4.385	4.607	4.174	4.112	4.073	4.006
	上海	4.109	4.712	4.725	5.006	5.323	5.211	4.437	4.352	4.215	4.141
	江苏	4.874	4.769	4.631	4.722	4.811	4.665	4.132	4.102	4.032	3.981
	浙江	4.907	4.865	4.523	4.654	4.535	4.427	4.279	4.212	4.137	4.086
	福建	5.711	5.806	5.642	5.832	5.769	5.238	5.201	5.113	5.104	5.077
	山东	4.665	4.594	4.503	4.611	4.473	4.469	4.306	4.227	4.214	4.103
	广东	4.781	4.826	4.838	5.132	4.899	4.734	4.385	4.359	4.261	4.192
	海南	3.759	3.882	3.865	3.857	3.413	3.339	3.407	3.391	3.253	3.118

续表

地区		年份									
		2010	2011	2012	2013	2014	2015	2016	2017	2018	2019
中部	山西	3.331	3.537	3.249	3.262	3.257	3.213	3.121	3.078	2.986	2.902
	安徽	5.754	5.318	4.976	4.661	4.468	4.409	4.376	4.332	4.263	4.156
	江西	4.837	4.339	3.894	4.315	4.121	4.369	4.012	3.968	3.902	3.857
	河南	5.007	5.463	5.672	5.785	5.202	5.231	4.977	4.906	4.741	4.517
	湖北	4.524	4.906	4.954	4.807	4.712	4.834	4.515	4.397	4.261	4.112
	湖南	6.331	6.027	6.067	5.994	6.349	6.204	6.113	6.102	5.864	5.736
西部	内蒙古	4.197	4.431	4.685	4.906	4.636	4.881	3.962	3.897	3.672	3.564
	广西	4.468	3.996	4.812	4.865	4.977	4.673	4.685	4.552	4.537	4.436
	重庆	5.803	5.674	5.519	5.497	5.079	4.972	4.705	4.331	4.263	4.179
	四川	5.576	5.583	5.541	5.552	5.603	4.998	4.576	4.559	4.484	4.403
	贵州	4.102	3.965	3.987	3.941	3.779	3.624	3.519	3.503	3.422	3.405
	云南	5.335	5.210	6.007	5.796	6.103	5.437	5.689	5.663	5.549	5.438
	陕西	4.994	4.562	4.371	4.287	3.779	3.353	3.184	3.101	3.073	3.005
	甘肃	4.381	3.665	3.806	3.769	3.774	4.128	3.779	3.574	3.436	3.335
	青海	3.335	2.968	2.645	2.341	1.879	1.886	1.793	1.772	1.674	1.605
	宁夏	2.802	2.436	2.109	2.331	2.264	2.185	2.088	1.973	1.958	1.834
	新疆	4.253	3.919	3.574	3.567	3.342	3.241	3.227	3.203	3.157	3.112
东北部	辽宁	4.396	4.673	4.129	4.355	4.097	3.665	4.314	4.311	4.275	4.196
	吉林	3.295	3.103	3.175	3.121	3.104	3.148	3.226	3.161	3.085	2.984
	黑龙江	5.946	6.432	6.491	6.607	6.076	5.594	5.126	5.078	4.996	4.893
全国		4.625	4.556	4.579	4.582	4.406	4.281	4.138	4.019	4.003	3.972

从表 4.5 中可以看出，样本期内中国资本要素价格呈现出负向变动，表明资本的边际产出大于资本的实际价格水平。从全国资本要素价格的变动程度看，中国资本要素价格变动程度存在波动，在 2010 年达到峰值 4.625 后开始呈现缓慢下降的趋势。这也在一定程度上验证了部分学者提出的中国要素价格变动是导致投资快速增长的重要原因的观点。特别是 2008 年受国际经济环境的不利影

响，中国的出口受到较大冲击，但是政府通过对资本市场的有意干预，使得经济增速没有明显下降。这种为了提振经济发展动力，以投资拉动经济增长的方式加剧了中国资本要素价格变动程度。分地区看，样本期内中国各省（自治区、直辖市）的资本要素价格变动程度都较大，表现为较明显的负向变动（如图 4.2 所示）。从区域的角度看，各区域之间资本要素价格变动存在较大差距。其中，价格变动程度最大的东部地区是东北地区的 1.703 倍。

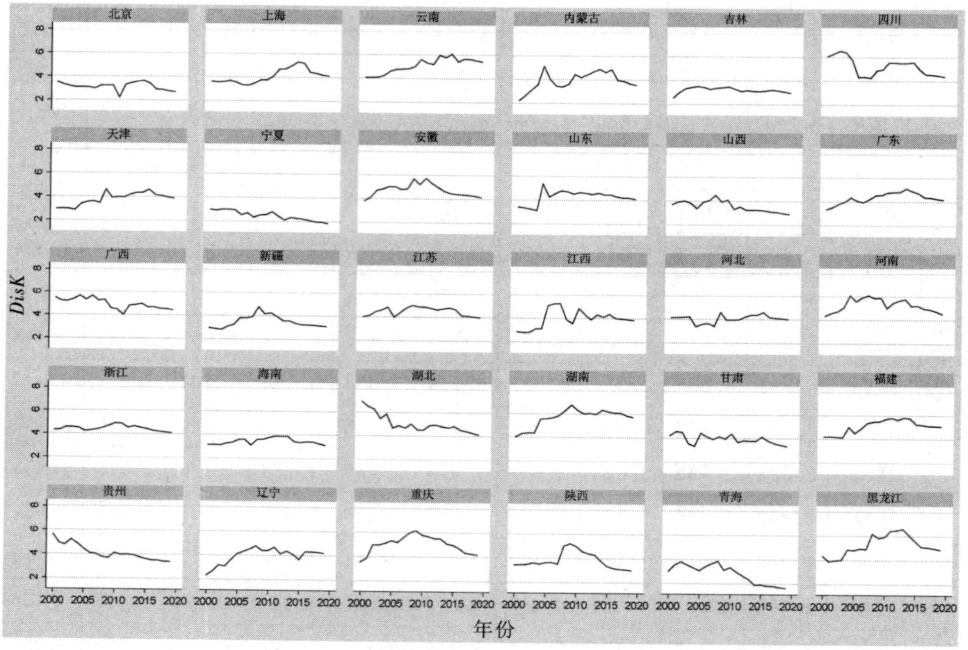

图 4.2　中国各省（自治区、直辖市）资本要素价格变动程度的趋势图

本书认为，中国资本要素价格变动之所以出现上述情况，可能的原因是：中国要素市场化改革相对滞后，导致要素价格的市场化程度明显不足。例如：国有企业凭借其垄断优势存在所有制歧视。相比于非国有企业，国有企业能够以低于市场的价格获得所需的资本，损害了资本的配置效率，恶化了资本的负向变动程度。另外，政府为了促进地区经济发展，增加投资建设，通常会对资本市场采取严格的管控措施，人为压低资本要素的市场价格。这种要素市场的政府干预行为严重破坏了中国投资-消费结构，抑制了居民消费需求的提升。

表 4.6　中国各省（自治区、直辖市）劳动要素价格变动程度

地区		年份									
		2000	2001	2002	2003	2004	2005	2006	2007	2008	2009
东部	北京	1.623	1.635	1.547	1.471	1.296	1.208	1.179	1.165	1.083	1.087
	天津	1.712	1.816	1.921	2.079	2.117	2.121	2.134	2.168	1.792	1.843
	河北	0.335	0.351	0.383	0.406	0.466	0.479	0.482	0.478	0.441	0.452
	上海	1.806	1.837	1.794	1.818	1.765	1.771	1.698	1.732	1.673	1.665
	江苏	0.313	0.336	0.351	0.374	0.448	0.452	0.493	0.533	0.524	0.519
	浙江	0.607	0.634	0.648	0.653	0.689	0.692	0.677	0.668	0.696	0.712
	福建	0.769	0.777	0.779	0.781	0.814	0.839	0.906	0.922	0.793	0.769
	山东	0.143	0.162	0.191	0.211	0.296	0.299	0.307	0.312	0.319	0.333
	广东	0.344	0.351	0.354	0.357	0.355	0.338	0.359	0.361	0.377	0.379
	海南	1.462	1.477	1.435	1.428	1.434	1.442	1.504	1.711	1.336	1.387
中部	山西	0.871	0.894	0.907	0.921	0.973	0.988	0.989	1.069	0.895	0.901
	安徽	0.223	0.256	0.261	0.302	0.307	0.311	0.336	0.369	0.317	0.348
	江西	0.378	0.412	0.423	0.451	0.447	0.538	0.563	0.594	0.627	0.695
	河南	0.025	0.032	0.074	0.09	0.112	0.143	0.187	0.226	0.221	0.253
	湖北	0.183	0.227	0.246	0.281	0.376	0.444	0.493	0.412	0.467	0.528
	湖南	0.178	0.191	0.213	0.268	0.294	0.315	0.337	0.371	0.389	0.407
西部	内蒙古	0.831	0.896	0.914	1.006	1.121	1.236	1.369	1.453	1.202	1.097
	广西	0.277	0.295	0.321	0.358	0.393	0.334	0.348	0.376	0.389	0.424
	重庆	0.536	0.591	0.628	0.688	0.725	0.731	0.775	0.804	0.823	0.869
	四川	0.073	0.105	0.111	0.152	0.176	0.224	0.263	0.275	0.261	0.343
	贵州	0.359	0.371	0.384	0.392	0.466	0.557	0.507	0.563	0.572	0.576
	云南	0.479	0.482	0.507	0.511	0.543	0.512	0.526	0.508	0.497	0.522
	陕西	0.546	0.582	0.608	0.661	0.729	0.694	0.708	0.785	0.665	0.796
	甘肃	0.455	0.513	0.594	0.627	0.648	0.731	0.785	0.812	0.744	0.867
	青海	1.376	1.435	1.515	1.642	1.658	1.579	1.521	1.444	1.381	1.439
	宁夏	1.444	1.479	1.483	1.456	1.483	1.402	1.335	1.314	1.176	1.119
	新疆	1.234	1.206	1.237	1.173	1.106	1.142	1.247	1.228	1.132	1.105
东北部	辽宁	0.737	0.745	0.776	0.847	0.904	0.796	0.788	0.859	0.866	0.893
	吉林	0.706	0.665	0.697	0.799	0.984	1.005	1.072	1.111	1.246	1.307
	黑龙江	0.851	0.856	0.867	0.879	1.113	1.107	1.144	1.152	1.183	1.279
全国		0.674	0.712	0.723	0.769	0.804	0.833	0.847	0.865	0.786	0.811

续表

地区		年份									
		2010	2011	2012	2013	2014	2015	2016	2017	2018	2019
东部	北京	1.081	1.022	1.004	0.997	1.025	0.973	0.996	0.977	0.914	0.906
	天津	1.761	1.772	1.809	1.826	1.881	1.967	2.063	2.071	2.114	2.152
	河北	0.457	0.508	0.534	0.571	0.613	0.659	0.694	0.701	0.711	0.706
	上海	1.669	1.671	1.692	1.537	1.544	1.597	1.613	1.634	1.701	1.723
	江苏	0.578	0.586	0.623	0.642	0.661	0.695	0.732	0.747	0.761	0.803
	浙江	0.675	0.663	0.697	0.671	0.692	0.708	0.733	0.742	0.744	0.753
	福建	0.808	0.776	0.789	0.811	0.821	0.836	0.839	0.844	0.857	0.871
	山东	0.394	0.431	0.465	0.473	0.515	0.527	0.535	0.541	0.556	0.578
	广东	0.397	0.408	0.422	0.435	0.467	0.471	0.507	0.511	0.542	0.535
	海南	1.415	1.389	1.377	1.296	1.253	1.321	1.344	1.371	1.399	1.402
中部	山西	0.932	0.886	0.889	0.925	0.978	1.006	1.051	1.058	1.121	1.134
	安徽	0.352	0.364	0.383	0.442	0.464	0.507	0.523	0.531	0.549	0.557
	江西	0.611	0.615	0.674	0.697	0.771	0.796	0.824	0.833	0.841	0.879
	河南	0.269	0.297	0.325	0.354	0.378	0.389	0.414	0.436	0.447	0.451
	湖北	0.488	0.514	0.557	0.586	0.633	0.659	0.662	0.675	0.691	0.704
	湖南	0.445	0.402	0.446	0.467	0.485	0.533	0.582	0.593	0.607	0.611
西部	内蒙古	1.112	1.143	1.194	1.218	1.143	1.229	1.367	1.372	1.454	1.491
	广西	0.455	0.468	0.579	0.701	0.697	0.699	0.706	0.711	0.734	0.762
	重庆	0.914	0.896	0.909	1.158	1.189	1.205	1.224	1.267	1.351	1.402
	四川	0.367	0.411	0.462	0.509	0.521	0.536	0.547	0.561	0.584	0.603
	贵州	0.605	0.622	0.624	0.621	0.635	0.606	0.623	0.631	0.644	0.657
	云南	0.579	0.586	0.577	0.601	0.653	0.712	0.734	0.747	0.752	0.774
	陕西	0.805	0.833	0.897	0.954	0.962	0.919	0.965	0.978	1.034	1.052
	甘肃	0.777	0.899	0.923	0.931	0.976	1.089	1.112	1.131	1.263	1.304
	青海	1.652	1.707	1.845	1.896	1.922	2.007	2.105	2.116	2.153	2.208
	宁夏	1.182	1.197	1.231	1.267	1.294	1.277	1.365	1.381	1.404	1.493
	新疆	1.055	1.047	1.012	1.011	1.041	1.078	1.095	1.101	1.112	1.127
东北部	辽宁	0.909	0.945	0.961	1.062	1.047	1.112	1.543	1.604	1.665	1.709
	吉林	1.388	1.396	1.442	1.473	1.498	1.479	1.492	1.503	1.511	1.574
	黑龙江	1.281	1.275	1.266	1.289	1.332	1.337	1.373	1.402	1.436	1.488
全国		0.852	0.869	0.897	0.906	0.924	0.978	1.011	1.043	1.075	1.102

从表 4.6 中可以看出：首先，中国各省（自治区、直辖市）之间劳动要素价格变动程度随时间的变化趋势存在明显差异性（如图 4.3 所示）。对于全国劳动力市场来说，样本期内大部分年份劳动要素价格均为正向变动。同时，各省（自治区、直辖市）中劳动力市场价格正向变动的地区也较多，包括东部地区的河北、江苏、浙江、福建、山东、广东，中部地区的安徽、江西、河南、湖北、湖南，西部地区的广西、四川、贵州、云南，表明这些省（自治区、直辖市）的劳动力市场中劳动要素的实际价格大于边际产出水平。也有一些地区的劳动要素价格由负向变动转化为正向变动（如北京），表明该地区劳动力市场中劳动者工资水平的提高已经超过边际产出水平的上升。本书认为，出现该种现象可能与中共十六届三中全会通过的《中共中央关于完善社会主义市场经济体制若干问题的决定》以及中央 1 号文件《中共中央国务院关于促进农民增加收入若干政策的意见》中提出的“消除进城务工人员就业的各项制度性约束，改善农民进城就业环境，为农民创造更多的就业机会，增加劳动报酬收入，逐步形成

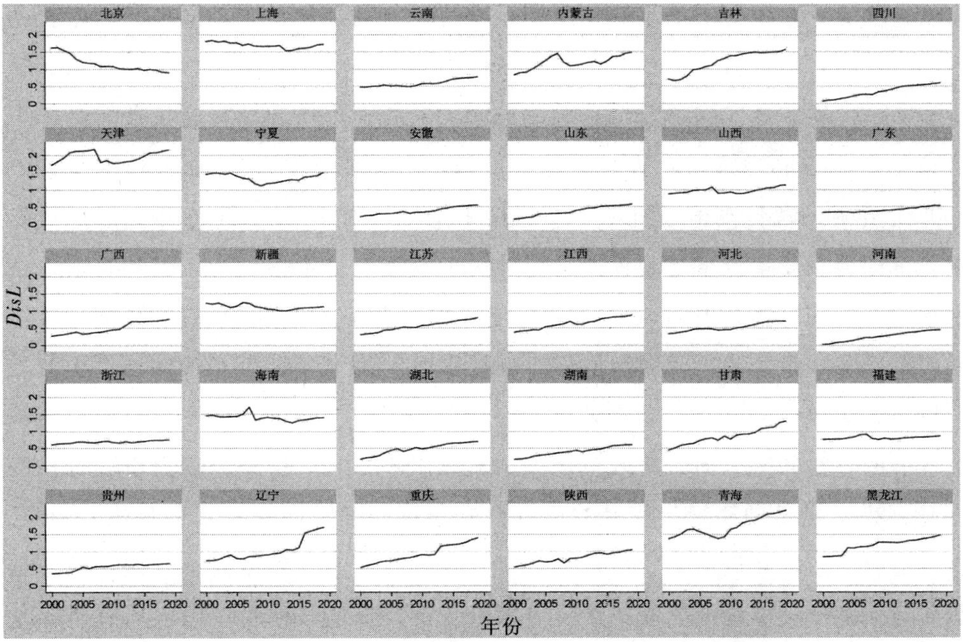

图 4.3　中国各省（自治区、直辖市）劳动要素价格变动程度的趋势图

城乡统一劳动力市场”有直接或间接的关系。在此期间，为了落实上述政策，各级地方政府相继制定且出台了一系列配套的户籍制度改革措施，大部分地区都取消了对进城务工人员就业的制度性约束，中国政府的积极作为加速了劳动力市场改革进程，推动劳动要素价格变动程度的持续下降。部分省（自治区、直辖市）的劳动要素价格一直为负向变动，甚至出现恶化的现象。例如：东部地区的天津、上海、海南，西部地区的青海、宁夏、新疆，这些地区的劳动要素实际价格始终低于边际产出水平，导致劳动要素价格长期被低估。另外，也有一些省（自治区、直辖市）的劳动要素价格由正向变动转为负向变动。例如：中部地区的山西，西部地区的内蒙古、重庆和甘肃，东北地区的辽宁、吉林和黑龙江，在整个样本期内劳动力市场的工资水平没有得到相应的提升。

中国劳动要素价格变动程度随时间的变化趋势总体为上升过程。可能是受中国长期实施投资拉动经济增长的外向型、粗放式经济增长模式影响，这种经济模式不是建立在技术推动经济发展的基础上，而是主要采取人为压低劳动要素价格的方式，通过增加廉价要素投入进行粗放型规模扩张，实现经济增长的目的。同时，中国城乡“二元”经济结构的存在以及农村相对富裕的剩余劳动力不断地向城市地区转移，也是造成中国劳动要素价格变动程度长期居高不下且逐年上升的重要原因。从时间趋势上看，劳动要素价格变动程度在2004—2007年达到阶段性高值后进入一个缓慢下降期，由于2008年国际金融危机影响，中国劳动要素价格变动程度迅速转为上升拐点。本书认为，劳动要素价格变动程度下降可能是因为2001年中国正式加入WTO以后受投资和外向型经济的双重影响，中国制造业特别是劳动密集型产业快速发展，“中国制造”由此走向世界，短期内形成对劳动力人口的大量需求，户籍制度、城乡“二元”经济结构等的存在使得劳动力向城市地区的流入出现不足，推动劳动力市场价格的上升。2008年劳动要素价格变动出现上升拐点，可能是受国际金融危机影响。金融危机导致国际进出口贸易额大幅度减少，政府为了刺激经济发展，被迫推行4万亿基础设施建设投资，物质资本投资的快速增长使得中国人均资本存量显著提高。同时，十八大以来积极推行的经济结构调整和转型升级等一系列措施都直接或间接推动了劳动要素边际产出的提高，劳动力市场价格却没有因此得到同步上升，造成劳动要素价格变动程度的扩大。从各地区劳动要素价格变动程度看，初始劳动要素价格变动程度从东部地区、东北地区、西部地区到中部地区依次降低，且东西部地区和东北地区的劳动要素价格变动程度始终高于中部地区，东北地区在 2004 年超过中部地区后劳动要素价格变动程度一直处于中部地区之上，西部地区在 2012 年超过中部地区后劳动要素价格变动程度也始终高于中部地区。本书认为，东部地区作为改革开放的前沿，最早受到对外经济的影响，虽然劳动产出得到大幅提高，但劳动者的工资水平并没有同步跟进，造成相对较高的劳动要素价格变动程度；中部地区尽管劳动边际产出不高，但受中国经济改革相对滞后的影响，一直以来工资水平都没有发生较大的变动，形成较低的劳动要素价格变动水平。

表 4.7　中国各省（自治区、直辖市）土地要素价格变动程度

地区		年份									
		2000	2001	2002	2003	2004	2005	2006	2007	2008	2009
东部	北京	8.326	7.767	7.365	7.022	7.211	6.702	6.701	6.399	5.907	5.486
	天津	7.704	7.241	7.159	6.984	6.777	6.831	6.921	6.874	6.702	6.871
	河北	10.202	10.075	9.951	9.675	11.777	11.873	11.032	11.482	10.548	11.961
	上海	8.202	7.761	7.427	7.294	6.984	6.228	6.108	5.882	6.096	6.057
	江苏	11.398	11.06	10.754	10.627	10.708	9.862	9.509	9.575	9.381	9.091
	浙江	9.718	9.661	9.538	9.353	9.346	9.444	9.326	9.416	9.496	9.289
	福建	7.546	7.235	6.954	6.684	6.817	6.861	7.063	7.186	6.98	7.347
	山东	10.733	10.341	9.922	9.292	9.937	10.052	10.225	10.632	10.159	10.421
	广东	6.195	6.146	6.081	6.327	5.876	5.838	6.093	6.421	6.608	6.826
	海南	9.032	8.474	7.711	7.358	6.861	6.896	6.586	6.187	5.727	6.052
中部	山西	10.011	9.791	9.261	8.795	9.198	9.064	9.132	9.262	9.911	10.679
	安徽	14.261	13.801	13.858	13.886	13.451	12.861	13.169	12.432	10.512	10.896
	江西	8.583	8.048	7.706	8.029	8.089	8.498	8.485	8.532	8.964	9.009
	河南	15.061	14.581	14.214	13.851	14.095	12.955	14.046	16.316	14.141	15.392
	湖北	6.735	7.983	8.869	8.952	10.534	10.546	10.826	10.834	10.236	10.419
	湖南	9.951	10.223	10.105	10.308	9.936	10.885	10.894	10.741	11.236	11.523

续表

地区		年份									
		2000	2001	2002	2003	2004	2005	2006	2007	2008	2009
西部	内蒙古	9.922	8.928	8.394	7.772	8.234	8.651	8.101	8.296	8.177	8.475
	广西	12.562	13.098	12.347	10.968	11.653	10.451	10.816	10.616	10.979	11.381
	重庆	16.506	15.656	16.141	14.061	12.861	12.426	11.876	11.281	11.741	12.677
	四川	15.241	14.905	16.854	16.208	15.095	14.779	14.236	14.182	14.406	14.805
	贵州	13.865	14.873	15.245	16.657	16.928	15.736	13.847	11.787	11.224	11.055
	云南	14.254	13.618	12.984	13.034	13.339	13.245	12.827	12.641	12.124	12.375
	陕西	12.518	11.727	11.468	11.668	11.496	10.913	10.552	10.709	11.649	12.582
	甘肃	7.529	8.824	9.127	8.544	8.326	9.504	9.309	9.099	8.948	9.762
	青海	8.391	8.881	9.421	9.941	9.903	9.677	10.042	9.881	9.581	10.011
	宁夏	10.326	10.028	9.832	10.016	10.226	9.598	8.691	9.451	9.744	10.757
	新疆	9.543	8.908	8.993	8.973	9.005	8.884	9.662	10.006	9.918	10.21
东北部	辽宁	8.266	7.812	7.408	6.727	7.109	6.915	7.381	7.554	7.742	7.633
	吉林	6.502	6.203	6.256	6.043	6.693	6.469	7.011	7.796	8.806	9.404
	黑龙江	9.026	8.799	7.902	7.636	7.241	7.061	6.794	6.703	6.524	6.464
全国		9.938	9.781	9.723	9.514	9.535	9.381	9.351	9.335	9.293	9.576

地区		年份									
		2010	2011	2012	2013	2014	2015	2016	2017	2018	2019
东部	北京	6.113	5.486	6.414	6.579	6.966	6.653	6.778	6.655	6.517	6.524
	天津	7.416	7.576	8.083	8.134	8.141	8.41	8.026	8.057	7.759	7.627
	河北	12.208	11.523	12.19	10.851	10.644	9.249	9.389	9.216	8.936	8.872
	上海	6.065	5.974	5.671	5.773	5.738	5.607	5.691	5.648	5.303	5.102
	江苏	9.254	9.445	9.616	9.772	9.246	9.303	9.351	9.188	9.036	8.748
	浙江	9.522	9.397	9.429	9.569	9.496	9.211	9.109	9.049	8.646	8.587
	福建	7.536	7.718	7.874	8.056	7.871	8.071	8.032	7.767	7.481	7.355
	山东	10.847	10.92	11.133	11.105	10.716	10.701	10.721	10.486	10.371	10.288
	广东	7.152	7.357	7.607	7.533	7.426	7.347	7.293	7.179	7.008	6.552
	海南	6.183	6.519	7.253	7.857	8.072	7.808	7.038	6.401	6.326	6.379

续表

地区		2010	2011	2012	2013	2014	2015	2016	2017	2018	2019
中部	山西	11.621	9.919	10.783	10.261	9.856	9.511	9.508	9.427	9.493	9.372
	安徽	11.731	11.015	11.741	11.748	11.779	11.411	11.072	10.881	10.683	10.475
	江西	8.847	10.105	9.943	9.649	9.762	9.722	9.648	9.361	9.278	11.124
	河南	15.041	16.095	18.326	18.657	16.303	14.451	14.644	14.368	14.011	14.032
	湖北	10.975	11.206	11.382	11.455	11.277	11.025	10.541	9.815	9.671	9.297
	湖南	12.091	11.793	12.031	11.452	11.181	11.173	10.161	9.424	9.173	9.002
西部	内蒙古	9.013	8.969	9.521	9.499	9.341	9.093	9.584	9.161	9.254	9.318
	广西	12.658	13.457	16.232	16.382	18.351	15.551	14.796	13.982	13.186	12.885
	重庆	12.762	12.858	13.235	13.115	13.115	12.735	12.122	11.622	11.083	10.795
	四川	14.493	13.927	14.182	14.171	13.899	14.117	14.592	14.322	13.573	13.454
	贵州	11.321	11.352	11.397	11.202	11.114	11.121	10.913	10.307	10.087	9.916
	云南	13.929	14.114	14.599	13.783	13.293	13.702	12.958	12.829	12.638	12.425
	陕西	12.975	13.146	13.042	12.946	13.362	13.555	13.085	12.457	12.148	11.625
	甘肃	9.772	9.465	9.818	9.821	9.218	8.752	8.547	8.455	8.077	7.965
	青海	10.082	9.813	10.473	10.561	11.347	11.071	10.604	10.271	10.107	10.204
	宁夏	9.982	10.322	10.732	10.071	9.839	9.883	9.477	9.526	9.376	9.215
	新疆	9.963	10.215	10.246	9.807	9.833	9.487	9.395	9.263	9.184	8.721
东北部	辽宁	7.646	7.909	8.199	8.236	7.941	8.064	7.476	7.222	6.831	6.803
	吉林	10.243	10.525	10.883	10.699	10.691	10.591	9.941	9.944	9.927	9.568
	黑龙江	6.665	6.892	6.994	7.228	7.079	6.909	7.034	6.623	6.498	6.304
全国		9.727	9.969	10.295	10.261	10.193	9.923	9.655	9.409	9.098	8.933

从表 4.7 中可以看出，样本期内中国土地要素价格呈现出负向变动，表明土地要素的边际产出大于土地市场的实际价格水平。从全国土地要素价格的变动程度看，中国土地要素价格变动程度呈现出先降后升再降的变化趋势，在 2012 年达到峰值 10.295 后开始缓慢下降。分地区而言，中国各省（自治区、直辖市）之间土地要素价格变动程度存在较大的差异，但是所有地区的土地要

素价格均呈现负向变动（如图 4.4 所示）。从区域的角度看，各区域之间土地要素价格变动程度表现出明显的区别。例如，2012 年西部地区土地要素价格变动程度达到峰值 12.134，是东北地区的 1.396 倍。值得注意的是，国际金融危机以前，中国土地要素价格变动程度不算严重，表现为 2000—2008 年期间，除中部地区外大部分地区土地要素价格变动程度都呈现出下降趋势。但是，2008 年国际金融危机爆发以后，政府为了维持经济平稳增长，扩大基础设施建设投资，不断加大行政力度干预土地市场，土地财政甚至成为很多地区政府财政收入的主要来源，造成土地要素价格变动的恶化。2013 年以后，随着《中华人民共和国土地管理法》的公布实施，加快土地市场化改革、完善征地补偿机制、明确建立城乡统一的土地市场等得到多方的高度重视，全国土地要素价格变动程度开始出现缓慢下降的趋势。中国土地要素价格存在商住用地价格过高，而工业用地价格偏低甚至为零的结构性问题。一方面，这种因政府干预导致的土地要素价格变动造成企业生产多以低技术含量、低附加值的产品为主，缺乏新产品

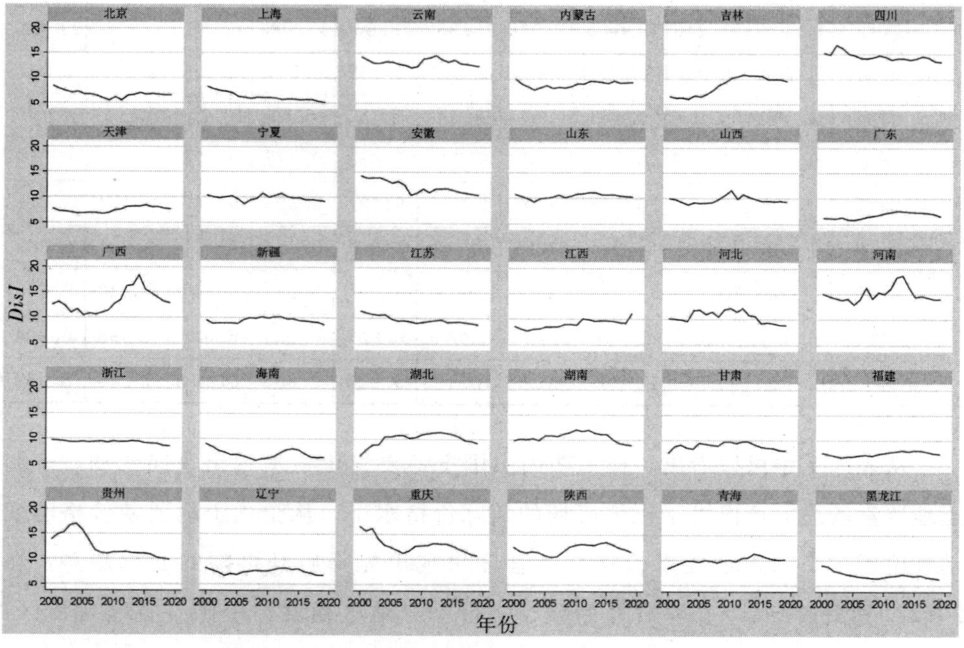

图 4.4　中国各省（自治区、直辖市）土地要素价格变动程度的趋势图

研发、新技术变革的动力，长期依靠要素投入的低水平生产不利于整体产业结构的转型升级，抑制了消费结构优化；另一方面，政府为了收回农地非农化过程中的成本，获得更多的土地财政收入，往往会抬高商住用地价格，导致商品房价格长期居高不下，房价已经成为减少居民实际拥有财富的重要原因，抑制了居民消费需求，不利于社会整体消费结构的升级。

4.3　本章小结

本章在测算要素市场价格变动程度后，针对产生价格变动的可能原因进行了分析。同时，对各要素价格变动程度的测算也将为下文的进一步实证分析提供重要的数据支持。现有研究中，要素价格变动程度的测算方法较多，生产函数法是目前学者们运用较为广泛的一种。本章通过比较分析后，在传统 C-D 生产函数的基础上，采用扩展的 C-D 生产函数法对中国 2000—2019 年除西藏自治区及港澳台地区以外 30 个省（自治区、直辖市）的要素价格总变动程度以及资本、劳动、土地要素价格变动程度进行测算。

在样本期内，就全国而言，除劳动要素价格存在正向变动外，资本、土地要素价格均呈现出负向变动，表明现阶段仅中国劳动力市场中的劳动要素实际价格大于其边际产出水平，该结论与部分学者的研究结果较为相似（白俊红 等，2016；余东华 等，2018）。但是，这种正向变动程度开始逐渐减弱，甚至在部分地区呈现出负向变动的趋势。因此，未来还需要进一步消除城乡“二元”经济结构，加大户籍制度改革力度，弱化限制劳动力自由流动的制度约束，改善劳动力市场价格变动问题。在资本要素价格变动的测算中，中国资本市场中资本要素的实际价格严重低于其边际产出水平，资本要素价格呈现出较明显的负向变动。由于中国政府对资本市场的人为干预，如为了促进地区经济发展，加大招商引资力度等，导致资本要素市场价格一直被严重低估。同时，中国资本要素价格变动程度明显大于劳动要素价格变动程度，这种资本-劳动要素相对价格负向变动的存在会对居民就业、收入甚至是消费产生不利影响。土地要素价格变动的测算结果表明，中国土地要素存在严重的价格负向变动问题，土地市场中土地要素的实际价格远低于边际产出水平。就全国总体来说，虽然近年来中国土地要素价格变动程度存在下降趋势，但加快土地市场化改革进程仍然需要得到各方高度重视。

第5章　中国要素价格变动与居民收入分配失衡

改革开放以来，中国积极融入全球化进程，实现经济、社会、科技等全面高速发展，其中，经济增长更是取得举世瞩目的成就，实现社会财富的快速增加。国家统计局数据显示，2023 年中国国内生产总值与居民人均可支配收入（新口径）分别达到 126 万亿元和30 733元。然而，经济增长的同时也暴露出诸多社会矛盾和问题。社会财富分配状况发生巨大转变，低收入阶层分配比率下降，更多的社会财富在国民收入初次分配中向高收入阶层倾斜。例如，从收入分配状况看，基尼系数自 2015 年以来持续上升，2020 年更是达到 0.474，处于联合国规定的 0.45～0.5 收入差距较大国际警戒线水平。另外，2020 年收入最低 20%人群平均可支配收入绝对数仅为收入最高 20%人群的 9.1%。从城市内部、农村内部及城乡之间看，仅城乡之间居民相对收入差距发生小幅减少，城镇内部收入最高和最低的 10%人群差距持续拉大，高低收入比呈现逐年扩大趋势，该比率从 2015 年的 9.2，扩大到 2020 年的 12.1，5 年间增长 31.5%。居民内部绝对收入逐年增长，但不平等状况持续加剧，表明城镇居民收入增长更多地向高收入户倾斜，导致贫富差距恶化。同时，农村内部这一比率也从 10.2 上升到 14.7。收入差距扩大已经成为制约中国经济高质量发展的重要影响因素。甚至有学者认为，如果将各类实物性收入和津补贴计算为收入的一部分，中国收入差距可能已经超过世界上绝大多数国家的水平（李实 等，2019）。随着居民收入差距的扩大，中国政府相继出台了一系列重要的政策措施。例如，《国民经济和社会发展第十二个五年规划纲要》中明确提出：拓宽农民增收渠道，合理调整收入分配关系，扭转收入扩大趋势。2013 年《关于深化收入分配制度改革的若干意见》中强调：要充分认识深化收入分配制度改革的重要性和艰巨性。党的十九大报告更是将提高居民收入水平、完善收入分配制度赋予了新的时代内涵和要求，提出："坚持在经济增长的同时实现居民收入同步增长、在劳动生产率提高的同时实现劳动报酬同步提高。"近 20 年来中国收入差距持续扩大，其重要原因在于改革开放以来中国对内经济采取的是渐进性改革，即"双轨制"。虽然中国渐进式改革策略在推动对原有单轨制的替代上取得了较大成功，但由于体制障碍、路径依赖等的存在使得经济发展暴露出许多弊端。其中，因要素市场不完善形成的要素价格变动就是一个重要例子。王小鲁等在其《中国分省份市场化指数报告（2018）》中指出，中国要素市场化发育程度相对于产品市场而言严重滞后。因此，有必要深入分析由于要素市场不完善形成的要素价格变动是否会对中国经济格局产生重要影响，特别是能否解释近 20 年来不断扩大的收入分配失衡问题。

有关收入分配失衡问题的研究一直以来都是国内外学者关注的热点，许多学者基于不同视角对其影响因素展开深入分析，主要包括城镇化、金融发展、制度因素、基础设施、人力资本、社会保障和对外开放等方面，已有的相关成果为本书研究提供重要的启示。有学者研究发现，随着城镇化的发展，大量农村剩余劳动力向城市转移，进城务工人员的能力和返乡的概率负相关，即进城务工人员的能力越强，未来返回家乡的可能性越低，反之则越高（Christiaensen et al.，2014）。也就是说，在城镇化的快速推进过程中，一方面吸纳了大量农村剩余劳动力，另一方面使得农村地区智力人才大规模流失。这种人才的流失在一定程度上减少了资本向农村地区的回流，导致城乡之间收入差距的持续扩大。也有学者从制度因素的角度进行分析，中国城乡户籍限制的存在导致劳动力的自由流动受到严重限制，户籍制度不仅影响劳动力的自由流动，而且导致城乡之间居民的福利差距不断拉大。因此，在中国城镇化进程中，如果能够解决进城务工人员的市民化问题，将有助于缩小城乡收入差距（Munshi et al.，2013）。实际上，户籍制度不仅表现为对城乡之间劳动力自由流动的限制，更是中国劳动力资源配置效率低下以及劳动要素价格变动的重要原因。另外，有学者从地方政府保护政策的角度对中国地区收入差距的扩大进行解释。一方面，政府保护会加剧地区间的市场分割；另一方面，政府保护容易造成市场主体尤其是国有制经济主体竞争压力下降，使得当地企业在进行生产决策时偏离比较优势，造成资源配置的不合理。由于中国要素市场化改革的严重滞后，资本、土地等要素同样存在类似问题（Chua et al.，2015）。在金融发展方面，许多学者指出，中国的金融抑制现象恰恰证明了金融市场的不完备。例如，相较于市场均衡利率而言，中国金融机构的官方利率至少低 50%以上，这种被人为压低的资金使用成本大部分又被国有企业占有，金融市场不完善是中国国民收入初次分配结构不合理的重要原因（Elhorst，2015；Kumar et al.，2015）。

国外学者的研究认为，城镇化进程、户籍制度以及金融抑制等造成的要素市场不完善是中国收入差距扩大的内在原因。国内学者也在这方面研究中积累了丰富的成果。例如，有学者着眼于可持续发展的制度分析方法深入研究中国城乡“二元”分割的制度因素和体制约束，提出户籍制度对劳动力市场价格变动的影响机制（蔡昉 等，2001；费舒澜 等，2014）。中国城乡“二元”经济结构是造成城乡收入差距的重要因素，这种因户籍制度形成的人为城乡“二元”分割极大地限制了城乡之间劳动力的自由流动，城镇化进程中能力较强或拥有一技之长的进城务工人员转为城市居民，即市民化过程也在一定程度上加剧了城乡之间的收入差距。另外，有学者从政府政策的角度提出，中国对外开放政策的实施、地区间户籍迁移制度、地方政府对市场主体经营活动的人为干预以及非国有化过程等都是造成城乡收入差距的重要因素。其中，地方政府实施的以城市优先发展为导向的经济政策对改革开放以来中国城乡收入差距的扩大产生了不容忽视的影响（胡晶晶 等，2013；曾卓然，2019）。在中国经济发展初期，重工业优先战略下所产生的要素存量配置结构不合理，以及各地区之间要素禀赋结构与地区比较竞争优势的背离，造成大量企业在经济赶超中缺乏生存能力，这正是中国区域间发展不平衡的关键（林毅夫 等，2007；戴枫，2010；龚明远 等，2019）。在金融市场方面，金融抑制造成中国国民收入在初次分配中向企业倾斜以及居民对企业的补贴，形成一种穷人补贴富人的倒挂机制（陈斌开 等，2012）。

通过上述国内外学者的相关研究可以看出，城镇化进程、户籍制度、城乡“二元”分割、政府干预和金融抑制等都是中国收入分配不平衡的重要影响因素。事实上，这些因素也是造成中国要素市场不完备，以及资本、劳动、土地等要素价格变动的主要原因，导致国民收入分配更多地向富人倾斜。有学者认为，要素价格变动不仅降低了市场主体的经济运行效率，而且影响了中国居民之间的财富分配。要素价格变动的存在使得社会财富向要素所有者、垄断部门、大型企业甚至国外转移，不利于社会公平和经济可持续发展（张曙光 等，2010）。同时，在不同所有制类型的企业中，生产要素资本、劳动、土地等价格变动的存在，也不利于促进中国就业的增长（盛仕斌 等，1999；徐莹莹 等，2017）。由此可以看出，中国要素价格变动是造成资源配置不合理以及不同所有制企业间收入分配不公平的重要原因。例如，现阶段中国国有企业职工的工资福利水平显著高于普通私营企业，这种差距越是在垄断性的大型国企越明显。事实上，资本要素向国企倾斜的政策正是形成这一问题的内在因素。

本章在已有研究成果的基础上，结合中国要素市场不完善的现实背景，深入分析要素价格变动是否会对中国收入分配失衡产生影响，以期了解近年来中国城乡收入差距的扩大到底是内生于经济转型和发展阶段的客观需要，还是外生于社会改革进程中政府推动国家发展策略的主观选择。另外，根据第 4 章要素价格变动程度的测算与分析可知，资本、劳动和土地要素价格的变动程度和变化趋势存在较大差异。因此，本章在分析中国要素价格总变动对收入分配失衡影响的基础上，分别讨论资本、劳动和土地要素价格变动对收入分配失衡产生的内在影响。

5.1　计量模型的设定和变量说明

5.1.1　计量模型的设定

根据第 3 章理论基础与作用机制分析可知，当前中国要素价格变动的存在是导致收入分配失衡的重要原因。同时，中国社会经济发展过程中表现出要素市场化改革严重滞后和居民收入差距较大的现实问题。那么，在实际经济运行中是否确实存在要素价格变动与居民收入分配差距之间的内在联系，以及存在何种相互作用机理，仍然有待进一步考察。为了更好地分析中国要素价格变动与居民收入分配差距之间的内在联系，本章在现有研究的基础上，结合中国渐进式改革背景下社会经济发展实际，引入一系列控制变量，构建计量模型如下：

$$CR_{it}=\alpha_0+\alpha_1 DisT_{it}+\alpha_2 X_{it}+\mu_i+\varepsilon_{it} \tag{5.1}$$

根据第 4 章要素价格变动程度的测算与分析可知，资本、劳动和土地要素价格变动之间存在明显的差异，价格变动的离散程度也不尽相同。因此，有必要就三者对中国收入分配失衡问题的影响进行分别讨论。本章在分析要素价格总变动对收入分配失衡影响的基础上构建计量模型，分别就资本、劳动和土地要素价格变动对收入分配失衡的影响进行分析，从而更加完整地刻画中国要素价格变动与居民收入分配差距之间的内在联系。相关模型如下：

$$CR_{it}=\alpha_0+\alpha_1 DisK_{it}+\alpha_2 X_{it}+\mu_i+\varepsilon_{it} \tag{5.2}$$

$$CR_{it}=\alpha_0+\alpha_1 DisL_{it}+\alpha_2 X_{it}+\mu_i+\varepsilon_{it} \tag{5.3}$$

$$CR_{it}=\alpha_0+\alpha_1 DisI_{it}+\alpha_2 X_{it}+\mu_i+\varepsilon_{it} \tag{5.4}$$

式（5.1）至式（5.4）中：CR_{it} 为地区 i 在 t 时期的城乡收入差距，用以表示中国各地区之间居民的收入分配失衡程度；$DisT_{it}$、$DisK_{it}$、$DisL_{it}$ 和 $DisI_{it}$ 分别表示地区 i 在 t 时期的要素价格总变动程度，以及生产要素资本、劳动和土地的绝对价格变动程度；X_{it} 为地区 i 在 t 时期可能会对中国各省（自治区、直辖市）收入分配失衡产生影响的一系列控制变量；μ_i 为中国各省（自治区、直辖市）的固定效应，用来表示不随时间变化的地区特定因素；ε_{it}为地区 i 在 t 时期的随机误差项；α_0、α_1 和 α_2 为模型的待估参数。上述设定的计量模型将作为本章进一步分析的基准模型。

5.1.2 内生性分析和估计方法说明

本章在实证分析时采用的是典型面板数据，其最大的特点是“时间序列-截面数据”，在固定一个截面的基础上分析研究对象在 n 个时间节点的连续时间序列上得到的相关数据，这种 $m\times n$ 的数据矩阵能够有效地反映时间序列和截面两个维度的特性。其优势在于：一方面，相较于单纯的时间序列分析，该方法可以提供更多的动态信息和样本变化情况、更高的自由度以及更少的多重共线性问题；另一方面，该方法得到了相对较多的经济理论支撑，能够获得更高的估计效率。对于面板数据的处理，通常根据估计方程的截距和斜率项情况分为混合效应模型、固定效应模型和随机效应模型三种不同的回归方式。采用哪种模型才能有效地对参数进行估计和模型设定，通常需要 F 检验和 Hausman 检验来确定。首先，通过 F 检验来确定采用固定效应模型（FE）还是混合效应模型(Pool)，主要检验截距和斜率项的基本假设。

H_1：在不同的横截面个体上截距和系数项均相同，即混合效应模型(Pool)。

$$Y_{it}=\theta_0+\theta_1X_{it}+\theta_2U_{it}+\mu_i+\varepsilon_{it} \tag{5.5}$$

H_2：在不同的横截面个体上截距项不相同，但斜率项相同，即固定效应模型（FE）。

$$Y_{it}=\theta_i+\theta_1X_{it}+\theta_2U_{it}+\mu_i+\varepsilon_{it} \tag{5.6}$$

通过对 H_1进行检验，用以确定采用固定效应模型（FE）还是混合效应模型（Pool)。若 H_1成立，则应该采用混合效应模型（5.5)；反之，则需要对 H_2 进行检验，来判断模型中不同的横截面个体上的截距项是否都相同。若 H_2的检验结果被接受，则可以采用固定效应模型（5.6)；若 H_2的检验结果被拒绝，则表明模型中不同的横截面个体上的截距和系数项均不相同，此时应该选择随机

效应模型（RE），即

$$Y_{it}=\alpha_i+\theta_i X_{it}+\xi_i U_{it}+\mu_i+\varepsilon_{it} \tag{5.7}$$

上述检验过程均需要构建一个相应的 F 统计量。检验 H_1 的 F 统计量可以表示为：

$$F_1=\frac{(V_3-V_1)/[(N-1)(K+1)]}{V_1/[NQ-N(K+1)]}\sim F[(N-1)(K+1),N(Q-K-1)] \tag{5.8}$$

检验 H_2 的 F 统计量可以表示为：

$$F_2=\frac{(V_2-V_1)/[(N-1)K]}{V_1/[NQ-N(K+1)]}\sim F[(N-1)K,\ N(Q-K-1)] \tag{5.9}$$

式（5.8）和式（5.9）中：V_1 为混合效应模型的回归残差平方和；V_2 为固定效应的回归残差平方和；V_3 为随机效应模型的回归残差平方和；N 表示面板模型的截面个体数；Q 表示时间序列跨度；K 表示自变量个数。

接下来，使用 Hausman 检验来确定选择随机效应模型（RE）还是固定效应模型（FE）。这两种模型的主要区别在于解释变量和不可观测的个体效应之间是否存在相关性。基本假设如下：

H_0：解释变量和不可观测的个体效应 μ_i 之间不存在相关性。备择假设：解释变量和不可观测的个体效应 μ_i 之间存在相关性。

对面板数据进行 Hausman 检验时所构建的 Wald 统计量可以表示为：

$$W：\omega=(\alpha-\theta)'[\mathrm{Var}(\alpha)-\mathrm{Var}(\theta)]^{-1}(\alpha-\theta)\sim x^2(m) \tag{5.10}$$

式（5.10）中：α 和 θ 分别表示为固定效应模型和随机效应模型的估计结果；m 表示模型中相关解释变量的数目；W 表示为一个服从自由度为 m 的 x^2 分布的统计量。其中，当统计量 W 大于 $x^2(m)$时，表明在 Hausman 检验中固定效应模型和随机效应模型的估计结果具有显著区别，拒绝解释变量和不可观测的个体效应之间不存在相关性的原假设。此时，采用固定效应模型将优于选择随机效应模型。

通过上述面板模型分析可知，相对于单纯的时间序列或截面数据分析，传统的静态面板数据模型具有诸多优势。若要更加深入地剖析宏观经济运行中潜在的内在动态属性，就需要充分挖掘面板数据模式的优势，通过动态面板数据模型进行相关分析。

因此，仅仅采用传统静态面板数据回归模型已经无法较好地分析本书研究的相关问题，对中国居民收入分配等问题本身所具有的某种惯性或“棘轮效应”可能产生的序列相关也缺乏充分考虑。另外，由于本书研究的是基于中国渐进式改革背景下的宏观经济行为，在对宏观经济行为进行分析时可能会出现多个变量之间的内生性问题，导致估计结果的严重偏误。接下来，本书将通过动态面板数据回归模型进行估计，即在式（5.1）、式（5.2）、式（5.3）和式（5.4）的基础上，引入被解释变量城乡收入差距的滞后项，相关表达式如下：

$$CR_{it}=\alpha CR_{i,t-1}+\alpha_1 DisT_{it}+\alpha_2 X_{it}+\mu_i+\varepsilon_{it} \tag{5.11}$$

$$CR_{it}=\alpha CR_{i,t-1}+\alpha_1 DisK_{it}+\alpha_2 X_{it}+\mu_i+\varepsilon_{it} \tag{5.12}$$

$$CR_{it}=\alpha CR_{i,t-1}+\alpha_1 DisL_{it}+\alpha_2 X_{it}+\mu_i+\varepsilon_{it} \tag{5.13}$$

$$CR_{it}=\alpha CR_{i,t-1}+\alpha_1 DisI_{it}+\alpha_2 X_{it}+\mu_i+\varepsilon_{it} \tag{5.14}$$

可以看出，虽然上述动态面板数据回归模型中引入了相关时间效应，但是其同样不能避免无法观测到的特殊个体效应影响。另外，在分析过程中可能会出现多个变量之间的内生性问题，导致模型的估计结果出现较大偏差以及相关统计分析的失效。有学者认为，通过差分广义矩估计方法可以最大限度地增强模型中信息的使用量，在模型参数估计方面则采用系统广义矩估计方法可能更为有效，这种方法能够完美地解决模型分析过程自变量滞后项和差分滞后项之间因相关性不强造成的弱工具变量问题（Arellano et al.，1995；Blundell et al.,1998）。动态面板数据的GMM模型的优点在于：一方面，在处理无法观测到的特殊个体效应和时间效应影响时，该分析方法可以通过差分方法或工具变量来进行有效的控制；另一方面，在克服模型的内生性问题时，该方法能够采用超前的解释变量或滞后的被解释变量作为工具变量进行处理。许多学者的研究指出，在对宏观经济行为进行分析时，采用系统GMM估计方法是非常有效的，不仅考虑了模型中变量水平变化和差分变化的相关信息，而且可以用解释变量的一阶滞后值作为工具变量，规避研究对象样本数据的局限性（Roodman，2006；俞彤晖，2018；宋婧，2019）。

基于上述分析，本章将采用系统广义矩估计方法和差分广义矩估计方法。由于 GMM 估计方法的工具变量较多，且使用了诸多信息量，如果不进行适当处理，将会对估计结果的显著性和有效性产生影响。为解决这一问题，本书采用 Sargan 检验对模型中工具变量的有效性进行识别，对于 GMM 模型中差分残差项是否具有二阶序列相关问题，则使用 Arellano-Bond 统计量来了解随机误差扰动项的自相关状态。

5.1.3　变量选择和数据来源

1. 被解释变量

被解释变量为收入分配失衡（CR）。就现有文献来看，国内外有关收入分配失衡的相关度量方法主要包括基尼系数、泰尔指数和城乡收入差距指标等。其中，基尼系数是国际上使用最为广泛的一种方法，能够较好地度量一个国家或地区的收入分配状况。但是，从近年来国内的相关研究看，由于中国官方没有公布全国或各地区历年的基尼系数，学者们要么采取自己测算基尼系数的方式，了解收入分配失衡问题（王春雷 等，2019）；要么利用其他指标，对收入分配失衡进行替代，如城乡收入差距指标、泰尔指数等（王少平 等，2008；陈斌开 等，2013；郑小平 等，2016）。根据一些学者对于泰尔指数的定义，可以将其表示如下：

$$dos_{it} = \sum_{j=1}^{2}\left(\frac{p_{jt}}{p_t}\right)\ln\left(\frac{p_{jt}}{p_t}/\frac{u_{it}}{u_t}\right) = \frac{p_{1t}}{p_t}\ln\left(\frac{p_{1t}}{p_t}/\frac{u_{1t}}{u_t}\right) + \frac{p_{2t}}{p_t}\ln\left(\frac{p_{2t}}{p_t}/\frac{u_{2t}}{u_t}\right)$$

其中，$j=1$ 表示城镇地区，$j=2$ 表示农村地区。u_{it}（$i=1$ 或 2），当 $i=1$ 时，表示 t 时期城镇地区的人口数量；当 $i=2$ 时，表示 t 时期农村地区的人口数量。p_{jt}（$j=1$ 或 2），当 $j=1$ 时，表示 t 时期城镇地区的总收入；当 $j=2$ 时，表示 t 时期农村地区的总收入。u_t 和 p_t 分别表示 t 时期的总人口和总收入。

虽然泰尔指数可以较好地对城乡收入差距的度量进行平均，但是中国缺乏各地区的官方城镇人口统计数据，尤其是2002年之前的统计结果中大部分地区只涉及非农人口的相关数据。随着中国城镇化发展的不断深入，如果在衡量城市人口时仅采用非农人口数据，可能会造成数据口径的不全面，甚至导致研究结论的科学性遭到严重质疑。就基尼系数而言，尽管该方法对于收入分配问题的度量结果更加权威，但是也同样面临测算模型不能准确度量、相关数据缺失以及统计口径不一致等诸多问题。因此，出于研究可行性考虑，本书选择采用最直接、最简单，且被大量实证研究验证过的城乡收入差距指标作为收入分配失衡的度量方法。城乡收入差距指标是通过城乡居民人均可支配收入的比值进行衡量，若该比值越大则说明城乡收入差距越大，也就是说居民收入分配越失衡。以上数据均来源于中经网统计数据库、国家统计局数据库或各省（自治区、直辖市）历年《统计公报》。

2. 核心解释变量

在本章收入分配失衡问题的实证研究中，核心解释变量为要素价格总变动程度（$DisT$）、资本要素价格变动程度（$DisK$）、劳动要素价格变动程度（$DisL$）以及土地要素价格变动程度（$DisI$）。根据上文的分析可知，中国要素价格总变动、资本要素价格变动、劳动要素价格变动和土地要素价格变动都会对居民收入分配产生不利影响，所以预期符号为正。但是，从第4章的测算结果中发现，样本期内中国要素价格变动程度的变化趋势存在明显的波动性，表现为价格变动程度既有上升也有下降。同时，各要素在价格变动程度的大小上也具有显著差异。为了更加准确地了解要素价格变动与收入分配失衡之间的内在关系，本章将对两者之间是否存在非线性关系进行检验。

3. 纳入模型的相关控制变量

(1) 经济发展水平（Led）。采用地区人均生产总值作为衡量地区经济发展水平的指标，以2000年的消费者价格指数为基期进行平减处理，将调整后的数值取对数。通常，某个地区的经济发展程度和收入水平正相关。也就是说，经济发展越好的地区居民收入水平越高。但是，有国外学者研究后认为，经济发展和收入水平之间并非简单的线性关系，存在收入水平先上升后下降的倒“U”形关系，即类似于库兹涅茨曲线（Kuznets，1955）。国内学者就库兹涅茨效应在经济发展过程中的适用性问题进行实证检验，提出中国收入分配状况仍然支持库兹涅茨倒“U”形曲线的观点（邵红伟 等，2016）。因此，本书将经对数转化后的地区人均生产总值一次项（$\ln Led$）和二次项（$\ln Led^2$）分别纳入同一模型，分析库兹涅茨效应是否确实存在，预计地区人均生产总值一次项（$\ln Led$）的符号为正，二次项（$\ln Led^2$）的符号为负。

（2）金融发展程度（Fin）。从现有研究看，有关金融发展程度的度量指标大体上可以概括为以下几类：一是采用股票交易额/国内生产总值的方式来衡量资本或证券市场的直接融资水平，以此来替代金融发展程度；二是使用广义货币供给量 M_2/国内生产总值（麦氏指标）或全部金融资产/国内生产总值（金融相关比率）的方式，来衡量金融信贷市场的发展程度；三是通过王小鲁等提出的金融市场化发育程度指数进行衡量，该指数越大说明金融发展程度越高。但是，在对数据进行整理的过程中发现，无论是中国各地区的金融资产数据、证券市场数据，还是 M_2 数据，都存在严重的数据资料欠缺问题。王小鲁等的《中国分省份市场化指数报告（2018）》中的金融市场化发育程度指数也仅更新到 2014 年。另外，由于中国证券市场化改革尚未完全实现，若采用证券市场指标也可能无法充分反映真实的金融发展水平。因此，本书借鉴当前国内较为常见的一种衡量方法，即采用各地区金融机构人民币各项存款余额/地区生产总值来表示金融市场发展程度。

（3）人力资本状况（Hci）。本书主要采用各地区的普通高等学校在校学生数占年末总人口的比重来衡量人力资本状况。具体计算方式如下：$Hci_{it}=Pe_{it}/TP_{it}$。其中：Pe 为普通高等学校在校学生数；TP 为各地区年末总人口数。以往的研究认为，一个地区的人均受教育程度越高，则该地区的人力资本状况越好，越有利于促进地区经济发展和产业结构升级，推动地区整体工资水平的提升。当前，中国正处于经济转型发展的关键时期，快速的城镇化进程使得受教育程度较高的群体更倾向于进城就业，所以人力资本投资水平对收入分配失衡的影响预期符号为负。

(4) 产业结构 (*Tis*)。本书采用 $Tis_{it} = Ati_{it} / Asi_{it}$ 来衡量产业结构。其中：*Ati* 为各地区的第三产业增加值，*Asi* 为各地区的第二产业增加值。该比值越大，说明该地区的产业结构越趋于合理。相对于单纯通过第二或第三产业增加值/国内生产总值的衡量方式，该方法不仅可以更好地体现各地区第二和第三产业增加值的时间变化趋势，而且能够较好地反应产业结构内部的变动情况。一般来说，某一地区产业结构的调整会引起该地区就业结构的变动，就业结构的变动又会对地区间的劳动力流动产生影响，最终导致劳动者工资水平的变化。考虑到中国正处于转型发展的关键阶段，可能会出现某种特定的经济现象，所以无法对预期系数符号进行推测。

(5) 就业状况 (*Tes*)。以中国各地区统计的年末城镇私营企业和个体就业人数进行衡量。城乡“二元”经济结构的长期存在，使得城镇化发展进程中大量农村剩余劳动力向城市转移。一方面，抑制城市就业劳动报酬的上升，同时，因就业压力增大出现大量失业；另一方面，相对于在农村从事农业生产，城市就业能够获得更高的收入。因此，本书认为就业状况可能会对中国城乡收入差距产生负向影响效应，即预期系数符号为负。

(6) 对外开放水平 (*Lou*)。通过 $Lou = Tie/\text{GDP}$ 进行衡量。其中：*Tie* 为中国各地区的进出口贸易总额，GDP 为地区生产总值。同时，使用当年平均汇率水平将上述进出口贸易总额数据折算为人民币数据。当前，学术界关于对外开放水平对收入差距的影响仍然存在许多争议。例如：有学者提出，发展中国家对外开放水平的提高会导致相对稀缺要素的实际价格减少，也可以促进相对充足的非技能劳动者报酬增加，缩小现代工业部门和传统农业部门之间劳动者的收入差距（韩军 等，2015；李红 等，2019）。也有学者认为，对外开放水平的提高是造成发展中国家内部收入差距扩大的重要原因（蔡宏波 等，2016；张懿，2017）。因此，本书无法就对外开放水平的系数符号进行判断。

(7) 外商投资水平 (*Fdl*)。采用 $Fdl = Fdi/\text{GDP}$ 对中国各地区的外商投资水平进行衡量。其中：*Fdi* 为各地区实际利用外商直接投资额；GDP 为地区生产总值。同时，按照平均汇率将外商直接投资额折算为人民币数据。关于外商投资水平和收入差距之间的内在联系，有学者研究认为，如果一国最初的资本所有者租金收入高于劳动者的报酬收入，那么外商投资水平的提高将有助于推动资本要素报酬和劳动者工资收入的均等化，降低资本所有者和劳动者的收入差距（郑磊 等，2018）。也有学者提出与之不同的观点，认为外商直接投资扩大了中国居民的收入差距，尤其是造成东中西部之间区域收入差距的恶化（于峰 等，2014）。也有学者提出，外商直接投资对居民收入差距的影响表现出先扩大后缩小的“U”形关系，且这种影响具有区域差异性（陈书 等，2012）。综上所述，本书无法对外商投资水平的系数符号进行确定。

（8）政府行为（Tgb）。采用 $Tgb=Tfe/\mathrm{GDP}$ 对中国各地区的政府行为进行衡量。其中：Tfe 为各地区的财政支出总额；GDP 为地区生产总值。在中国经济发展中，地方政府起到了至关重要的作用，政府行为不仅影响国民收入再分配，甚至是决定要素价格的关键。有学者提出，在 GDP 考核机制下，促进经济增长成为中国各级地方政府的主要目标，导致地方政府存在明显的城镇优先发展倾向。这种选择性政府行为偏好使得城镇居民在政府支出中不断获益，扩大了城乡居民之间的收入差距（徐海东 等，2020）。因此，本书预期政府行为的系数符号为正。

在没有特别说明的情况下，以上数据均来源于国家统计局统计数据库、各省（自治区、直辖市）历年《统计公报》或中经网统计数据库。

5.1.4　描述性统计分析

根据上述分析，考虑到数据的可得性和实证分析的科学性，本章将以 2000—2019 年为样本区间，收集中国各省（自治区、直辖市）的相关时间序列数据。在截面数据选择上，由于西藏自治区统计数据的大量缺失，样本涵盖除西藏自治区及港澳台地区以外 30 个省（自治区、直辖市）。有关数据的处理，主要使用 Stata 15.0 统计软件进行分析，计量模型中主要变量的具体描述性统计分析结果如表 5.1 所示。

表 5.1 主要变量的具体描述性统计分析结果

变量名称	符号	平均值	标准差	最小值	最大值	观测值
要素价格总变动程度	*DisT*	7.141	1.438	4.361	11.943	600
资本要素价格变动程度	*DisK*	4.227	0.977	1.605	6.974	600
劳动要素价格变动程度	*DisL*	0.873	0.476	0.025	2.208	600
土地要素价格变动程度	*DisI*	9.917	2.584	5.102	18.657	600
经济发展水平	ln*Led*	10.127	0.856	7.923	12.009	600
金融发展程度	*Fin*	1.589	0.686	0.735	5.587	600
人力资本状况	*Hci*	0.016	0.007	0.002	0.035	600
产业结构	*Tis*	1.035	0.555	0.500	5.170	600
就业状况	ln*Tes*	5.507	1.001	2.526	8.245	600
对外开放水平	*Lou*	0.303	0.371	0.010	1.720	600
外商投资水平	*Fdl*	0.024	0.020	0.0001	0.109	600
政府行为	*Tgb*	0.204	0.095	0.069	0.628	600

5.2 中国要素价格变动对居民收入分配影响的实证分析

本节主要通过 2000—2019 年省级面板数据就中国要素价格变动对收入分配失衡的影响进行系统深入的实证分析。由于动态面板数据模型在对变量参数进行估计时可能存在解释变量之间的内生性和弱工具变量问题，导致估计结果的严重偏误。因此，利用在实证研究中被人们广泛采纳的两步系统 GMM 估计方法对基准模型式（5.11）、式（5.12）、式（5.13）和式（5.14）进行估计，分析中国要素价格总变动、资本要素价格变动、劳动要素价格变动以及土地要素价格变动对收入分配失衡的影响。虽然该方法可能造成估计效率的下降，但是能够确保估计结果的一致性。同时，考虑到估计结果的可靠性，通过两步差分 GMM 估计方法对模型回归结果的稳健性进行检验。

5.2.1　要素价格总变动对居民收入分配的影响

采用两步系统 GMM 估计方法分析中国要素价格总变动对收入分配失衡的影响。同时，逐步引入经济发展水平、金融发展程度、人力资本状况、产业结构和就业状况等控制变量进行回归分析，以验证核心解释变量要素价格总变动估计结果的可靠性。另外，考虑到估计结果的稳健性，采用两步差分 GMM 估计方法作为对比分析，具体估计结果如表 5.2 所示。

表 5.2 为要素价格总变动对收入分配失衡影响的估计结果，模型 1～7 是两步系统 GMM 估计方法得到的估计结果，模型 8 是两步差分 GMM 估计方法得到的估计结果。从模型 1～7 的估计结果可以看出，在模型中逐步引入经济发展水平、金融发展程度、人力资本状况等控制变量，中国要素价格总变动对城乡居民收入差距的影响始终为正，且在 10％的置信水平上显著。另外，从两步系统 GMM 估计方法和两步差分 GMM 估计方法的回归结果看，两种方法的估计结果没有明显区别，且系数符号一致，可以认为研究结论是稳健可靠的。在两步系统 GMM 估计方法中：首先，采用 Sargan 检验方法对广义矩估计中是否存在工具变量过度限制约束问题进行检验，从表 5.2 中 Sargan 检验的结果可以看出，p 值都超过 0.1，表明检验结果无法拒绝“所有工具变量均有效”的原假设。其次，通过 Arellan0-Bond 统计量检验误差项是否存在序列相关问题，从表 5.2 中二阶序列相关 AR（2）的检验结果显著大于 0.05，而一阶序列相关 AR（1）的检验结果均为 0 可知，检验结果支持误差项差分仅存在一阶自相关的假设。综合上述检验结果可以得出，选择两步系统 GMM 估计方法对模型进行分析是有效的，且能够克服变量间的内生性和弱工具变量问题。有学者认为，系统广义矩估计方法不仅能够增强工具变量的有效性，还可以获得解释变量更多的信息（韩长根 等，2017；俞彤晖，2018）。因此，根据模型回归结果，本节将以模型 7 作为基准模型就中国要素价格总变动对收入分配失衡影响的内在机理进行讨论和分析。

表 5.2 要素价格总变动对收入分配失衡影响的估计结果

变量	模型 1	模型 2	模型 3	模型 4	模型 5	模型 6	模型 7	模型 8
	SYS-GMM	SYS-GMM	SYS-GMM	SYS-GMM	SYS-GMM	SYS-GMM	SYS-GMM	Diff-GMM
L. CR	0.927*** (60.39)	0.875*** (61.32)	0.867*** (59.31)	0.866*** (58.60)	0.864*** (58.23)	0.856*** (56.00)	0.832*** (49.86)	0.894*** (52.43)
DisT	0.011** (1.80)	0.048* (7.36)	0.094** (1.74)	0.096* (1.75)	0.086* (1.56)	0.013** (2.24)	0.012* (1.92)	0.037** (3.25)
ln*Led*		1.543*** (8.77)	1.401*** (7.58)	1.391*** (7.34)	1.487*** (7.56)	1.476*** (7.53)	1.551*** (7.54)	1.883*** (9.41)
lnLed^2		−0.072*** (−8.11)	−0.064*** (−6.83)	−0.063*** (−6.69)	−0.068*** (−6.94)	−0.069*** (−7.01)	−0.071*** (−6.97)	−0.087*** (−7.09)
Fin			0.031** (2.41)	0.031** (2.39)	0.058*** (2.95)	0.057*** (2.91)	0.024* (1.02)	0.053* (2.57)
Hci				0.454* (4.26)	0.401* (3.23)	1.119* (6.63)	1.294* (5.69)	1.228* (5.52)
Tis					0.041* (1.82)	0.042* (1.85)	0.031* (1.27)	0.069* (2.06)
ln*Tes*						−0.021** (−2.04)	−0.064* (−1.53)	−0.077* (−2.28)
Lou							−0.061* (−1.81)	−0.087* (−1.95)
Fdl							0.955** (2.03)	1.064** (3.61)
Tgb							0.316* (2.59)	0.446* (2.79)
Cons	0.129*** (2.62)	8.565 (9.85)	7.866*** (8.61)	7.805*** (8.28)	8.307*** (8.46)	8.261*** (8.43)	8.764*** (8.54)	6.302*** (5.93)
AR(1)	−3.42 [0.000]	−3.71 [0.000]	−3.68 [0.000]	−3.79 [0.000]	−3.81 [0.000]	−3.73 [0.000]	−3.99 [0.000]	−3.75 [0.000]
AR(2)	−0.275 [0.913]	−0.264 [0.795]	−0.208 [0.752]	−0.257 [0.813]	−0.237 [0.896]	−0.229 [0.882]	−0.352 [0.811]	−0.532 [0.679]

续表

变量	模型 1	模型 2	模型 3	模型 4	模型 5	模型 6	模型 7	模型 8
	SYS-GMM	SYS-GMM	SYS-GMM	SYS-GMM	SYS-GMM	SYS-GMM	SYS-GMM	Diff-GMM
Sargan	26.72 [0.928]	26.94 [0.913]	27.11 [0.914]	27.54 [0.913]	26.75 [0.915]	27.11 [0.915]	27.92 [0.916]	26.68 [0.407]
观测值	599	599	599	599	599	599	599	599

注：(1) SYS-GMM 和 Diff-GMM 分别表示两阶段系统广义矩估计模型和两阶段差分广义矩估计模型；(2) 圆括号和方括号里的数值分别为估计系数的 t 值和统计量的 p 值；(3) *L. CR* 为中国收入分配失衡变量的滞后一期值；(4) ***、** 和 * 分别表示在 1%、5% 和 10% 置信水平上显著。

在模型 1～7 的估计结果中，要素价格总变动的估计系数始终为正，且在 10%的置信水平上显著。同时，逐步引入经济发展水平、金融发展程度、人力资本状况等控制变量，估计系数的符号依然没有发生改变，表明模型估计结果是可靠的。该研究结论认为，样本期内中国要素市场不完善形成的要素价格总变动程度提高是导致收入分配失衡的重要原因，同时，这一结论与中国近 20 年来要素市场化改革的现实矛盾基本一致，也切合了图 5.1 要素价格总变动与收入分配失衡的散点图。

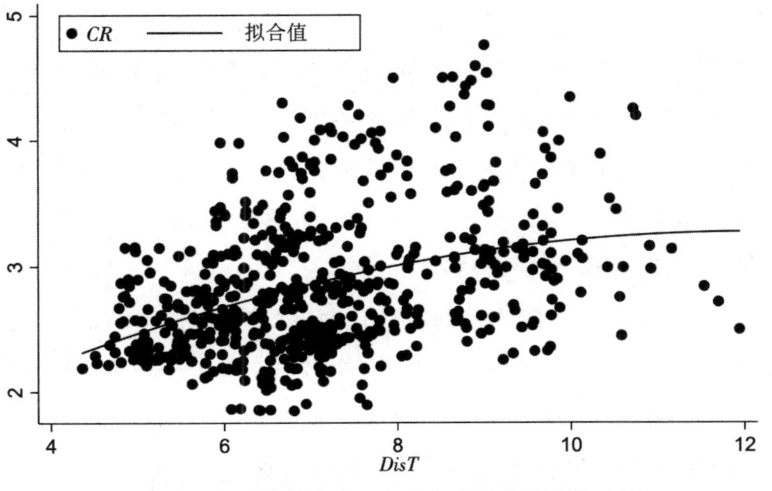

图 5.1　要素价格总变动与收入分配失衡的散点图

产生这一现象的可能原因：一是地方政府对要素市场的行政干预加剧了收入分配失衡。在中国现行经济增长考核机制下，各级政府通常具有较强的推动经济发展、扩大招商引资的动机。因此，政府会采取财政补贴、压低要素价格、实行税费减免等方式直接给予投资企业优惠，降低其生产成本。但是，这种政府干预行为使得要素市场配置体制不完善，要素资源的低效配置往往会造成企业生产偏离帕累托最优。相对于其他企业，被补贴企业劳动者的工资水平也会更高，导致居民收入差距的扩大。二是要素市场化改革的严重滞后导致要素市场价格变动。例如：在劳动要素市场配置方面，由于城乡之间劳动力市场的长期分割，形成一种复杂、多元的歧视性劳动力市场，限制了城乡间劳动要素的自由流动，使得城乡劳动要素无法实现优化配置，劳动力价格偏低。同时，农村相对较慢的经济增速导致其对农村剩余劳动力的需求不足，也是造成收入分配失衡的原因之一。在资本要素市场配置方面，转型时期资本市场运行机制不健全以及资本要素在城乡居民间的低效配置，使得城乡居民在资本报酬上存在明显差异，农村居民在资本数量上也处于劣势。资本市场化改革滞后使得城乡居民收入差距表现出显著的“马太效应”。在土地要素市场配置方面，政府在土地资源配置和使用中的行政垄断导致土地要素一级市场价格被严重低估，农民无法享受农地非农化过程中的土地增值收益，实际上造成农民财富的缩水，加剧了居民收入分配的失衡。三是要素价格变动对要素收入分配的影响。高收入者主要依靠资本要素获得收入，低收入者的收入主要来源于劳动要素工资收入。因此，国民收入分配中劳动收入份额的减少、劳动者的工资收入低于经济增速等是近年来中国收入分配失衡的重要原因，许多学者的研究也提出类似观点(王小鲁 等，2007；孙旷怡，2011)。

从模型1～7中收入分配失衡的滞后一期（$L.CR$）估计结果看，其系数符号在1%的置信水平上均显著为正。基准模型7中，$L.CR$ 的估计系数为0.832，说明收入分配失衡具有很强的自累积效应，即当期居民收入分配差距的扩大会加剧下一期收入分配状况的恶化。因此，政府有必要针对当前中国较大的收入分配失衡问题，尽快采取一系列必要的干预措施，以降低失衡的加剧。产生这一现象的可能原因：一是高收入居民不仅具有更高的人力资本投资意愿，而且具备更强的资本投资能力。因此，在下一期，无论是在劳动工资水平还是在资本报酬收益上都会上升。二是收入较低的居民，其收入只能够用于满足基本的消费需求，缺乏职业技能培训、健康人力资本投资等。因此，低收入居民更难获得高报酬的工作机会，导致下一期的工资收入无法得到提升，甚至相对收入还会出现下降。这种机会的不公平造成了收入分配失衡问题的长期存在。

在控制变量方面，对控制变量估计结果的分析，不仅可以加深要素价格变动对中国收入分配失衡影响的理解，而且能够比较其与前人研究成果的一致性或区别。

（1）经济发展水平变量（ln*Led*）。经济发展水平与其平方项的估计系数分别为1.551和−0.071，且在1%的置信水平上通过显著性检验。表明在样本区间内，中国收入分配失衡和经济发展水平之间呈现倒"U"形关系，与库兹涅茨假说"先恶化，后改进"过程一致。具体来说，在经济发展的初始阶段，中国收入分配失衡问题会随着经济发展水平的提高不断加剧；经济发展水平超过拐点后，经济的持续增长能够缓解收入分配差距的扩大。该结论基本符合中国现阶段的发展实际，也与多数学者的研究结论类似。可能的原因是：由于中国政府对收入分配改革的高度重视，以及户籍制度改革、收入分配制度改革、土地制度改革和财税体制改革等一系列政策措施的相继出台，对调整收入分配结构，改善居民收入分配差距产生了积极影响。有学者提出，城乡居民收入差距在中国居民总体收入差距中的贡献超过50%，城乡居民收入差距的变化决定着整体收入分配差距的变动。国家统计局城乡居民人均可支配收入数据显示，中国城乡居民收入差距比自2009年开始呈下降趋势，农村居民人均可支配收入的快速增长是出现这一下降的主要原因，城乡居民收入差距的缩小有效缓解了中国居民收入分配的失衡（武小龙 等，2014）。

（2）金融发展程度（*Fin*）。中国金融发展水平对居民收入分配不平衡影响的回归系数为0.024，且在10%的置信水平上通过显著性检验。表明中国金融发展规模的扩大不利于缓解收入分配失衡问题，如果考虑到金融发展的累积效应，影响可能更大。该结论与大多数学者的研究结论相近，也符合改革开放以来中国金融发展水平提高和居民收入差距扩大的现实矛盾（赵华伟，2014；孔杏，2018）。产生该现象的可能原因：一是中国金融资源处于高度垄断的状态，金融体系主要集聚于城镇地区。因此，金融发展水平的提高不能显著提高低收入群体尤其是农村地区居民的收入水平。二是中国金融系统过高的国有化程度造成金融市场的偏离，过度的行政干预使得金融系统的运行长期低效率，无法实现缩小城乡居民收入差距。三是中国资本市场的不发达导致农村地区存在严重的金融抑制，投融资渠道的缺乏使得农民很难获得资本收益。因此，金融发展不能提高农村居民的收入水平，甚至带来城乡之间更大的财富鸿沟。

（3）人力资本状况（Hci）。人力资本投资水平对收入分配失衡的影响系数为1.294，且在10%的置信水平上通过显著性检验。表明中国人力资本水平的提高不仅没有起到缩小收入差距的积极作用，反而加剧了收入分配失衡问题。该结论与近年来的一些相关研究类似。例如：有学者提出中国人力资本投资尤其是教育投资与城乡居民收入差距之间存在长期均衡关系，人力资本投资的“二元”性是导致城乡居民收入差距扩大的重要原因（杨德才，2012）。产生这种现象的可能原因：一是人力资本投资的“二元”性导致城乡劳动力报酬的差异，影响居民收入水平，扩大城乡居民收入差距。从2020年中国城乡居民人均可支配收入来源看，城乡居民人均可支配收入主要包括工资性收入、经营净收入、财产净收入和转移净收入四大部分。其中：工资性收入在城镇居民收入中的占比为60.62%，经营净收入占比为11.32%；农村居民的工资性收入仅为41.02%，约36.66%的收入来自家庭经营性收入。这说明城市居民以工资性收入为主，农村居民的工资性收入占比有所提高，但从事第一产业获得的家庭经营性收入仍然是其主要收入来源。产业结构的城乡差异是造成城乡居民收入构成不同的重要原因，相对较低的人力资本投资水平使得农民不得不选择以农业收入为主。也就是说，较低的人力资本投资水平限制了农民向农业以外转移的就业机会，导致城乡居民收入结构的不同以及收入差距的扩大。二是人力资本投资的“二元”性会对产业的边际贡献产生影响，由此加剧城乡收入差距的扩大。微观经济理论认为，各种生产要素投入比例以及要素的稀缺程度能够影响要素禀赋的边际生产能力。因此，生产要素间的投入需求比例也会由于产业特征的不同和要素需求结构的差异存在区别，其中人力资本投资对第一产业的边际贡献要显著低于第二、第三产业的边际贡献。就现阶段而言，中国农村地区第一产业从业人员占比仍然高达 61.24%，产业结构并不合理。这种产业结构矛盾必然使得人力资本在城市的生产效率高于农村，导致农村地区的发展落后于城市以及农村高技能劳动力大量流向城市，使城乡居民收入差距不断扩大。因此，人力资本投资的“二元”性造成城乡居民收入水平的差异，收入差距的扩大又会反作用于城乡居民的人力资本投资水平，并最终形成一种“富人愈富，穷人愈穷”的恶性循环累积效应。

（4）产业结构（Tis）。产业结构的估计系数为 0.041，且在 10%的置信水平上显著，说明中国产业结构的调整升级与居民收入分配差距的扩大存在较强的内在联系。产生这一现象的可能原因：一是高新技术发展推动的产业结构调整有利于促进第二、第三产业的转型升级，产业的转型升级使得产业内部门的劳动生产率、资本回报率和劳动者工资水平等提高，且普遍高于第一产业或传统制造业。同时，较高的产业效率将吸引更多优质要素流入，增强行业发展动力，导致居民收入差距的进一步扩大。二是现阶段中国产业无论是对劳动力的吸纳能力还是产业发展质量都处于较低水平，产业内部同样存在较大的收入差距。例如，从第三产业内部就业人员平均工资看，2020 年中国金融业从业人员平均工资为 129837 元，住宿和餐饮业就业人员平均工资仅为 48260 元。同时，中国产业结构的转型升级没有提高就业人员的吸纳能力，反而造成第二产业的萎缩，以及大量低技能劳动者工资水平的下降甚至面临失业，加剧了居民的收入差距。

（5）就业状况（$\ln Tes$）。就业人数增加对居民收入不平衡的影响估计系数为－0.064，且在 10%的置信水平上通过显著性检验。表明就业人数的增加可以在一定程度上缓解居民收入分配不平衡问题。产生这种现象的可能原因：一是农村新增劳动力向城市转移就业是中国整体就业人数上升的主要原因，随着国家公共人力资本投入的增加以及高等教育的大众化，农村新增劳动力能够获得相对更高的工资收入。同时，城镇劳动力市场上就业户籍壁垒的长期存在导致进城务工人员无法真正融入城市生活，进城务工人员市民化问题尚未解决，造成大量农民“离土不离乡”的局面，他们当中多数人最终会带着收入回农村，缓解了城乡居民之间的收入差距。二是近年来中国出现区域性和结构性的“用工荒”问题，在一定程度上增加了进城务工人员的就业机会，提高了劳动报酬，尤其是低技能劳动者的收入水平，非农就业的增加成为缩小城乡收入差距的重要因素。

（6）对外开放水平（*Lou*）。从对外开放水平看，其估计系数为－0.061，且在10％的置信水平上通过显著性检验。表明对外开放程度的提高缓解了收入分配的不平衡。该结论支持了萨缪尔森（Samuelson）定理，即对于低技能劳动力相对充裕的发展中国家而言，由于其对外开放的比较优势主要集中于低技术含量的劳动密集型产品，对外开放水平的提升能够促进比较竞争优势产品价格的上涨，推动低技能劳动者工资水平的快速增加。因此，对外开放能够缩小以劳动收入为主的居民收入差距。就中国而言，对外开放的不断深化带来劳动力需求的激增，促进农村进城务工人员工资水平的上升，在某种程度上缓解了城乡居民收入差距的扩大。

（7）外商投资水平（*Fdl*）。外商投资水平对居民收入不平衡影响的估计系数为0.955，且在5％的置信水平上通过显著性检验。说明近20年来中国外商直接投资水平的提高，扩大了城乡居民之间的收入差距。该结论也支持了许多学者的相关研究成果。例如，有学者认为，作为投资来源的重要形式，外商直接投资同国内资本一样，通过劳动力的选择、行业的非均衡分布和投资区域的集中等来带动经济增长，进而影响收入分配效应。就区域层面而言，当外商直接投资更多地进入大城市带（圈）或发达地区时，一方面有效地提升了产业集群区的投资水平；另一方面刺激了中心城市或发达地区的有效需求，推动了经济增长，城市居民能够从中获得更大的收益，扩大了城乡居民收入差距。在行业非均衡分布方面，投资的产业集中是改革开放以来中国城乡收入差距持续扩大的重要原因。以制造业为重点的第二产业是中国吸引外商直接投资中规模最大且增速最快的主要产业，由于第二、第三产业在区位分布上主要集中于产业集聚区或城市，导致农民很难获得经济发展带来的直接收益。在劳动力的选择方面，劳动力选择效应的存在也是导致中国城乡居民收入差距不断加剧的重要因素。就中国当前的城乡劳动力现状而言，农村劳动力无论是在受教育程度还是在职业技能培训方面都与城镇居民存在明显差距，因此很难成为外资企业所需求的能够适应现代制造业发展的高素质人才，其结果是受过良好教育的城市劳动力收入水平快速增长，农村劳动力收入增长缓慢，甚至出现实际收入下降的趋势（王海军 等，2011；彭文慧，2013）。

（8）政府行为（Tgb）。政府干预对居民收入不平衡影响的系数为 0.316，且在 10%的置信水平上通过显著性检验。说明中国地方政府对经济的过度干预是造成居民收入不平衡的原因之一。同时，该结论也反映出中国在 GDP 增长考核机制作用下，地方政府出于自身利益考虑，倾向于将财政支出的增加主要用于企业规模的扩张，而不是居民生活水平的提高。对于该问题的解释：一是以城市偏向政策为主体的政府财政体系的普遍存在成为城乡居民收入差距扩大的重要原因。政府财政支出体系的城市偏向主要体现在基础设施投资、基础教育、医疗卫生和社会保障等众多公共服务领域。统筹城乡一体化的公共服务政府财政支出体系仍然有待进一步完善，城市居民能够获得比农村居民更多的政府红利。因此，财政支出的增加不仅没有缩小城乡收入差距，反而造成这种不平衡的进一步扩大。二是地方政府财政支出结构导致的城乡居民人力资本差异，加剧了收入的不平衡。政府的投资性支出主要包括科、教、文、卫等方面，地方政府财政在投资性支出领域的城乡差异在一定程度上影响了城乡居民的劳动力质量，劳动力质量的区别又会带来就业机会的不公平和劳动力报酬的差距。现阶段，中国城镇居民享受到比农村居民更好的政府投资性支出红利。

总体上说，在模型中引入经济发展水平、金融发展程度、人力资本状况、产业结构、就业状况等控制变量进行回归分析是非常有意义的。一方面能够增强模型研究的科学性和稳健性；另一方面可以提出更多有针对性的政策建议。

例如，促进对外开放、提高就业规模、减少政府干预等都有利于缓解收入分配失衡。

5.2.2 资本价格变动对居民收入分配的影响

从第 4 章要素价格变动程度的测算与分析中可知，资本、劳动和土地要素价格存在较大波动性，且三者的价格变动程度不一致。接下来将分别就三者对中国居民收入分配不平衡的内在影响机制进行研究。利用两步系统 GMM 估计方法和两步差分 GMM 估计方法，引入经济发展水平、金融发展程度、人力资本状况、外商投资水平、政府行为等控制变量，以增强研究结论的科学性和稳健性。具体估计结果如表 5.3 所示。

由表 5.3 可知，模型 9 是没有加入一系列控制变量的两步系统 GMM 估计结果，模型 10 和模型 11 则是加入经济发展水平、金融发展程度、人力资本状况、产业结构、就业状况等控制变量后的两步系统 GMM 和两步差分 GMM 估计结果。从模型的回归结果可以看出，中国资本价格变动对居民收入分配不平衡的影响始终为正，且在 1%的置信水平上通过显著性检验。在加入一系列控制变量后，该结论没有发生明显变化。另外，对比分析模型 11 中的两步差分 GMM 估计结果可知，核心解释变量和相关控制变量在统计上的显著性水平虽然存在差异，但回归系数符号完全一致，表明模型回归结果是稳健的。通过 Arellano-Bond 统计量检验误差项是否存在序列相关问题，表 5.3 中 AR（1）和 AR（2）检验结果显示，三个模型扰动项都支持误差项差分仅存在一阶自相关的假设，说明模型的误差项都不是序列相关的。因此，使用两步系统 GMM 和两步差分 GMM 估计方法对模型进行分析是有效的。为了检验 GMM 估计中是否存在工具变量过度识别问题，通过 Sargan 检验方法对广义矩估计进行检验，其 p 值分别为 0.929、0.939、0.916，均显著大于 0.1，说明检验结果无法拒绝“所有工具变量均有效”的原假设。综合上述分析，得出模型估计的结论是有效且稳健的。本节将以模型 10 作为基准模型对相关估计结果进行讨论和分析。

表 5.3　资本价格变动对收入分配失衡影响的估计结果

变量	模型 9	模型 10	模型 11
	SYS-GMM	SYS-GMM	Diff-GMM
L. CR	0.599*** (19.40)	0.616*** (18.01)	0.725*** (19.96)
DisK	0.045** (1.88)	0.029* (1.40)	0.051** (1.85)
ln*Led*	—	0.964* (1.97)	1.079** (2.14)
ln*Led*^{2}	—	−0.046* (−1.71)	−0.058** (−1.89)
Fin	—	0.186*** (3.34)	0.304*** (5.75)
Hci	—	16.164*** (2.87)	9.664* (2.13)
Tis	—	0.029* (1.55)	0.032* (1.41)
ln*Tes*	—	−0.064 (−1.22)	−0.039 (−1.19)
Lou	—	−0.008* (−1.08)	−0.071* (−1.27)
Fdl	—	0.482** (1.61)	0.849* (2.34)
Tgb	—	0.913*** (4.27)	0.558** (4.39)
Cons	36.268*** (5.82)	43.945 (1.41)	27.441** (4.07)
AR(1)	−3.571 [0.000]	−3.984 [0.021]	−3.355 [0.014]
AR(2)	−0.428 [0.447]	−0.477 [0.683]	−0.492 [0.517]

续表

变量	模型 9	模型 10	模型 11
	SYS-GMM	SYS-GMM	Diff-GMM
Sargan	28.59 [0.929]	27.06 [0.939]	25.83 [0.916]
观测值	599	599	568

注：(1) SYS-GMM 和 Diff-GMM 分别表示两阶段系统广义矩估计模型和两阶段差分广义矩估计模型；(2) 圆括号和方括号里的数值分别为估计系数的 t 值和统计量的 p 值；(3) $L.CR$ 为中国收入分配失衡变量的滞后一期值；(4) ***、** 和 * 分别表示在 1%、5% 和 10% 置信水平上显著。

第一，从模型 10 中资本价格变动（$DisK$）的估计结果看，资本价格变动对收入分配失衡影响的估计系数为 0.029，且在 10% 的置信水平上通过显著性检验。说明资本价格变动程度的提高加剧了中国居民收入分配的失衡。对于该现象的解释：一是在资本市场运行机制不健全和资本价格变动长期存在的情况下，投资者或企业更倾向于增加资本投入，以资本密集型的生产方式来扩大规模，而不是技术进步型的集约化生产，更不是结合中国的资源禀赋优势走劳动密集型的发展道路。然而，在当前市场经济条件下，这一模式势必会使得那些以劳动收入作为主要收入来源的穷人受到压制，甚至直接面临失业的风险，收入的降低以及不能把资本转化为金融资产，自然会导致越来越严重的收入分配失衡问题。二是资本市场改革的滞后与运行机制不健全，导致资本要素在城乡之间的配置严重偏离。这种城乡居民间资本要素配置的人为分割，不仅使得城乡居民拥有的资本数量存在明显差距，在资本报酬率上也具有较大区别，最终结果就是农村居民的收入水平普遍偏低，恶化了居民收入分配的不平衡。

第二，从表 5.2 和表 5.3 中模型 7 和模型 10 的收入分配失衡滞后一期（$L.CR$）的对比分析可以发现，收入分配失衡滞后一期的估计系数为 0.616，符号为正，同模型 7 一致，且在 1% 的置信水平上通过显著性检验。该结论再一次验证了收入分配失衡具有很强的自累积效应，即当期居民收入分配差距的扩大会加剧下一期收入分配状况的恶化。

第三，从控制变量的模型估计结果看：模型 10 中经济发展变量（ln*Led*）的回归系数为 0.964，其平方二次项系数为－0.046，且都在 10％的置信水平上通过显著性检验。该结果再一次验证了模型 7 中的结论，即中国经济发展程度与居民收入水平之间存在库兹涅茨效应。从其他控制变量的系数符号和显著性看，估计结果基本同模型 7 一致，表明人力资本状况、政府行为、外商投资水平、金融发展程度和产业结构水平的提升是近 20 年来中国居民收入差距扩大的重要原因。

5.2.3　劳动价格变动对居民收入分配的影响

本节探究中国劳动价格变动对收入分配失衡影响的内在机制，利用两步系统 GMM 估计方法和两步差分 GMM 估计方法对基准计量模型（5.13）进行分析，具体估计结果如表 5.4 所示。

表 5.4 中，模型 12 是没有加入一系列控制变量前的两步系统 GMM 估计结果，模型 13 和模型 14 分别表示加入经济发展水平、金融发展程度、人力资本状况、产业结构、就业状况等控制变量后的两步系统 GMM 和两步差分 GMM 估计结果。从劳动价格变动一次项（$DisL$）和二次项（$DisL^2$）的估计结果看，劳动价格变动与收入分配失衡之间并非简单的线性关系，存在类似于库兹涅茨曲线的倒“U”形影响，且在 10％的置信水平上通过显著性检验。另外，针对可能存在的工具变量过度识别和扰动项序列相关问题：首先，从 Sargan 检验方法的估计结果看，模型 12～14 的 Sargan 检验 p 值分别为 0.881、0.917 和 0.906，均显著大于 0.1，由此表明检验结果无法拒绝“所有工具变量均有效”的原假设。其次，从 Arellano-Bond 统计量检验误差项是否存在序列相关的估计结果看，AR（1）检验结果的 p 值均为 0，AR（2）检验结果的 p 值分别为 0.331、0.473 和 0.415，检验结果表明，三个模型扰动项都支持误差项差分仅存在一阶自相关的假设，模型的误差项都不是序列相关的。因此，使用两步系统 GMM 和两步差分 GMM 估计方法对模型进行分析是有效的。本节将对比两

步系统 GMM 方法和两步差分 GMM 方法的估计结果，以模型 13 作为基准回归模型对相关估计进行讨论和分析。

表 5.4　劳动价格变动对收入分配失衡影响的估计结果

变量	模型 12	模型 13	模型 14
	SYS-GMM	SYS-GMM	Diff-GMM
L. CR	0.932*** (63.97)	0.822*** (48.28)	0.952*** (51.72)
DisL	0.195*** (2.92)	0.046* (1.73)	0.064** (1.93)
$DisL^2$	−0.069** (−2.18)	−0.063** (−2.12)	−0.058* (−1.95)
ln*Led*	—	1.76*** (8.27)	0.971*** (2.55)
$\ln Led^2$	—	−0.082* (−7.76)	−0.067* (−5.84)
Fin	—	0.015 (0.62)	0.021* (1.07)
Hci	—	−3.256* (−1.70)	−1.73** (−1.04)
Tis	—	0.048** (2.04)	0.039* (1.88)
ln*Tes*	—	−0.033** (−1.98)	−0.026* (−1.22)
Lou	—	0.08** (2.35)	0.067** (2.06)
Fdl	—	0.85* (1.81)	0.795* (1.32)
Tgb	—	0.475*** (3.59)	0.448*** (3.25)
Cons	0.294*** (5.75)	9.975*** (9.38)	6.442*** (8.37)

续表

变量	模型 12	模型 13	模型 14
	SYS-GMM	SYS-GMM	Diff-GMM
AR(1)	−3.549 [0.000]	−4.092 [0.000]	−3.792 [0.000]
AR(2)	−0.816 [0.331]	−0.769 [0.473]	−0.811 [0.415]
Sargan	27.047 [0.881]	28.206 [0.917]	26.59 [0.906]
观测值	599	599	568

注：(1) SYS-GMM 和 Diff-GMM 分别表示两阶段系统广义矩估计模型和两阶段差分广义矩估计模型；(2) 圆括号和方括号里的数值分别为估计系数的 t 值和统计量的 p 值；(3) *L. CR* 为中国收入分配失衡变量的滞后一期值；(4) *** 、** 和* 分别表示在 1%、5%和 10%置信水平上显著。

首先，从表 5.4 中模型 13 的劳动价格变动对收入分配失衡的估计结果看，劳动价格变动一次项（$DisL$）的估计系数为 0.046，二次项（$DisL^2$）的估计结果为−0.063，且两者分别在 10%和 5%的置信水平上通过显著性检验。回归结果表明，劳动价格变动与收入分配失衡之间并非简单的线性关系，存在类似于库兹涅茨曲线的倒“U”形影响，即收入分配失衡随着劳动价格变动程度的提高呈现出先扩大后缩小的趋势。两者之间出现这种现象的可能原因：一是当初始劳动价格变动程度较低时，由于企业性质、行业特征和区域差异性等的存在，导致不同企业、不同行业以及不同区域间的价格变动程度不一致，提高了价格变动程度相对较低行业劳动者的工资水平，抑制了价格变动相对较高行业劳动者的报酬收入，加剧了整体居民间的收入差距。当劳动价格变动程度达到一定水平后，不同企业、不同行业以及不同区域间的价格变动程度就会出现趋同，引起劳动者工资收入的趋同，这种趋同效应的出现缩小了居民收入差距。二是从近年来中国经济发展实际看，2007 年以前中国整体劳动价格变动程度呈现缓慢上升趋势，同期进城务工人数逐年增加，“用工荒”问题是在 2010 年以后才真正出现。一方面，由于中国城乡“二元”经济结构下户籍制度的严格限制以及进城务工人员市民化问题尚未妥善解决，使得大量进城务工人员不得不选择“离土不离乡”，加剧了城乡居民间的收入分配差距。另一方面，2014 年，《国务院关于进一步推进户籍制度改革的意见》正式公布，劳动力流动限制基本被打破，大量农村剩余劳动力能够实现进城就业，享受城市居民同等的就业机会，提高了劳动收入水平，缓解了收入分配失衡。

其次，从模型 13 中收入分配失衡滞后一期（$L.CR$）的估计结果看，其估计系数为 0.822，且在 1%的置信水平上通过显著性检验。该结论与模型 7 和模型 10 中 $L.CR$ 的估计结果是一致的。

最后，从模型 13 中经济发展水平、金融发展程度、人力资本状况、产业结构、就业状况等控制变量的估计结果看，估计符号同模型 7 和模型 10 是一致的。总体而言，模型 13 中针对各种控制变量的回归结果再一次验证了前文研究结论的有效性和稳健性，同时也表明引入控制变量进行分析是必要的。

5.2.4 土地价格变动对居民收入分配的影响

现阶段，有关土地价格变动对收入分配失衡影响的内在机制研究相对较少，本节将通过两步系统 GMM 估计方法和两步差分 GMM 估计方法对基准计量模型（5.14）进行分析，具体估计结果如表 5.5 所示。

表 5.5 中模型 15 是在没有加入一系列控制变量前的两步系统 GMM 估计结果，模型 16 和模型 17 分别表示加入经济发展水平、金融发展程度、人力资本状况、产业结构、就业状况等控制变量后的两步系统 GMM 和两步差分 GMM 估计结果。土地价格变动一次项（$DisI$）及其二次项（$DisI^2$）的估计系数分别为 0.392 和−0.015，且在 10%的水平上通过显著性检验。针对可能存在的工具变量过度识别和扰动项序列相关问题：首先，从 Sargan 检验方法的估计结果看，模型 15～17 的 Sargan 检验 p 值分别为 0.879、0.916 和 0.901，均显著大于 0.1，表明检验结果无法拒绝“所有工具变量均有效”的原假设；其次，从 Arellano-Bond 统计量检验误差项是否存在序列相关的估计结果看，其中

AR（1)检验结果的 p 值均为 0，AR（2）检验结果的 p 值分别为 0.479、0.613 和 0.372，由检验结果可知，三个模型扰动项都支持误差项差分仅存在一阶自相关的假设，模型的误差项都不是序列相关的。使用两步系统 GMM 和两步差分 GMM 估计方法对模型进行分析是有效的。本节将对比两步系统 GMM 方法和两步差分 GMM 方法的估计结果，以模型 16 作为基准回归模型对相关估计进行讨论和分析。

表 5.5　土地价格变动对收入分配失衡影响的估计结果

变量	模型 15	模型 16	模型 17
	SYS-GMM	SYS-GMM	Diff-GMM
L. CR	0.922*** (58.65)	0.834*** (50.65)	0.864*** (52.37)
DisI	0.467** (2.07)	0.392* (1.88)	0.433* (1.96)
$DisI^2$	−0.431** (1.46)	−0.015* (−1.67)	−0.065** (−1.87)
ln*Led*	—	1.581*** (7.67)	0.974** (5.29)
$\ln Led^2$	—	−0.072*** (−7.08)	−0.038** (−4.75)
Fin	—	0.021 (0.88)	0.046* (1.12)
Hci	—	−1.482 (−0.79)	−0.78 (−0.67)
Tis	—	0.024* (1.97)	0.053* (1.12)
ln*Tes*	—	−0.003* (−1.28)	−0.008* (−1.35)
Lou	—	0.073** (2.08)	0.055** (1.98)
Fdl	—	0.869* (1.84)	0.773* (1.49)

续表

变量	模型 12	模型 13	模型 14
	SYS-GMM	SYS-GMM	Diff-GMM
Tgb	—	0.313** (2.56)	0.442** (2.96)
Cons	0.177* (1.69)	8.762*** (8.53)	5.71*** (6.07)
AR(1)	−3.012 [0.000]	−4.02 [0.000]	−3.19 [0.000]
AR(2)	−0.451 [0.479]	−0.376 [0.613]	−0.315 [0.372]
Sargan	26.08 [0.879]	27.42 [0.916]	27.63 [0.901]
观测值	599	599	568

注：(1) SYS-GMM 和 Diff-GMM 分别表示两阶段系统广义矩估计模型和两阶段差分广义矩估计模型；(2) 圆括号和方括号里的数值分别为估计系数的 t 值和统计量的 p 值；(3) *L.CR* 为中国收入分配失衡变量的滞后一期值；(4) ***、**和*分别表示在 1%、5%和 10%置信水平上显著。

首先，从表 5.5 中模型 16 的土地价格变动对收入分配失衡的估计结果看，其一次项符号为正，平方二次项符号为负。回归结果表明，土地价格变动与收入分配失衡之间呈现倒“U”形关系，即土地价格变动程度的提高不必然导致居民收入差距的扩大，呈现出先扩大后缩小的变化趋势。已有的研究认为，中国土地市场化改革严重滞后导致的土地市场化综合水平普遍偏低，是土地价格变动产生的重要原因（周琳 等，2019）。有学者将土地市场化水平介于 0～15%定义为非市场化，将土地市场化水平介于 15%～30%定义为弱市场化（张四灿，2014）。如果以此标准进行划分，中国大部分省（自治区、直辖市）的土地市场化程度还处于弱市场化水平。也就是说现，阶段土地价格变动程度仍然较高，本书第 4 章土地价格变动程度的测算结果同样证明了这一点。中国土地价格变动对居民收入不平衡的影响还处于正向作用阶段，即土地价格变动加剧了居民收入分配的失衡。因此，需要进一步加大土地要素配置市场化改革力度，以尽快摆脱土地价格变动长期过大的“高水平陷进”，同时也需要警惕以土地私有化推进土地市场化等危险举措。

其次，从模型 16 中收入分配失衡（*L. CR*）滞后一期的估计结果看，其估计系数为 0.834，且在 1%的置信水平上通过显著性检验。该结论与模型 7、模型 10 和模型 13 中 *L. CR* 的估计结果是一致的。

最后，从模型 16 中经济发展水平、金融发展程度、人力资本状况、产业结构、就业状况等控制变量的估计结果看，其估计符号同模型 7、模型 10 和模型 13 也是一致的。

5.3　本章小结

本章以 2000—2019 年中国省级面板数据为样本，利用两步系统 GMM 估计方法对模型进行实证研究，在分析中国要素价格总变动对居民收入不平衡影响的基础上，进一步探讨中国资本价格变动、劳动价格变动和土地价格变动对收入分配失衡影响的内在机理。具体来看，本章得出如下几点主要结论：

第一，中国要素价格总变动和资本价格变动对收入分配失衡的影响表现为线性正相关关系，即样本期内无论是中国要素价格总变动程度的提高还是资本价格变动程度的加剧都会导致居民收入差距的扩大。实证分析也发现，中国劳动价格变动和土地价格变动对收入分配失衡的影响呈现出类似于库兹涅茨曲线的倒“U”形关系，即伴随劳动价格变动或土地价格变动程度的上升，居民收入分配差距表现为先扩大后缩小的变化趋势。从土地市场化程度看，中国土地价格变动对居民收入不平衡的影响仍然以正向作用为主。该结论能够在一定程度上解释中国经济的快速发展并未带动居民收入水平同步提高。例如，2018 年全国基尼系数进一步上升，达到 0.474，较上年提高了 0.007 个百分点，处于联合国设定的 0.45～0.5 收入差距较大警戒线水平。同时，城乡收入比自 2002

年以来一直维持在较高水平。其中，2007 年更是以 3.14 的城乡收入比达到改革开放以来的历史性高值，此后虽然有所回落，但尚未回到合理区间。另外，在加入经济发展水平、金融发展程度、人力资本状况、产业结构、就业状况等控制变量后，核心解释变量各要素价格变动的估计系数符号没有发生改变。同时，通过对比分析两步系统 GMM 估计方法和两步差分 GMM 估计方法得出的估计结果发现，在系数符号和显著性方面也基本一致，这说明本章的模型设定是合理的，且研究结论也是稳健的。

第二，对控制变量进行解释有利于加深要素价格变动对中国收入分配失衡影响效应的理解。相关控制变量的回归结果表明：在样本期内，中国收入分配失衡的变动与经济发展水平之间呈现倒“U”形关系，与库兹涅茨假说“先恶化，后改进”过程一致。具体来说，在经济发展的初始阶段，中国收入分配失衡问题会随着经济发展水平的提高不断加剧，但是当经济发展水平超过拐点后，经济的持续增长能够缓解收入分配差距的扩大。同时，中国金融发展程度、人力资本状况、产业结构调整、外商直接投资水平和政府的市场干预行为对收入分配失衡存在明显的负效应。就业状况、对外开放程度对收入分配失衡存在明显的正效应。其中也蕴含着相应的政策含义。例如：提高对外开放水平、扩大就业规模、改善贸易结构、破除户籍壁垒等都有利于缓解收入分配失衡问题。

通过上述分析可知，中国要素价格变动对收入分配失衡的影响存在明显的负效应，表现为价格变动程度的提高加剧了居民收入分配的不平衡。党的十九大报告中明确指出：“坚持在经济增长的同时实现居民收入同步增长、在劳动生产率提高的同时实现劳动报酬同步提高。”根据本章研究结论，提出具有操作性的政策方向：一是加大要素市场化改革力度，特别是在资本和土地要素市场化方面，减少政府的行政干预，逐步发挥市场在要素资源配置中的决定性作用，这不仅能够改善资本和土地要素的配置效率，而且可以增加居民的投资收益以及农地非农化过程的土地增值收益，同时也需要警惕以土地私有化推进土地市场化等危险举措。二是破除掣肘劳动力要素自由流动的体制机制壁垒，虽然中国劳动要素的市场化程度相对较高，但是中国城乡“二元”经济结构下户籍制度的严格限制以及进城务工人员市民化问题尚未有效解决，使得大量进城务工人员不得不选择“离土不离乡。三是提高农村地区以及低收入群体的政府转移性支付占比，特别是提高公共卫生、基础教育、社会保障等领域的公平性。

第 6 章　中国要素价格变动与要素收入分配失衡

学术界关于收入分配问题的研究主要包括两个方面：居民收入分配和要素收入分配。上述两种不同的收入分配之间存在紧密的内在联系。低收入群体和高收入群体的收入来源存在显著差异，低收入群体的收入来源主要是劳动要素报酬，而高收入群体的收入来源主要是资本要素收入。如果在国民收入分配中劳动收入份额占比下降，则会导致居民之间收入差距扩大。例如，有学者对中国居民收入分配不平衡问题进行研究，认为中国劳动收入份额在国民收入分配中的占比持续下降是造成居民收入差距扩大的重要原因（周志莹 等，2015）。本章将对中国要素价格变动对要素收入分配的影响进行实证分析，不仅是对第 5 章研究的承接，而且可以深化人们对中国现阶段突出的收入分配失衡问题的认识，有利于全面了解要素价格变动在收入分配失衡中的作用。

改革开放 40 多年来，中国经济发展取得了举世瞩目的成就。但是，有数据显示，自 20 世纪 90 年代以来，中国劳动收入份额占国民经济中的比重呈现持续下降趋势。具体表现为：中国劳动收入份额从 1995 年的 59.72％下降至 2020 年的 46.24％，且该趋势仍然在持续。因此，依靠劳动要素收入的低收入群体从劳动生产率提高和经济增长中获得的经济福利越来越小。换句话说，中国经济快速增长并未带来居民收入分配的趋同。有关要素收入分配问题是社会各界研究的热点，然而自从 Lazear（1981）将要素收入分配问题归纳为经济增长过程中不变的“典型事实”之后，在相当长的一段时期内对于该问题的研究较少。但是，20 世纪 90 年代以来，要素收入分配在欧美发达国家呈现出倒“U”形的变动趋势，该现象背离了学术界长期认为的“典型事实”规律。因此，对于要素收入分配的探讨再次成为学术界关注的焦点。通过对相关文献的梳理发现，国外学者主要从产业结构、贸易自由化、技术进步偏向等角度进行分析。例如：在产业结构方面，有学者分析了美国工业比重下降过程中，产业结构变动对要素收入分配格局的内在影响，认为工业比重下降既是技术密集型生产性服务业扩张的过程，也是劳动密集型产业收缩以及资本密集型产业加速布局的过程。上述过程不仅改变了生产要素的需求结构，而且推动了资本收入份额上升，形成技术溢价。因此，产业结构调整将导致要素收入分配失衡，并且容易形成结构性的就业矛盾（Smyk，2019）。在贸易自由化方面，有学者探讨了世界经济一体化背景下贸易自由化水平对要素收入分配的影响，认为贸易自由化程度提升是导致要素收入分配失衡的重要原因，同时，进出口贸易对要素收入分配的影响存在差异性，需要区别对待（Elsby et al.，2013）。在技术进步偏向方面，有学者通过构建技术市场均衡模型，分析技术进步偏向对要素收入份额的影响，认为对外开放造成生产过程中技术进步偏向资本，资本增强型发展模式提高了资本收入份额，降低了劳动收入份额（Daron，2002）。另外，也有学者从外商投资、汇率变动、制度变迁以及税收等角度探讨了要素收入分配失衡问题。

中国劳动收入份额占国民经济的比重不断下滑，该现象引起社会各界的高度关注，学者们重点分析劳动收入份额下降的内在理论逻辑与负面影响因素。通过对相关文献的梳理发现，学者们基本上从劳动收入份额测算和宏观经济环境两个方面展开研究。例如：在劳动收入份额测算方面，有学者采用修正的劳动收入份额模型测算中国劳动收入份额在样本期内的变动趋势，通过对计量模式、数据质量、统计口径等进行修正，得出结论：在 1999 年以前，中国劳动收入份额表现出稳定增长的趋势，此后开始下降。中国劳动收入份额从 1999 年的 67.03%下降至 2008 年的 57.82%，且低于西方发达国家同期平均水平约 7.5 个百分点（吕光明，2011）。另外，有学者利用投入产出表测算 1978—2020 年中国劳动收入份额占比，认为中国劳动收入份额总体呈现出“N”形的变动趋势。在样本期内，中国劳动收入份额测算的均值为 68.1%，与美国、英国、法国等国家的劳动收入份额均值相比，差距约为 6.7 个百分点（刘长庚 等，2022）。总体而言，学者们都认为中国劳动收入份额占比存在下降的趋势，但是在趋势的转折时间点上尚未达成共识。在宏观经济环境方面，近年来针对中国劳动收入份额占国民经济的比重持续下降这一经济现象，学者们通过理论分析和实证研究的方式，从国际贸易、资本深化、经济发展水平、技术进步、融资约束以及制度变革等方面进行探讨，得出许多有价值的研究结论。例如：在国际贸易上，有学者利用中国 1978—2012 年的 31 个省（自治区、直辖市）的面板数据，分析了对外贸易对劳动收入份额的内在影响。结果表明，对外贸易是导致中国劳动收入份额下降的重要原因，无论是出口贸易还是进口贸易规模的扩大，对中国劳动收入份额均存在显著的抑制效应（吴国锋 等，2015）。在资本深化上，有学者分别探讨了中国劳动密集型部门劳动收入份额以及资本密集型部门劳动收入份额下降的内在原因。研究表明，资本深化可以促进劳动收入份额的提升，但是宏观经济调控降低了资本深化产生的正向效应。同时，在劳动密集型部门，导致劳动收入份额下降的一个重要原因是劳动集约型技术进步（李连友 等，2023）。在影响因素上，有学者基于 2000—2020 年中国各省（自治区、直辖市）要素增长的统计数据，研究得出结论：中国劳动收入份额下降的主要因素是物质资本平稳增长、人力资本放缓增长以及原始劳动力不再增长（张晓婧 等，2022）。另外，也有学者基于世界银行各国营商环境统计数据，通过构建实证模型分析中国劳动收入份额下降这一经济现象。研究发现：中国市场结构以经济主体民营化、国有制企业改革和外资引进为特点的变革能够减少要素价格变动程度、推动经济效率提升，但是其也是导致劳动收入占比持续下降的重要因素（何小钢 等，2023）。也有学者提出不同的观点，认为近年来导致中国劳动收入份额持续下降的主要原因并非单纯的劳动被资本侵占，而在于市场需求结构变动所形成的产业结构转型（宋锦，2023）。在经济发展水平上，有学者认为，世界各国经济发展水平与劳动收入份额之间存在“U”形的变动规律，而从中国现阶段的发展情况看，劳动收入份额正处于“U”形变动规律的下行区间（罗长远 等，2009）。在融资约束上，有学者认为中国私营企业存在明显的融资约束问题，使得私营企业凭借信贷获取流动资金的途径受到限制，进而导致企业在面临融资约束时降低劳动者工资或者减少聘用，最终导致劳动收入份额占比的下降（赵秋运 等，2020）。

通过上述分析可知，学者们从不同角度探讨了中国要素收入分配失衡的内在原因，对了解现阶段中国要素收入分配失衡问题具有重要的理论价值。关于中国要素收入分配失衡对社会宏观经济的影响也进行了充分的研究。可以发现，要素收入分配失衡的影响因素是多方面的，导致的经济后果也是非常严重的。本章以要素价格变动为切入点，分析中国现阶段存在的要素收入分配失衡问题。事实上，从部分学者的研究成果中也能找到一些间接分析。例如：有学者认为，国有企业改革产生的经济效率持续提高造成了劳动收入份额的下降，地方政府之间为了吸引投资的“引资竞争”，带来了大量的高效率外来企业，虽然有助于当地企业生产效率的提升，但是导致要素收入分配偏离劳动（林令涛 等，2019）。这一现象与现阶段的经济发展问题也是相一致的。自 1999 年以来，虽然中国劳动要素的边际产出在不断提高，但是这种边际产出效率的高速增长没有形成劳动报酬的同步上升，反而造成了劳动要素价格的变动，最终导致劳动收入占国民经济的比重持续下降的困境。对相关文献的梳理可以发现，现阶段学者们对于要素价格变动与要素收入分配失衡之间内在关系的研究相对不足，仅有的部分文献也没有对其进行深入的探讨。如果中国要素价格变动是导致要素收入分配失衡的重要原因，那么从该视角进行研究具有以下两方面的实践价值：一是有助于提升对中国要素收入分配失衡的内在影响因素及其理论机理的认识；二是对于中国要素价格变动与收入分配失衡的问题有更深层次的理解。本章将根据当前中国所面临的宏观经济发展现状，以中国要素价格变动为切入点，分析中国要素收入分配失衡问题。在此基础上，还将进一步探讨资本、劳动和土地价格变动对要素收入分配失衡的影响，并对这三种情况进行比较分析，以期为了解中国要素收入分配失衡问题提供有价值的理论支撑。

6.1 计量模型的设定和变量说明

6.1.1 计量模型的设定

根据第 3 章理论基础与作用机制分析可知，当前中国要素价格变动的存在是造成要素收入分配失衡的主要原因。同时，中国社会经济发展过程中也表现出要素市场化改革严重滞后和要素收入差距较大的现实问题。那么，在实际经济运行中是否确实存在要素价格变动与要素收入分配差距之间的内在联系，以及存在何种相互作用机理，仍然有待进一步考察。为了更好地分析中国要素价格变动与要素收入分配差距之间的内在联系，本章在现有研究的基础上，结合中国渐进式改革背景下社会经济发展实际，引入相关控制变量，构建计量模型如下：

$$LR_{it}=\alpha_0+\alpha_1 DisT_{it}+\alpha_2 X_{it}+\mu_i+\varepsilon_{it} \tag{6.1}$$

另外，根据第 4 章要素价格变动程度的测算与分析可知，资本、劳动和土地要素价格变动之间存在明显的差异，且要素价格变动的离散程度也不尽相同，有必要就三者对中国要素收入分配失衡问题的影响分别进行讨论。因此，本章在分析要素价格总变动对要素收入分配失衡影响的基础上构建计量模型，分别就资本、劳动和土地要素价格变动对要素收入分配失衡的影响进行分析，从而更加完整地刻画中国要素价格变动与要素收入分配差距之间的内在联系。相关模型如下：

$$LR_{it}=\alpha_0+\alpha_1 DisK_{it}+\alpha_2 X_{it}+\mu_i+\varepsilon_{it} \tag{6.2}$$

$$LR_{it}=\alpha_0+\alpha_1 DisL_{it}+\alpha_2 X_{it}+\mu_i+\varepsilon_{it} \tag{6.3}$$

$$LR_{it}=\alpha_0+\alpha_1 DisI_{it}+\alpha_2 X_{it}+\mu_i+\varepsilon_{it} \tag{6.4}$$

式（6.1）至式（6.4）中：LR_{it}为地区 i 在 t 时期的劳动报酬占比，用以表示要素收入分配失衡程度；$DisT_{it}$、$DisK_{it}$、$DisL_{it}$和 $DisI_{it}$分别表示地区 i 在 t 时期的要素价格总变动程度，以及生产要素资本、劳动和土地的绝对价格变动程度；X_{it}为地区 i 在 t 时期可能会对中国各省（自治区、直辖市）要素收入分配失衡产生影响的一系列控制变量；μ_i 为中国各省（自治区、直辖市）的固定效应，用来表示不随时间变化的地区特定因素；ε_{it}为地区 i 在 t 时期的随机误差项；α_0、α_1 和 α_2 为模型的待估参数。上述设定的计量模型将作为本章进一步分析的基准模型。

6.1.2　内生性分析和估计方法说明

本章在实证分析时采用的是典型面板数据，其最大的特点是“时间序列—截面数据”，在固定一个截面的基础上分析研究对象在 n 个时间节点的连续时间序列上得到的相关数据，这种 $m\times n$ 的数据矩阵能够有效地反映时间序列和截面两个维度的特性。其优势在于：一方面，相较于单纯的时间序列分析，其可以提供更多的动态信息和样本变化情况、更高的自由度以及更少的多重共线性问题；另一方面，该方法得到了相对较多的经济理论支撑，能够获得更高的估计效率。对于面板数据的处理，通常根据估计方程的截距和斜率项情况分为混合效应模型、固定效应模型和随机效应模型三种不同的回归方式。采用哪种模型才能有效地对参数进行估计和模型设定，通常需要 F 检验和 Hausman 检验来确定。首先，通过 F 检验来确定采用固定效应模型（FE）还是混合效应模型(Pool)，主要检验截距和斜率项的基本假设。

H_1：在不同的横截面个体上截距和系数项均相同，即混合效应模型(Pool)。

$$Y_{it}=\theta_0+\theta_1 X_{it}+\theta_2 U_{it}+\mu_i+\varepsilon_{it} \tag{6.5}$$

H_2：在不同的横截面个体上截距项不相同，但斜率项相同，即固定效应模型（FE）。

$$Y_{it}=\theta_i+\theta_1 X_{it}+\theta_2 U_{it}+\mu_i+\varepsilon_{it} \tag{6.6}$$

通过对 H_1进行检验，用以确定采用固定效应模型（FE）还是混合效应模型（Pool）。若 H_1成立，则应该采用混合效应模型（6.5）；反之则需要对 H_2进行检验，来判断模型中不同的横截面个体上的截距项是否都相同。若 H_2的检验结果被接受，则可以采用固定效应模型（6.6）；若 H_2 的检验结果被拒绝，则表明模型中不同的横截面个体上的截距和系数项均不相同，此时应该选择随机效应模型（RE），即

$$Y_{it}=\alpha_i+\theta_i X_{it}+\xi_i U_{it}+\mu_i+\varepsilon_{it} \tag{6.7}$$

上述检验过程均需要构建一个相应的 F 统计量，其中检验 H_1 的 F 统计量可以表示为：

$$F_1=\frac{(V_3-V_1)/[(N-1)(K+1)]}{V_1/[NQ-N(K+1)]}\sim F[(N-1)(K+1),N(Q-K-1)] \tag{6.8}$$

检验 H_2 的 F 统计量可以表示为：

$$F_1=\frac{(V_2-V_1)/[(N-1)K]}{V_1/[NQ-N(K+1)]}\sim F[(N-1)K,N(Q-K-1)] \tag{6.9}$$

式（6.8）和式（6.9）中：V_1 为混合效应模型的回归残差平方和；V_2 为固定效应的回归残差平方和；V_3 为随机效应模型的回归残差平方和；N 表示面板模型的截面个体数；Q 表示时间序列跨度；K 表示自变量个数。

接下来，使用 Hausman 检验来确定选择随机效应模型（RE）还是固定效应模型（FE）。这两种模型的主要区别在于解释变量和不可观测的个体效应之间是否存在相关性。基本假设如下：

H_0：解释变量和不可观测的个体效应 μ_i 之间不存在相关性。备择假设：解释变量和不可观测的个体效应 μ_i 之间存在相关性。

对面板数据进行 Hausman 检验时所构建的 Wald 统计量可以表示为：

$$W:\omega=(\alpha-\theta)'[\mathrm{Var}(\alpha)-\mathrm{Var}(\theta)]^{-1}(\alpha-\theta)\sim x^2(m) \tag{6.10}$$

式（6.10）中：α 和 θ 分别表示为固定效应模型和随机效应模型的估计结果；m 表示模型中相关解释变量的数目；W 表示为一个服从自由度为 m 的 x^2 分布的统计量。其中，当统计量 W 大于 $x^2(m)$时，表明在 Hausman 检验中固定效应模型和随机效应模型的估计结果具有显著区别，拒绝解释变量和不可观测的个体效应之间不存在相关性的原假设。此时，若采用固定效应模型将更优

于选择随机效应模型。

通过上述面板模型分析可知，相对于单纯的时间序列或截面数据分析，传统的静态面板数据模型具有诸多优势。若要更加深入地剖析宏观经济运行中潜在的内在动态属性，就需要充分挖掘面板数据模式的优势，通过动态面板数据模型进行相关分析。

因此，仅仅采用传统静态面板数据回归模型已经无法较好地分析本书研究的相关问题，对中国要素收入分配等问题本身所具有的某种惯性或“棘轮效应”可能产生的序列相关也缺乏充分考虑。另外，由于本书研究的是基于中国渐进式改革背景下的宏观经济行为，在对宏观经济行为进行分析时可能会出现多个变量之间的内生性问题，导致估计结果的严重偏误。接下来，本书将通过动态面板数据回归模型进行估计，即在式（6.1）、式（6.2）、式（6.3）和式（6.4）的基础上引入被解释变量城乡收入差距的滞后项，相关表达式如下：

$$LR_{it}=\alpha CR_{i,t-1}+\alpha_1 DisT_{it}+\alpha_2 X_{it}+\mu_i+\varepsilon_{it} \tag{6.11}$$

$$LR_{it}=\alpha CR_{i,t-1}+\alpha_1 DisK_{it}+\alpha_2 X_{it}+\mu_i+\varepsilon_{it} \tag{6.12}$$

$$LR_{it}=\alpha CR_{i,t-1}+\alpha_1 DisL_{it}+\alpha_2 X_{it}+\mu_i+\varepsilon_{it} \tag{6.13}$$

$$LR_{it}=\alpha CR_{i,t-1}+\alpha_1 DisI_{it}+\alpha_2 X_{it}+\mu_i+\varepsilon_{it} \tag{6.14}$$

可以看出，虽然上述动态面板数据回归模型中引入了相关时间效应，但是其同样不能避免无法观测到的特殊个体效应影响。另外，在分析过程中可能会出现多个变量之间的内生性问题，导致模型的估计结果出现较大偏差以及相关统计分析的失效。有学者认为，通过差分广义矩估计方法可以最大限度地增强模型中信息的使用量，在模型参数估计方面则采用系统广义矩估计方法可能更为有效，这种方法能够完美地解决模型分析过程自变量滞后项和差分滞后项之间因相关性不强造成的弱工具变量问题。动态面板数据的 GMM 模型的优点在于：一方面，在处理无法观测到的特殊个体效应和时间效应影响时，该分析方法可以通过差分方法或工具变量来进行有效的控制；另一方面，在克服模型的内生性问题时，该方法能够采用超前的解释变量或滞后的被解释变量作为工具变量进行处理。许多学者的研究指出，在对宏观经济行为进行分析时，采用系统 GMM 估计方法是非常有效的，不仅考虑了模型中变量水平变化和差分变化的相关信息，而且可以用解释变量的一阶滞后值作为工具变量，规避研究对象样本数据的局限性。

基于上述分析，本章将采用系统广义矩估计方法和差分广义矩估计方法。由于 GMM 估计方法的工具变量较多，且使用了诸多信息量，如果不进行适当处理，将会对估计结果的显著性和有效性产生影响。为解决这一问题，本书采用 Sargan 检验对模型中工具变量的有效性进行识别，对于 GMM 模型中差分残差项是否具有二阶序列相关问题则使用 Arellano-Bond 统计量来了解随机误差扰动项的自相关状态。

6.1.3 变量选择和数据来源

1. 被解释变量

被解释变量为要素收入分配失衡（*LR*）。为了更好地测算要素收入分配失衡水平，本书借鉴现阶段诸多学者在研究要素收入分配问题时采用的衡量方法，使用劳动收入占比作为中国要素收入分配失衡的衡量指标，即各省（自治区、直辖市）劳动者报酬占国内生产总值（收入法计算）的比重。根据中国现阶段要素收入分配实际，学者们普遍认为，当劳动者报酬占国内生产总值的比重上升，表明要素收入分配失衡程度下降，反之则表示提升。例如，有学者利用要素投入产出表、资金流量表以及国内生产总值（收入法计算）数据，分别测算中国要素收入分配情况，提出利用各省（自治区、直辖市）生产总值（收入法计算）衡量要素收入分配是较好的替代变量，可以充分反映出不同要素分配收入份额的变化趋势。同时，采用各省（自治区、直辖市）生产总值（收入法计算）衡量劳动报酬占国内生产总值的比重也符合国际通行做法，且在时间上具有连续性（王林辉 等，2018）。以上数据均来源于中经网数据库、国家统计局统计数据库或各省（自治区、直辖市）历年《统计公报》。

2. 核心解释变量

在本章要素收入分配失衡问题的实证研究中，核心解释变量为要素价格总变动程度（*DisT*）、资本要素价格变动程度（*DisK*）、劳动要素价格变动程度（*DisL*）以及土地要素价格变动程度（*DisI*）。根据上文的分析可知，中国要素价格总变动、资本要素价格变动和土地要素价格变动都会对要素收入分配产生有利影响，所以预期符号为正。劳动价格变动恶化了中国收入分配失衡问题，因此预期符号为负。但是，从第 4 章的测算结果中发现，样本期内我国要素价格变动程度的变化趋势存在明显的波动性，表现为要素价格变动程度既有上升也有下降。同时，各要素在价格变动的大小上也具有显著差异。为了更加准确地了解要素价格变动与要素收入分配失衡之间的内在关系，本章将对两者之间是否存在非线性关系进行检验。

3. 纳入模型的相关控制变量

（1）经济发展水平（*Led*）。采用地区人均生产总值作为衡量地区经济发展水平的指标，以 2000 年的消费者价格指数为基期进行平减处理，将调整后的数值取对数。通常，某个地区的经济发展程度和收入水平正相关。也就是说，经济发展越好的地区居民收入水平越高。但是，有国外学者研究后认为，经济发展和收入水平之间并非简单的线性影响，存在收入水平先上升后下降的倒“U”形关系，即库兹涅茨曲线。国内学者就库兹涅茨效应在经济发展过程中的适用性问题进行实证检验，提出中国收入分配状况仍然支持库兹涅茨倒“U”形曲线的观点。因此，本书将经对数转化后的地区人均生产总值一次项（$\ln Led$）和二次项（$\ln Led^2$）分别纳入同一模型，分析库兹涅茨效应是否确实存在，预计地区人均生产总值一次项（$\ln Led$）的符号为正，二次项（$\ln Led^2$）的符号为负。

（2）金融发展程度（*Fin*）。从现有研究看，有关金融发展程度的度量指标大体上可以概括为以下几类：一是采用股票交易额/国内生产总值的方式来衡量资本或证券市场的直接融资水平，以此来替代金融发展程度；二是使用广义货币供给量 M_2/国内生产总值（麦氏指标）或全部金融资产/国内生产总值（金融相关比率）的方式，来衡量金融信贷市场的发展程度；三是通过王小鲁等提出的金融市场化发育程度指数进行衡量，该指数越大说明金融发展程度越高。但是，在对数据进行整理的过程中发现，无论是中国各地区的金融资产数据、证券市场数据，还是 M_2 数据，都存在严重的数据资料欠缺问题。王小鲁等的《中国分省份市场化指数报告（2018）》中的金融市场化发育程度指数也仅更新到 2014 年。另外，由于中国证券市场化改革尚未完全实现，若采用证券市场指标也可能无法充分反映真实的金融发展水平。因此，本书借鉴当前国内较为常见的一种衡量方法，即采用各地区金融机构人民币各项存款余额/地区生产总值来表示金融市场发展程度。

（3）人力资本状况（Hci）。本书主要采用各地区的普通高等学校在校学生数占年末总人口的比重来衡量人力资本状况。具体计算方式如下：$Hci_{it}=Pe_{it}/TP_{it}$。其中：Pe 为普通高等学校在校学生数；TP 为各地区年末总人口数。以往的研究认为，一个地区的人均受教育程度越高，则该地区的人力资本状况也就越好，越有利于促进地区经济发展和产业结构升级，推动地区整体工资水平的提升。当前，中国正处于经济转型发展的关键时期，快速的城镇化进程使得受教育程度较高的群体更倾向于进城就业，所以人力资本投资水平对收入分配失衡的影响预期符号为负。

（4）产业结构（Tis）。本书采用 $Tis_{it}=Ati_{it}/Asi_{it}$ 来衡量产业结构。其中：Ati 为各地区的第三产业增加值，Asi 为各地区的第二产业增加值。该比值越大，说明该地区的产业结构越趋于合理。相对于单纯通过第二或第三产业增加值/国内生产总值的衡量方式，该方法不仅可以更好地体现各地区第二和第三产业增加值的时间变化趋势，而且能够较好地反应产业结构内部的变动情况。一般来说，某一地区产业结构的调整会引起该地区就业结构的变动，就业结构的变动又会对地区间的劳动力流动产生影响，最终导致劳动者工资水平的变化。考虑到中国正处于转型发展的关键阶段，可能会出现某种特定的经济现象，所以无法对预期系数符号进行推测。

（5）就业状况（Tes）。以中国各地区统计的年末城镇私营企业和个体就业人数进行衡量。城乡“二元”经济结构的长期存在，使得城镇化发展进程中大量农村剩余劳动力向城市转移。一方面，抑制城市就业劳动报酬的上升，同时，因就业压力增大出现大量失业；另一方面，相对于在农村从事农业生产而言，城市就业能够获得更高的收入。因此，本书认为就业状况可能会对中国城乡收入差距产生负向影响效应，即预期系数符号为负。

（6）对外开放水平（Lou）。通过 $Lou=Tie/\text{GDP}$ 进行衡量。其中：Tie 为中国各地区的进出口贸易总额，GDP 为地区生产总值。同时，使用当年平均汇率水平将上述进出口贸易总额数据折算为人民币数据。当前，学术界关于对外开放水平对收入差距的影响仍然存在许多争议。例如：有学者提出，发展中国家对外开放水平的提高会导致相对稀缺要素的实际价格减少，也可以促进相对充足的非技能劳动者报酬增加，缩小现代工业部门和传统农业部门之间劳动者的收入差距。也有学者认为，对外开放水平的提高是造成发展中国家内部收入差距扩大的重要原因。因此，本书无法就对外开放水平的系数符号进行判断。

（7）外商投资水平（Fdl）。采用 $Fdl=Fdi/\text{GDP}$ 对中国各地区的外商投资水平进行衡量。其中：Fdi 为各地区实际利用外商直接投资额；GDP 为地区生产总值。同时，按照平均汇率将外商直接投资额折算为人民币数据。关于外商投资水平和收入差距之间的内在联系，有学者研究认为，如果一国最初的资本所有者租金收入高于劳动者的报酬收入，那么外商投资水平的提高将有助于推动资本要素报酬和劳动者工资收入的均等化，降低资本所有者和劳动者的收入差距。有学者提出与之不同的观点，认为外商直接投资扩大了中国居民的收入差距，尤其是造成东中西部之间区域收入差距的恶化。也有学者提出，外商直接投资对居民收入差距的影响表现出先扩大后缩小的“U”形关系，且这种影响具有区域差异性。综上所述，本书无法对外商投资水平的系数符号进行确定。

（8）政府行为（Tgb）。采用 $Tgb=Tfe/\text{GDP}$ 对中国各地区的政府行为进行衡量。其中：Tfe 为各地区的财政支出总额；GDP 为地区生产总值。在中国经济发展中，地方政府起到了至关重要的作用，政府行为不仅影响国民收入再分配，甚至是决定要素价格的关键。有学者提出，在 GDP 考核机制下，促进经济增长成为中国各级地方政府的主要目标，导致地方政府存在明显的城镇优先发展倾向。这种选择性政府行为偏好使得城镇居民在政府支出中不断获益，扩大了城乡居民之间的收入差距。因此，本书预期政府行为的系数符号为正。

在没有特别说明的情况下，以上数据均来源于国家统计局统计数据库、各省（自治区、直辖市）历年《统计公报》或中经网统计数据库。

6.1.4 描述性统计分析

根据上述分析，考虑到数据的可得性和实证分析的科学性，本章将以2000—2019年为样本区间，收集中国各省（自治区、直辖市）的相关时间序列数据。在截面数据选择上，由于西藏自治区统计数据的大量缺失，样本涵盖除港澳台及西藏自治区以外30个省（自治区、直辖市）。有关数据的处理，主要使用Stata15.0统计软件进行分析，计量模型中主要变量的具体描述性统计分析结果如表6.1所示。

表6.1 主要变量的具体描述性统计分析结果

变量名称	符号	平均值	标准差	最小值	最大值	观测值
要素价格总变动程度	*DisT*	6.241	1.132	3.504	11.402	600
资本要素价格变动程度	*DisK*	6.925	1.647	3.511	14.263	600
劳动要素价格变动程度	*DisL*	5.007	1.104	2.647	8.572	600
土地要素价格变动程度	*DisI*	0.574	0.223	−0.312	1.558	600
经济发展水平	ln*Led*	8.225	0.804	6.723	11.022	600
金融发展程度	*Fin*	2.711	0.811	1.137	6.074	600
人力资本状况	*Hci*	2.018	0.125	1.554	2.255	600
产业结构	*Tis*	0.425	0.413	0.042	0.253	600
就业状况	ln*Tes*	0.052	0.037	0.001	0.543	600
对外开放水平	*Lou*	0.011	0.026	−0.549	0.432	600
外商投资水平	*Fdl*	0.906	0.021	−0.112	3.253	600
政府行为	*Tgb*	0.783	0.342	0.427	0.746	600

6.2　中国要素价格变动对要素收入分配影响的实证分析

本节主要通过 2000—2019 年省级面板数据就中国要素价格变动对要素收入分配失衡的影响进行系统深入的实证分析。由于动态面板数据模型在对变量参数进行估计时可能存在解释变量之间的内生性和弱工具变量问题，导致估计结果的严重偏误。因此，利用在实证研究中被人们广泛采纳的两步系统 GMM 估计方法对基准模型式（6.11）、式（6.12）、式（6.13）和式（6.14）进行估计，分析中国要素价格总变动、资本价格变动、劳动价格变动以及土地价格变动对要素收入分配失衡的影响。虽然该方法可能造成估计效率的下降，但是能够确保估计结果的一致性。同时，考虑到估计结果的可靠性，通过两步差分 GMM 估计方法对模型回归结果的稳健性进行检验。

6.2.1　要素价格总变动对要素收入分配的影响

采用两步系统 GMM 估计方法分析中国要素价格总变动对要素收入分配失衡的影响。同时，逐步引入经济发展水平、金融发展程度、人力资本状况、产业结构和就业状况等控制变量进行回归分析，以验证核心解释变量要素价格总变动估计结果的可靠性。另外，考虑到估计结果的稳健性，采用两步差分 GMM 估计方法作为对比分析，具体估计结果如表 6.2 所示。

表 6.2 为要素价格总变动对要素收入分配失衡影响的估计结果，模型 1～7 是两步系统 GMM 估计方法得到的估计结果，模型 8 是两步差分 GMM 估计方法得到的估计结果。从模型 1～7 的估计结果可以看出，在模型中逐步引入经济发展水平、金融发展程度、人力资本状况等控制变量，中国要素价格总变动与要素收入分配失衡之间存在“U”形关系，且在 5%的置信水平上显著。另外，从两步系统 GMM 估计方法和两步差分 GMM 估计方法的回归结果看，两种方法的估计结果没有明显区别，且系数符号一致，可以认为研究结论是稳健可靠的。在两步系统 GMM 估计方法中：首先，采用 Sargan 检验方法对广义矩估计

中是否存在工具变量过度限制约束问题进行检验，从表 6.2 中 Sargan 检验的结果可以看出，p 值都超过 0.1，表明检验结果无法拒绝“所有工具变量均有效”的原假设。其次，通过 Arellano-Bond 统计量检验误差项是否存在序列相关问题，从表 6.2 中二阶序列相关 AR（2）的检验结果显著大于 0.05，而一阶序列相关 AR（1）的检验结果均为 0 可知，检验结果支持误差项差分仅存在一阶自相关的假设。综合上述检验结果可以得出，选择两步系统 GMM 估计方法对模型进行分析是有效的，且能够克服变量间的内生性和弱工具变量问题。有学者认为，系统广义矩估计方法不仅能够增强工具变量的有效性，还可以获得解释变量更多的信息。因此，根据模型回归结果，本节将以模型 7 作为基准模型就中国要素价格总变动对要素收入分配失衡的内在机理进行讨论和分析。

表 6.2　要素价格总变动对要素收入分配失衡影响的估计结果

变量	模型 1	模型 2	模型 3	模型 4	模型 5	模型 6	模型 7	模型 8
	SYS-GMM	SYS-GMM	SYS-GMM	SYS-GMM	SYS-GMM	SYS-GMM	SYS-GMM	Diff-GMM
L. LR	0.842*** (241.17)	0.802*** (67.32)	0.874*** (37.05)	0.881*** (28.18)	0.879*** (21.25)	0.893*** (17.32)	0.821*** (13.21)	0.834*** (18.35)
DisT	0.021* (1.12)	0.008* (1.58)	0.017*** (2.05)	0.019*** (3.08)	0.024*** (2.48)	0.026*** (3.12)	0.027*** (1.07)	0.035*** (3.42)
$DisT^2$	−0.001** (−2.24)	−0.001** (−2.31)	−0.001** (−2.45)	−0.001*** (−3.07)	−0.002*** (−2.84)	−0.001*** (−2.78)	−0.002** (−2.15)	−0.003*** (−3.27)
ln*Led*	—	−0.015*** (−4.25)	0.041*** (3.77)	0.048*** (3.28)	0.053*** (3.62)	0.049** (1.25)	0.052** (2.68)	0.069* (1.77)
Fin	—	—	−0.031*** (−8.39)	−0.028*** (−6.94)	−0.034*** (−5.53)	−0.029*** (−4.36)	−0.032*** (−4.91)	−0.043*** (−7.04)
Hci	—	—	—	0.231*** (4.02)	0.284*** (2.08)	0.185*** (3.32)	0.221*** (3.42)	0.427*** (2.05)
Tis	—	—	—	—	−0.143*** (−6.93)	−0.168*** (−6.77)	−0.115*** (−3.24)	−0.092*** (−2.27)
ln*Tes*	—	—	—	—	—	0.017*** (2.03)	0.015*** (2.41)	0.023*** (2.94)

续表

变量	模型 1	模型 2	模型 3	模型 4	模型 5	模型 6	模型 7	模型 8
	SYS-GMM	SYS-GMM	SYS-GMM	SYS-GMM	SYS-GMM	SYS-GMM	SYS-GMM	Diff-GMM
Lou	—	—	—	—	—	−0.086** (−2.14)	−0.157** (−1.73)	−0.174** (−3.29)
Fdl	—	—	—	—	—	—	−0.005* (−1.42)	−0.052*** (−4.06)
Tgb	—	—	—	—	—	—	0.042** (2.75)	0.027** (2.03)
Cons	0.092*** (4.11)	0.132*** (6.75)	0.168*** (7.03)	0.163*** (7.74)	0.177*** (8.04)	0.351*** (3.32)	0.323*** (2.59)	0.338*** (4.06)
AR(1)	−3.951 [0.00]	−3.535 [0.00]	−3.093 [0.00]	−3.422 [0.00]	−3.395 [0.00]	−3.272 [0.00]	−3.321 [0.00]	−3.593 [0.00]
AR(2)	−0.943 [0.39]	−0.947 [0.31]	−0.843 [0.44]	−0.806 [0.49]	−0.659 [0.52]	−0.663 [0.51]	−0.559 [0.59]	−0.596 [0.68]
Sargan	28.035 [0.93]	28.439 [0.94]	26.604 [0.95]	27.428 [0.91]	26.838 [0.94]	26.003 [0.93]	24.168 [0.91]	23.106 [0.92]
观测值	599	599	599	599	599	599	599	599

注：(1) SYS-GMM 和 Diff-GMM 分别表示两阶段系统广义矩估计模型和两阶段差分广义矩估计模型；(2) 圆括号和方括号里的数值分别为估计系数的 t 值和统计量的 p 值；(3) *L.LR* 为中国要素收入分配失衡变量的滞后一期值；(4) ***、** 和 * 分别表示在 1%、5% 和 10% 置信水平上显著。

从表 6.2 中可以看出，在模型 1～7 的估计结果中，核心解释变量要素价格总变动的估计系数始终为正，且在 1% 的置信水平上显著。但是，要素价格总变动的二次项估计系数为负，且在 5% 的置信水平上显著。表明中国要素价格总变动与要素收入分配失衡之间呈现显著的倒“U”形关系。通过逐步引入经济发展水平、金融发展程度、人力资本状况等控制变量，估计系数的符号依然没有发生改变，表明模型估计结果是可靠的。中国要素价格总变动与要素收入分配失衡之间的倒“U”形关系表明，在样本期内，随着要素价格总变动程度的持续上升，国民经济中劳动收入份额的占比呈现出先增加后减少的过程。换句话说，要素收入分配失衡程度同样呈现出先缓解而后加剧的过程。另外，从要素价格总变动的一次项（$DisT$）和平方项（$DisT^2$）估计系数看，其系数分别为－0.027和0.002，且都在1%的置信水平上显著。要素价格总变动的估计系数均较小，尤其是平方项系数仅为0.002。该结论表明：中国要素价格总变动与要素收入分配失衡之间的倒“U”形关系较为平滑，即中国要素价格总变动对要素收入分配失衡的影响不显著，或者说两者之间的影响很小。因此，中国要素价格总变动并不是导致现阶段中国要素收入分配失衡的主要因素。该结论似乎与学术界通常的理解相违背。那么，到底什么是造成中国要素收入分配失衡的主要原因呢？

产生这一现象的可能原因：一是受中国要素价格总变动测算权重的影响。例如，从表6.3至表6.5中国资本、劳动和土地价格变动对要素收入分配失衡影响的估计结果可以发现，中国资本和土地价格变动对要素收入分配失衡的影响效应均为正值，而中国劳动价格变动对要素收入分配失衡的影响效应为负值。同时，中国要素价格总变动是资本、劳动和土地价格变动程度加权重求得的值，劳动的产出弹性小于资本和土地的产出弹性，导致测算要素价格总变动时劳动要素所占的权重偏低，最终造成中国要素价格总变动对要素收入分配失衡的影响更倾向于资本和土地价格变动产生的内在效应。二是受样本期重大经济事件的影响。例如，2000—2012年间，中国社会经济发展经历了几次较大的变革，相关统计口径也发生了变化。中国国有制企业改革（2000年）、中国加入世界贸易组织（2001年）、世界金融危机（2008年）等，这些重大经济事件，一方面对中国要素价格变动程度产生影响，另一方面对中国整体经济运行趋势、社会经济结构、微观经济主体产生影响。比如，为有效应对2008年发生的世界金融危机，中国政府大力实施基础设施建设，并推出4万亿振兴计划，同时，各地政府根据中央政府要求进行配套投资，这一举措甚至加剧了中国要素价格变动。同时，基础设施建设投资带来大规模劳动力需求，使得国民经济中劳动报酬占比得到提升，各要素之间的收入分配失衡程度下降。2003—2013年期间，中国要素价格变动程度上升，国民经济中劳动报酬占比并未减少。因此，中国要素价格总变动对要素收入分配失衡的影响在持续波动，使得两者之间呈现出"U"形的变动关系。

另外，从表 6.2 中可以发现，经济发展水平、金融发展程度、人力资本状况等控制变量对要素收入分配失衡也存在显著的影响效应，上述经济因素也是现阶段导致中国要素收入分配失衡的重要原因。

6.2.2 资本价格变动对要素收入分配的影响

从第 4 章要素价格变动程度的测算与分析中可知，资本、劳动和土地要素价格存在较大波动性，且三者的价格变动程度不一致。接下来将分别就三者对中国要素收入分配不平衡的内在影响机制进行研究。利用两步系统 GMM 估计方法和两步差分 GMM 估计方法，引入经济发展水平、金融发展程度、人力资本状况、外商投资水平、政府行为等控制变量，以增强研究结论的科学性和稳健性。具体估计结果如表 6.3 所示。

由表 6.3 可知，模型 9 为没有加入一系列控制变量的两步系统 GMM 估计结果，模型 10 和模型 11 为加入经济发展水平、人力资本状况、金融发展程度、产业结构、就业状况等控制变量后的两步系统 GMM 和两步差分 GMM 估计结果，模型 11 是与基准模型进行对比分析的两步系统 GMM 估计结果。从模型的回归结果可以看出，中国资本价格变动对要素收入分配不平衡的影响始终为正，且在 1%的置信水平上通过显著性检验。在加入一系列控制变量后，该结论没有发生明显变化。另外，对比分析模型 11 中的两步差分 GMM 估计结果可知，核心解释变量和相关控制变量在统计上的显著性水平虽然存在差异，但回归系数符号完全一致，表明模型回归结果是稳健的。通过 Arellano-Bond 统计量检验误差项是否存在序列相关问题，表 6.3 中 AR（1）和 AR（2）检验结果显示，三个模型扰动项都支持误差项差分仅存在一阶自相关的假设，说明模型的误差项都不是序列相关的。因此，使用两步系统 GMM 和两步差分 GMM 估计方法对模型进行分析是有效的。为了检验 GMM 估计中是否存在工具变量过度识别问题，通过 Sargan 检验方法对广义矩估计进行检验，其 p 值分别为 0.907、0.926、0.981，均显著大于 0.1，说明检验结果无法拒绝“所有工具变量均有效”的原假设。综合上述分析，得出模型估计的结论是有效且稳健的。本节将以模型 10 作为基准模型对相关估计结果进行讨论和分析。

表 6.3　资本价格变动对要素收入分配失衡影响的估计结果

变量	模型 9	模型 10	模型 11
	SYS-GMM	SYS-GMM	Diff-GMM
L. LR	0.811*** (112.401)	0.824*** (21.37)	0.718** (18.47)
DisK	0.004*** (5.49)	0.002*** (2.43)	0.001* (1.77)
ln*Led*	—	0.031*** (3.97)	0.042** (3.06)
Fin	—	−0.029*** (−7.01)	−0.038** (−8.35)
Hci	—	−0.121*** (−5.32)	−0.121** (−5.36)
Tis	—	0.253*** (2.98)	0.291*** (4.07)
ln*Tes*	—	0.213*** (2.13)	0.253*** (2.27)
Lou	—	0.429*** (3.08)	0.435** (4.15)
Fdl	—	0.521*** (5.33)	0.573*** (5.42)
Tgb	—	0.039*** (5.71)	0.041** (5.84)
Cons	0.07*** (13.01)	0.076*** (7.11)	0.072* (8/95)
AR(1)	−3.709 [0.00]	−3.952 [0.00]	−3.75 [0.00]

续表

变量	模型 9	模型 10	模型 11
	SYS-GMM	SYS-GMM	Diff-GMM
AR(2)	−0.938 [0.25]	−0.632 [0.55]	−0.681 [0.56]
Sargan	29.411 [0.907]	26.432 [0.926]	26.093 [0.981]
观测值	599	599	568

注：(1) SYS-GMM 和 Diff-GMM 分别表示两阶段系统广义矩估计模型和两阶段差分广义矩估计模型；(2) 圆括号和方括号里的数值分别为估计系数的 t 值和统计量的 p 值；(3) *L.CR* 为中国收入分配失衡变量的滞后一期值；(4) ***、** 和 * 分别表示在 1%、5% 和 10% 置信水平上显著。

从表 6.3 中模型 10 的估计结果可以看出，核心解释变量资本价格变动（*DisK*）的估计系数为 0.002，且在 1% 的置信水平上显著，同时，模型 9～11 中资本价格变动的估计系数均为正值，表明模型的估计结果是稳健的。资本价格变动的估计系数为正，说明随着资本价格变动程度的上升，劳动报酬占国民经济中的比重也会持续提高，因此能够缓解中国要素收入分配失衡问题。该结论与部分学者的观点一致（周明海 等，2010）。本书认为，资本价格变动与要素收入分配失衡之间呈现出这种变动趋势是合理的，且与中国社会经济发展的实际情况一致。原因如下：一是从经济理论上说，如果社会总产出在资本要素与劳动要素之间分配，当资本价格变动上升时，表明资本没有实现与效率对应的收益，此时的收益分配必然倾向劳动者，最终表现为劳动者报酬占国民收入中的比重提升。二是从中国社会经济的发展现实看，中国城乡“二元”经济结构并没有发生明显转变，农村具有大规模的劳动力，且这些剩余劳动力的人均收入水平普遍较低，如果这些劳动力不去城里工作，那么几乎没有劳动力收入增长。因此，必须通过扩大投资将这些劳动力转移至城市就业，否则会掣肘劳动要素收入占比的提升。中国现阶段相对偏低的资金使用成本正好可以刺激投资增速，推动企业生产规模的扩张，以此吸收大量农村剩余劳动力进企业务工。上述过程，不仅能够提高企业的产出效率，而且可以促进城乡整体劳动报酬占国民经济中的比重上升。三是在经济增长指标考核制度下，中国地方主管部门存在较强的投资意愿，以扩大投资规模提高经济增速，这一模式被学术界概括为“粗放型”模式，即以投资促进经济发展，而支持该发展模式持续进行的关键在于资本价格变动。具体表现为：资本价格变动—投资规模增长—经济规模上升。企业进行快速的投资建厂，以此提高社会整体的就业水平，提高劳动报酬占国民经济中的比重，并最终降低要素收入分配失衡程度。总而言之，资本价格变动程度的上升，不仅有助于社会产出分配向劳动者倾斜，而且有利于缓解当前中国要素收入分配失衡问题。

另外，从表 6.3 中可以发现，在模型中加入经济发展水平、金融发展程度、人力资本状况等控制变量时，实证结论均显著，说明其对中国要素收入分配失衡存在影响，而且要素收入分配失衡变量的滞后一期也是显著的。

6.2.3 劳动价格变动对要素收入分配的影响

为探究中国劳动价格变动对要素收入分配失衡影响的内在机制，本节将利用两步系统 GMM 估计方法和两步差分 GMM 估计方法对基准计量模型（6.13）进行分析，具体估计结果如表 6.4 所示。

表 6.4 中模型 12 为没有加入一系列控制变量前的两步系统 GMM 实证结果，模型 13 和模型 14 分别表示加入变量经济发展水平、人力资本状况、金融发展程度、产业结构、就业状况等控制变量后的情况。从劳动价格变动一次项（$DisL$）的估计结果看，其对要素收入分配失衡产生负向影响，且在 10%的置信水平上通过显著性检验。另外，针对可能存在的工具变量过度识别和扰动项序列相关问题：首先，从 Sargan 检验方法的估计结果看，模型 12～14 的 Sargan 检验 p 值分别为 0.863、0.901 和 0.925，均显著大于 0.1，由此得出检验结果接受“所有工具变量均有效”的初始假设；其次，从 Arellano-Bond 统计量检验误差项是否存在序列相关的估计结果看，其中 AR（1）检验结果的 p 值

均为 0，AR（2）检验结果的 p 值分别为 0.371、0.439 和 0.482，检验结果表明，三个模型扰动项都支持误差项差分仅存在一阶自相关的假设，模型的误差项均不具有序列相关性。因此，通过两步系统 GMM 估计方法和两步差分 GMM 估计方法对模型进行分析是有效的。本节将以模型 13 作为基准回归模型对相关估计进行讨论和分析。

表 6.4　劳动价格变动对要素收入分配失衡影响的估计结果

变量	模型 12	模型 13	模型 14
	SYS-GMM	SYS-GMM	Diff-GMM
L. LR	0.642*** (23.08)	0.412*** (7.38)	0.223*** (5.41)
L^2. *LR*	−0.114** (−4.32)	−0.215*** (−6.05)	−0.251*** (−6.35)
DisL	−0.035*** (−2.77)	−0.071*** (−5.07)	−0.084*** (−4.22)
ln*Led*	−0.059*** (−27.18)	−0.054*** (−30.24)	−0.082*** (−32.71)
Fin	—	0.221*** (14.21)	0.218*** (17.33)
Hci	—	−0.095*** (−12.31)	−0.117*** (−15.24)
Tis	—	0.018** (2.74)	0.005** (1.42)
ln*Tes*	—	0.129*** (7.73)	0.249*** (9.76)
Lou	—	−0.027** (−3.76)	−0.035*** (−2.88)
Fdl	—	0.328*** (4.43)	0.553*** (5.63)
Tgb	—	−0.112*** (−2.07)	−0.011*** (−1.15)

续表

变量	模型 12	模型 13	模型 14
	SYS-GMM	SYS-GMM	Diff-GMM
Cons	0.473*** (28.19)	0.026*** (3.29)	0.042*** (4.01)
AR(1)	−3.221 [0.00]	−3.154 [0.00]	−2.642 [0.00]
AR(2)	0.031 [0.37]	0.712 [0.43]	0.447 [0.48]
Sargan	27.442 [0.86]	21.443 [0.90]	27.391 [0.92]
观测值	599	599	599

注：(1) SYS-GMM 和 Diff-GMM 分别表示两阶段系统广义矩估计模型和两阶段差分广义矩估计模型；(2) 圆括号和方括号里的数值分别为估计系数的 t 值和统计量的 p 值；(3) *L. CR* 为中国收入分配失衡变量的滞后一期值；(4) ***、** 和 * 分别表示在 1%、5%和 10%置信水平上显著。

从表 6.4 中模型 13 系统 GMM 的估计结果可以看出，核心解释变量劳动价格变动的估计系数为−0.071，且在 1%的置信水平上显著。对比表 6.4 中模型 12～14 的估计结果，劳动价格变动在模型中的估计系数都是负值，表明模型的估计结果是稳健的。劳动价格变动的估计系数均为负值，说明劳动价格变动程度的上升，导致劳动报酬占国民经济中的比重下降，进一步加剧了要素收入分配失衡的程度。具体表现为：要素价格变动程度提高 1%，劳动报酬占国民经济中的比重减少约 7.1%，且在 1%的置信水平上显著。因此，劳动价格变动是导致要素收入分配失衡的重要原因。关于劳动价格变动与要素收入分配失衡之间负相关的理解，本书认为：从理论进行分析，如果社会在资本要素与劳动要素两者之间进行产出分配，在劳动价格变动水平上升的情况下，劳动者无法占有与产出一致的收益，社会产出对资本倾斜，社会产出中劳动报酬占比必然会降低。从社会经济发展实际看，中国经济投资拉动增长的粗放型模式存在以下效应：一是投资的高速增长推动资本的深化，导致社会人均资本占比持续上升，劳动的边际产出增加；二是中国城乡“二元”经济结构长期存在，农村大量剩余劳动力需要向城市转移，这种人口转移有利于劳动者收益与社会资源配置效率的提升。然而，农村剩余劳动力的大规模转移使得他们到城市就业后的劳动者平均工资水平受到抑制。有学者提出类似的观点，认为充足的劳动力供给会对劳动者平均工资水平产生下降的压力（王延中 等，2018）。资本的深化和城乡“二元”经济结构两方面的相互影响，不仅造成了劳动价格变动程度的上升，而且导致产出增长高于劳动者平均工资水平，并最终呈现出劳动报酬占国民经济中的比重下降以及要素收入分配失衡的局面。有学者认为，在农村剩余劳动力向城市转移的初期和中期阶段，劳动报酬占国民经济中的比重持续降低，要素收入分配失衡程度不断上升（贺京同 等，2016）。通过上述分析可知，农村剩余劳动力向城市流动会导致劳动价格变动程度上升，进而出现要素收入分配失衡的问题。总而言之，劳动价格变动是导致当前中国要素收入分配失衡的重要原因。

另外，从要素收入分配失衡的估计系数看，其滞后一期的估计系数是0.412，滞后两期的估计系数是－0.215，且在1%的置信水平上显著。由此表明，当期劳动报酬占国民经济中的比重提高1个单位，可以在要素收入分配失衡滞后一期后实现劳动报酬占国民经济中的比重增长0.412个单位。同时，在滞后两期的情况下，则会导致该期劳动报酬占比下降0.215个单位。可以认为，在短期内劳动报酬占国民经济中的比重存在惯性效应，从长期来看又具有一定的自我调控或收敛趋势。通过上述实证结论可以看出，中国要素收入分配失衡呈现出显著的惯性效应，当期收入分配失衡会影响到下一期。对于该结论的解释，本书认为：一是由于劳动者的报酬具有黏性，即劳动者的工资不可能出现快速且较大幅度的增长，劳动者的报酬是由劳动者的工资水平决定的，也存在黏性。正是这种工资水平黏性效应，使得中国经济发展速度高于劳动者平均工资水平增速，进而导致要素价格变动与要素收入分配失衡的矛盾。二是劳动力相对过剩，导致劳动者在就业市场进行工资谈判时处于弱势地位，进一步提高了工资水平的黏性效应，这也是当前中国劳动报酬占国民经济中的比重持续下降以及要素收入分配失衡的重要原因。三是由于经济发展离不开消费的拉动，在进行要素收入分配时不可能完全偏向于资本，因此，在滞后两期后出现劳动报酬下降提高该期劳动者收入的情况，即具备收敛性。总之，当前中国要素收入分配失衡的收敛效应仍小于连贯效应，这是要素收入分配失衡的关键影响因素。

6.2.4 土地价格变动对要素收入分配的影响

现阶段有关土地价格变动对要素收入分配失衡影响的内在机制的研究相对较少，本节将通过两步系统 GMM 估计方法和两步差分 GMM 估计方法对基准计量模型（6.14）进行分析，具体估计结果如表 6.5 所示。

表 6.5 中模型 15 是在没有加入一系列控制变量前的两步系统 GMM 估计结果，模型 16 和模型 17 分别表示加入经济发展水平、金融发展程度、人力资本状况、产业结构、就业状况等控制变量后的两步系统 GMM 和两步差分 GMM 估计结果。土地价格变动一次项（$DisI$）及其二次项（$DisI^2$）的估计系数分别为 0.412 和 −0.037，且在 1%的水平上通过显著性检验。另外，针对可能存在的工具变量过度识别和扰动项序列相关问题：首先，从 Sargan 检验方法的估计结果看，模型 15～17 的 Sargan 检验 p 值分别为 0.851、0.937 和 0.914，均显著大于 0.1，表明检验结果无法拒绝“所有工具变量均有效”的原假设；其次，从 Arellano-Bond 统计量检验误差项是否存在序列相关的估计结果看，其中 AR（1）检验结果的 p 值均为 0，AR（2）检验结果的 p 值分别为 0.511、0.607 和 0.418，由检验结论可知，上述模型都支持扰动项误差项仅存在一阶自相关的初始假设，且都没有序列相关性。因此，使用两步系统 GMM 估计方法和两步差分 GMM 估计方法是有效的。本节将以模型 16 作为基准回归模型对相关估计进行讨论和分析。

表 6.5 土地价格变动对要素收入分配失衡影响的估计结果

变量	模型 15	模型 16	模型 17
	SYS-GMM	SYS-GMM	Diff-GMM
L. LR	0.851*** (61.67)	0.937*** (53.25)	0.914*** (57.32)
DisI	0.401** (2.24)	0.311* (1.45)	0.428* (1.85)
$DisI^2$	−0.481** (1.37)	−0.062* (−1.84)	−0.073** (−1.36)
ln*Led*	—	−0.037*** (7.83)	−0.057** (5.03)
lnLed^2	—	−0.052*** (−7.11)	−0.047** (−4.05)
Fin	—	0.053*** (0.42)	0.044** (1.27)
Hci	—	1.537** (−0.49)	0.685** (−0.87)
Tis	—	0.024* (1.52)	0.063* (1.73)
ln*Tes*	—	−0.005* (−1.18)	−0.007* (−1.23)
Lou	—	−0.075** (2.14)	−0.059** (1.75)
Fdl	—	0.835* (1.25)	0.786* (1.32)
Tgb	—	0.353** (2.42)	0.486** (2.97)
Cons	0.144* (1.62)	8.472*** (8.88)	5.573*** (6.53)
AR(1)	−3.264 [0.00]	−4.664 [0.00]	−3.637 [0.00]

续表

变量	模型 15	模型 16	模型 17
	SYS-GMM	SYS-GMM	Diff-GMM
AR(2)	−0.441 [0.42]	−0.327 [0.67]	−0.327 [0.34]
Sargan	27.08 [0.51]	24.41 [0.61]	28.65 [0.41]
观测值	599	599	599

注：(1) SYS-GMM 和 Diff-GMM 分别表示两阶段系统广义矩估计模型和两阶段差分广义矩估计模型；(2) 圆括号和方括号里的数值分别为估计系数的 t 值和统计量的 p 值；(3) *L. CR* 为中国收入分配失衡变量的滞后一期值；(4) ***、** 和 * 分别表示在 1%、5% 和 10% 置信水平上显著。

从表 6.4 中模型 16 的实证情况可以发现，核心解释变量土地价格变动对要素收入分配失衡的估计结果一次项符号为正，平方二次项符号为负。回归结果表明，土地价格变动对要素收入分配失衡的影响表现为倒“U”形关系，即土地价格变动程度的提高不必然导致要素收入分配失衡的加剧，表现为先扩大后缩小的变化趋势。对于该结论的解释，本书认为：首先，土地价格变动是土地市场上土地价格与其真实价值之间的偏离程度。土地价格变动可能源自政府政策、市场供需关系、土地开发利益等多种因素。当土地价格变动程度较低时，土地价格能够较好地反映其真实价值，土地资源能够合理配置，从而使得要素收入分配相对平衡。然而，当土地价格变动程度过高时，土地价格与其真实价值会出现明显的偏离，土地资源配置效率降低，导致要素收入分配的失衡。土地作为一种重要的生产要素，其价格变动会对其他要素的收入分配产生影响。如果土地价格过高，土地所有者会获得过高的收益，而其他要素的收入相对较低，导致要素收入分配不平衡。随着土地价格变动程度的进一步提高，其对要素收入分配的影响会出现变化。当土地价格变动程度过高时，土地资源的配置效率会受到严重影响，导致经济效益下降，从而减少土地所有者的收益。此时，政府会采取措施来减少土地价格变动，以恢复土地资源配置的效率和要素收入分配的平衡。因此，土地价格变动程度的进一步提高不一定会导致要素收入分配失衡的加剧，而是出现倒“U”形的变化趋势。有学者提出类似的结论，认为中国土地市场化改革严重滞后造成土地市场化综合水平普遍偏低，是产生土地价格变动的重要原因（张建平 等，2021）。也有学者通过测算对中国土地市场化水平进行分类，将市场化为 0～15%和 15%～30%定义为土地非市场化和土地弱市场化水平。如果按照该标准对各地区的土地市场化程度进行划分，中国大部分地区的土地市场化程度仍处于弱市场化水平。换句话说，当前中国土地价格变动程度较高（刘吉双 等，2019）。本书第 4 章要素价格变动程度的测算结果也印证了该结论。因此，需要进一步加大土地要素配置市场化改革力度，以尽快摆脱土地价格变动长期过大的“高水平陷阱”，同时也需要警惕以土地私有化推进土地市场化等危险举措。具体方法如下：一是政府可以凭借土地供应、土地使用权出让以及土地税收等政策来引导市场健康发展。例如，增加土地供应量、提高土地使用效率、减少土地使用权出让的限制等，可以降低土地价格变动程度。二是建立健全土地市场监管机制，加强对土地交易的监管，防止不合理的土地价格变动行为。监管机构应加强对土地交易价格的监测和评估，确保土地价格与市场供需关系相符。三是深化土地制度改革，完善土地产权制度，增加土地市场的透明度和公平性。例如，推行土地市场化流转，鼓励农民将土地经营权流转给专业化的农业经营主体，提高土地利用效率。四是适当调整土地税收政策，通过增加土地税收负担，抑制过高的土地价格，促进土地资源的合理配置。同时，要确保土地税收政策的公平性和可行性，避免对农民等弱势群体造成过大的经济压力。

为了充分了解其他因素对要素收入分配失衡的影响，加入一系列相关控制变量进行分析。通过对比表 6.4 中的模型 13 和模型 14 可以发现，相关控制变量的估计系数符号一致，在 1%～10%的置信区间上显著，表明在模型中引入相关控制变量的设计合理。相关控制变量的具体情况如下：

（1）经济发展水平（lnLed）变量的估计系数为－0.037，且在 1%的置信水平上显著，说明随着中国经济发展水平的不断提高，劳动报酬占国民经济中的比重反而下降，表现为要素收入分配失衡问题持续加剧。从实证估计数值上看，当经济发展水平提高 1 个单位时，劳动报酬占国民经济中的比重下降 3.7%，表明经济发展水平提高是导致中国劳动报酬占国民经济中的比重下降以及要素收入分配失衡的重要原因。对于该现象的解释，本书认为：一是技术进步和劳动力替代。随着经济发展，技术进步和劳动力替代加速，新技术的引入和应用使得生产过程更加自动化和机械化，减少了对劳动力的需求。同时，新技术还提高了生产效率和产出水平，使得资本拥有者和技术创新者获得更多的收益，导致劳动报酬份额下降。二是产业结构调整。随着经济发展，中国的产业结构也在不断调整。传统产业如农业和制造业的比重逐渐减少，而现代服务业的比重不断增加。服务业相对于传统产业来说，对劳动力的需求较低，具有较高的利润率，导致劳动报酬份额下降。三是不完善的劳动市场机制。中国的劳动市场机制尚不完善，存在着劳动力供求不平衡、劳动合同不规范、工资谈判能力不足等问题，这使得劳动者在工资谈判中处于相对弱势地位，导致劳动报酬份额相对较低。四是国家推行了一系列政策来鼓励和支持企业发展，以促进经济增长，如减税降费、优惠政策等。这些政策往往更多地惠及资本拥有者和高收入群体，导致他们的收入增长速度较快，而劳动者的收入增速相对较慢，加剧了收入分配失衡。五是教育和技能差距。中国的教育和技能水平在不同地区和人群之间存在差距。高等教育和技术培训机会相对有限，导致一部分劳动者缺乏高技能和高薪资的就业机会，从而影响了劳动报酬份额的提高。综上所述，经济发展水平提高是导致中国劳动报酬份额占国民经济中的比重下降以及要素收入分配失衡的重要原因。技术进步和劳动力替代、产业结构调整、劳动市场机制不完善、收入分配政策不平衡、教育和技能差距以及体制性问题等因素共同作用，导致劳动者在收入分配中的份额相对较低。有学者认为，经济发展水平与劳动报酬占国民经济中的比重之间存在倒“U”形关系，经济发展的初期阶段，经济发展水平与劳动报酬占国民经济中的比重之间的关系在“U”形曲线的左侧，人均收入 6000 美元为二者之间关系的转折点。国家统计局数据显示，2013 年中国人均收入为 4.35 万元，约合 6767 美元（按当年人民币汇率）（蒋含明 等，2012）。由于本书的样本区间为 2000—2019 年，经济发展水平与劳动报酬占国民经济中的比重之间的关系基本处于“U”形曲线的左侧。因此，本书认为，未来随着中国经济发展水平提高，劳动报酬份额必然会出现上升趋势，即要素收入分配失衡问题会得到缓解，收入分配趋于合理。

（2）金融发展程度（*Fin*）变量的估计系数为 0.053，且在 1%的置信水平上显著，说明金融发展程度的提高有助于劳动报酬占国民经济中的比重上升，有利于减少现阶段存在的要素收入分配失衡问题。也有学者提出不同的观点，认为中国城乡“二元”经济结构使得农村存在大量剩余劳动力，在此背景下，资本存量的积累不仅有利于提高人均资本存量，而且有助于推动劳动边际产出的提升。一方面，劳动边际产出的提升使得劳动者的报酬增加；另一方面，由于资本深化程度的持续提高，资本的劳均利用效率出现下降趋势，此时企业会倾向于采取措施以引进更多的劳动力，表现为农村剩余劳动力的大量转移。上述两方面相互作用，促进劳动者收入水平上升。因此，劳动收入份额与资本产出比之间表现为正相关，说明劳动与资本之间不是替代关系而是互补关系，即资本投入的提高会促进劳动者的就业，从而有利于提高劳动收入占比，最终减少要素收入分配失衡（易森 等，2018）。

（3）人力资本状况（*Hci*）变量的估计系数为 1.537，且在 5%的置信水平上显著，表明人力资本水平提升对要素收入分配失衡的影响显著为正，即人力资本水平提高有助于推动劳动报酬占国民经济中的比重上升，从而减少要素收入分配失衡。对于该现象的解释，本书认为：人力资本水平上升最明显的效应就是增加劳动者的学习机会、提高劳动者的工作能力。对于劳动者个人而言，有助于找到更高报酬的工作。对于地方而言，有助于吸引更多的企业投资，提高资本深化程度，并最终提高地方总的就业水平。上述两个方面共同作用，促进劳动报酬的提高，降低要素收入分配失衡。该结论与部分学者的观点一致。例如，有学者认为，人力资本水平对劳动报酬占国民经济中的比重的影响为正，提高人力资本水平可以缓解要素收入不平衡问题（张山虎 等，2017）。

（4）对外开放水平（*Lou*）变量的估计系数为－0.075，且在5%的置信水平上显著，说明对外开放水平的提升会导致劳动报酬水平的下降，从而恶化要素收入分配失衡问题。对于该现象的解释，本书认为：一方面，对外开放水平的提升改变了资本所有者与劳动者之间的报酬议价地位，从中国现阶段经济发展状况看，对外开放水平的提升导致劳动者报酬议价地位削弱，要素收入分配更倾向于资本，加剧了要素收入分配失衡；另一方面，中国贸易结构从劳动密集型向资本密集型转变，使得产品的技术复杂度提高，降低了对劳动者就业的正向拉动效应，并最终导致对外开放水平的提高带来的经济增长偏向于资本，进一步降低了劳动收入份额，恶化了要素收入分配失衡问题。

（5）外商投资水平（*Fdl*）变量的估计系数为0.835，且在10%的置信水平上显著，说明外商投资水平的提高有助于劳动收入份额的增长，减少要素收入分配失衡。也有学者提出不同的观点，认为外商直接投资并不能增加劳动收入份额（陈怡 等，2009）。本书认为：一是外商直接投资水平的提高，有助于提高当地劳动者的就业水平，使得大量农村剩余劳动力充分就业，提高了社会整体的劳动报酬水平；二是相对于国内企业，外商企业的平均工资水平更高，外商直接投资水平的提高有助于提高在外商企业工作的劳动者收入水平，进而提高社会整体的劳动收入水平。另外，外商企业的高工资水平也存在一定的“溢出效应”，有利于促进国内企业工资水平的提高。总而言之，外商直接投资水平的提高有利于提高劳动报酬占国民经济中的比重，减少要素收入分配失衡问题。

（6）就业状况（$\ln Tes$）变量的估计系数为－0.005，且在10%的置信水平上显著，说明就业状况的改善不仅导致劳动报酬占国民经济中的比重下降，而且加剧了要素收入分配失衡。根据中国社会经济发展现状，本书认为出现该现象是合理的。理由如下：中国“二元”经济结构的长期存在，导致大规模农村剩余劳动力需要转移就业，中国各领域基础投资水平的持续提高，满足了劳动者大量的就业需求。农村剩余劳动力规模的扩大在一定程度上抬高了资本的报酬议价身份，最终呈现出劳动者就业规模扩大反而导致劳动收入份额减少的困境，也可以将其理解为一种“谷贱伤农”现象。

（7）产业结构（Tis）变量的估计系数为 0.024，且在 10%的置信水平上显著，说明产业结构的提升有利于推动劳动报酬份额的增加，有助于减少要素收入分配失衡问题。本书认为，产生该现象的原因：一是高附加值产业的增加。随着产业结构的升级和转型，高附加值产业（如高科技产业、高端制造业、创意产业等）的比重增加。这些产业对高技能劳动力的需求更大，相对于传统产业来说，其工资水平更高。因此，随着高附加值产业的增加，劳动报酬份额也会相应提高。二是技能需求的增加。产业结构的提升通常伴随着对高技能劳动力的需求增加。新兴产业需要更多具备高技能和专业知识的劳动者，这些劳动者通常具有更高的谈判能力和工资议价能力。因此，随着产业结构的提升，劳动者的技能需求增加，劳动报酬份额也会相应增加。三是劳动力市场供需平衡。随着产业结构的提升，劳动力市场供需关系可能会发生变化。高附加值产业的增加会提高对劳动力的需求，从而推动工资水平的提高。同时，劳动力供给方面也可能发生变化，劳动者可能更倾向于从事高附加值产业的工作，更愿意接受相对较高的工资。这种供需平衡的调整有助于提高劳动报酬份额。

6.3　本章小结

近年来，有关要素价格变动与要素收入分配失衡之间内在机制的探讨成为社会各界广泛关注的重点议题，通过对相关文献的梳理发现，现阶段还没有学者将上述二者结合，并采用实证分析的方式进行系统研究。本书在第 3 章基于理论模型分析了资本、劳动和土地价格变动对要素收入分配失衡的影响。本节主要通过 2000—2019 年省级面板数据；就中国要素价格变动对要素收入分配失衡的影响进行系统深入的实证分析。由于采用动态面板数据模型对变量参数进行估计时可能存在解释变量之间的内生性和弱工具变量问题，导致估计结果的严重偏误。因此，利用在实证研究中被广泛采纳的两步系统 GMM 估计方法，分析中国要素价格总变动、资本价格变动、劳动价格变动以及土地价格变动对要素收入分配失衡影响的内在机理，研究结论如下：

（1）中国要素价格总变动与要素收入分配失衡之间呈现显著的倒“U”形关系，表明在样本期内，随着要素价格总变动程度的持续上升，国民经济中劳动收入份额的占比呈现出先增加后减少的过程。换句话说，要素收入分配失衡程度也同样发生了先缓解而后加剧的过程。

（2）资本价格变动的估计系数为正，说明随着资本价格变动程度的上升，劳动报酬占国民经济中的比重会持续提高，因此能够减少中国要素收入分配失衡问题，即表现为资本价格变动程度上升，要素收入分配失衡降低。

（3）劳动价格变动的估计系数均为负值，说明劳动价格变动程度的上升，导致劳动报酬占国民经济中的比重下降，进一步提升了要素收入分配不平衡的程度，劳动价格变动上升 1 个单位，则劳动报酬占国民经济中的比重下降约 7.1%。因此，劳动价格变动是导致要素收入分配失衡的重要原因。

（4）土地价格变动对要素收入分配失衡的估计结果一次项符号为正，平方二次项符号为负。表明土地价格变动与要素收入分配失衡之间呈现倒“U”形关系，即土地价格变动程度的提高不必然导致要素收入分配失衡的加剧，表现为先扩大后缩小的变化趋势。

根据本章研究结论，提出如下政策建议：一是加快提高资本市场化水平，减少政府对市场的干预，改变金融发展中以国有银行为主导的基本模式，推动利率市场化改革，推动资本配置效率的提升。中国一直以来主要是在政府投资主导下采取资本价格变动的方式推动经济发展，未来的投资有必要按最优化产出原则，转变为市场和企业自主决策。因此，中国现阶段的当务之急是推动金融发展水平的提升，降低金融抑制程度，拓宽企业投融资渠道以及完善个人投资渠道，以此满足资本在不同地区、不同领域和不同企业之间的自由流动，促进资本配置效率提升，并最终实现经济发展符合资源要素禀赋优势。二是加快实现劳动力市场化，逐步减少劳动价格变动程度，使得劳动者的报酬增长率可以跟上社会经济发展的增速，劳动者的工资水平可以达到劳动的边际产出水平，让劳动者可以享受到经济发展带来的成果，最终实现要素收入分配趋势的合理化。三是要素收入分配失衡的影响因素是多方面的，要想解决要素收入分配失衡问题，就需要从更多的角度进行充分考虑。从本章的研究成果看，中国需要不断提升产业结构水平、人力资本水平和外商投资水平，进而促进中国经济发展水平的提升，使得要素收入分配失衡问题尽快越过拐点。有学者认为，拐点出现在人均收入为 6 000 美元的时候。总而言之，要想实现共同富裕，就必须大力推进要素市场化改革，减少要素价格变动程度，提升要素资源配置效率，这不仅能够提高经济发展水平，而且可以促进要素分配趋于合理化。

第7章　中国要素价格变动与居民消费需求不足

改革开放以来，中国经济实现迅猛发展，GDP年均增长率达9.08%，生产总值更是由改革开放初期的3 678.7亿元上升到2023年的126万亿元，经济总量占全球经济的比重从2.3%提升至18.5%，经济发展速度之快、规模之大、时间之长，引起世界广泛关注。据国家统计数据显示：一方面，2020年中国全社会固定资产投资（560 874亿元）、广义货币供应量M_2（198.6万亿元）和金融机构各项存款余额（198.2万亿元）分别是2000年的17.2倍、14.7倍和15.9倍；另一方面，2020年中国社会消费品零售总额为411 649亿元，仅为2000年的8.5倍。可以看出，中国社会消费品零售总额的增长相对于经济和资本的增长似乎有些偏低。有学者认为，中国渐进式改革策略在推动经济发展上取得了巨大成功，然而由于路径依赖等的存在，也暴露出诸多弊端（郭威，2019）。目前，如何充分发挥国内超大规模的市场优势，实现以消费拉动“经济内循环”，成为社会各界广泛关注的热点，但是投资过度和消费需求不足之间的矛盾没有得到明显好转，反而呈现出逐年扩大的趋势。

中国高投资-低消费这一经济结构失衡问题长期存在，越来越多学者希望通过相关研究找到其中蕴含的某种经济规律。例如，有学者对中国社会经济发展过程中的低消费、高投资和高储蓄现象进行深入研究，认为中国城镇化进程、工业化发展、市场化改革、收入分配失衡和人口结构特征等是导致经济结构出现“两高一低”现象的重要原因（钱龙 等，2010；刘凤良 等，2017）。也有学者从对外开放政策角度分析中国国民储蓄率偏高的内在因素，认为进口贸易、对外直接投资和人民币汇率上升加剧了中国宏观收入分配格局的失衡。同时，政府储蓄行为的变化可以较好地解释国民储蓄率的变动（李强，2019）。政府财政收入的增加与基础公共服务支出的减少是造成政府高储蓄的原因（常文涛，2020）。凯恩斯（Keynes）认为，国民经济可持续发展的基础是建立起合理的投资-消费结构关系，是否实现充分就业是确定投资水平是否合理的主要标准。同时，要在保持投资和消费水平对称关系的前提下确保总产出均衡，最终达到两者之间的互补。另外，有学者从要素收入分配的角度提出，优化要素收入分配有利于提高居民消费需求。事实上，近年来中国国民收入分配格局中劳动报酬占比偏低是导致居民消费需求长期不足的重要原因（赵娟霞，2015）。

综上所述，国内外学者的相关研究为本书理解中国宏观经济结构失衡问题提供了丰富的经验借鉴。在中国投资拉动的经济发展模式下，一个无法回避的经济问题没有得到人们的足够重视，即政府对资本、劳动、土地等要素市场的行政干预造成要素价格的变动。要素价格变动可能对企业投资行为产生影响。例如：资本和劳动要素价格变动的存在，使得企业的投资决策不是注重技术水平提升的集约式经营，而是依赖规模扩张。经济结构的严重失衡导致中国经济增长内需不足，容易受外部经济环境的影响。因此，有必要在借鉴前人研究成果的基础上进一步分析中国居民消费需求不足的内在原因，不仅有利于释放居民消费潜力，而且能够为中国转变经济发展方式，以消费推动“经济内循环”提供边际贡献。前文已经就中国要素价格变动对收入分配失衡的影响进行了系统的研究，接下来将进一步分析中国要素价格变动是否导致居民消费需求不足的重要原因，以期了解居民消费需求长期低迷到底是内生于经济发展阶段的“客观”需要，还是外生于政府对社会策略的“主观”选择，为实现从“世界工厂”到构建“国内大循环”的经济发展路径提供有价值的启示和政策建议。

7.1 计量模型的设定和变量说明

7.1.1 空间自相关检验

以往的研究认为，地区间的居民消费需求具有空间相关性。本书将采用全局 Moran 指数对中国除西藏自治区及港澳台地区以外 30 个省（自治区、直辖市）居民消费需求的邻近空间位置观察值进行空间自相关检验。如果居民消费需求不存在空间相关性，则利用两步系统 GMM 估计方法进行分析。如果各地区居民消费需求满足空间相关性，则通过构建空间计量模型进行研究，这样处理有利于避免因空间效应导致的估计结果出现严重偏误。

在空间自相关检验中，较为常见的有 0-1 矩阵、地理距离矩阵和经济距离矩阵三种不同的方式。其中，0-1 矩阵最为直接，分析方法也最简单。其基本思路是：根据地理空间关系进行取值，若相邻地区取值为 1，则不相邻地区取值为 0。经济距离矩阵主要以一系列经济因素指标（如人均国内生产总值、城镇化发展水平、固定资产投资等）作为空间权重设置的。表 7.1 中经济距离矩阵检验就是将邻近两地区人均国内生产总值的倒数作为空间权重设置的标准，其数值大小反映出两地区经济发展水平的差异，该值越大，表明两地区经济发展水平差距越小。地理距离矩阵通常将两地区省会间直线距离的倒数作为空间权重设置的标准，其数值大小反映出两地区距离的远近，该值越大说明两地区省会间距离越近。表 7.1 为 2000—2019 年中国除西藏自治区及港澳台地区以外 30 个省（自治区、直辖市）居民消费需求水平的 Moran 值。可以看出：中国各省（自治区、直辖市）居民消费需求水平在三种不同类型矩阵的空间自相关检验中都通过 5%显著性水平检验，且估计系数均为正数，说明中国各省（自治区、直辖市）居民消费需求水平具有正的空间相关性。同时，在地理距离矩阵下，各省（自治区、直辖市）居民消费需求水平的 Moran 值，无论是估计系数的大小还是显著性水平都要明显优于 0-1 矩阵和经济距离矩阵。该结论说明，中国各省（自治区、直辖市）居民消费需求水平的空间相关性主要表现的不是社会经济关系，更多的是一种地理距离特征。另外，也说明居民消费需求水平不仅在地理距离远近上具有空间相关性，而且在相邻地区同样存在空间相关性。

表 7.1　2000—2019 年中国各地区居民消费需求水平空间自相关检验结果（Moran 值）

年份	0-1 矩阵	地理距离矩阵	经济距离矩阵	年份	0-1 矩阵	地理距离矩阵	经济距离矩阵
2000	0.157*** (2.31)	0.316*** (3.17)	0.078** (2.03)	2010	0.257** (2.32)	0.457*** (4.13)	0.121** (2.14)
2001	0.285*** (2.19)	0.372*** (3.07)	0.132** (2.15)	2011	0.271** (2.75)	0.475*** (4.72)	0.108** (2.57)
2002	0.247*** (1.93)	0.305*** (3.12)	0.117** (2.01)	2012	0.283*** (2.25)	0.513*** (4.97)	0.122** (2.22)
2003	0.221** (2.06)	0.419*** (3.48)	0.143** (2.54)	2013	0.281*** (2.94)	0.575*** (4.07)	0.134*** (2.36)
2004	0.234*** (2.27)	0.325** (3.11)	0.107** (2.21)	2014	0.255** (2.57)	0.537*** (4.28)	0.129*** (2.07)
2005	0.295*** (2.14)	0.417*** (3.02)	0.194** (2.75)	2015	0.225** (2.78)	0.528*** (4.42)	0.152*** (2.26)
2006	0.239*** (2.05)	0.441*** (3.77)	0.134** (2.21)	2016	0.241*** (2.79)	0.556*** (4.11)	0.131** (2.77)
2007	0.218** (2.27)	0.483** (3.61)	0.137** (2.88)	2017	0.282*** (2.71)	0.527*** (4.75)	0.144** (2.25)
2008	0.232** (2.11)	0.421** (3.49)	0.113** (2.31)	2018	0.227*** (2.39)	0.563*** (4.09)	0.125** (2.01)
2009	0.277*** (2.54)	0.425*** (3.11)	0.149** (2.08)	2019	0.238*** (2.34)	0.578*** (4.25)	0.119** (2.21)

注：括号中的数值表示回归系数对应的 z 值，***、**、*分别表示 1%、5%和 10%的显著性水平。

7.1.2　计量模型的设定

根据研究需要，本书借鉴凯恩斯的消费理论，通过构建空间计量模型对中国要素价格变动与居民消费需求不足的内在作用机制进行分析。为了使研究更具一般性：首先，构建能够将自变量、因变量的空间效应纳入同一框架的空间杜宾模型（SDM）；其次，在实证分析中根据 Wald 检验和 LR 检验结果判断选择空间自相关模型（SEM）还是空间自回归模型（SAR）。由于本章还需要检验中国要素价格变动是否存在收入水平和收入分配对居民消费需求的影响路径，在下文的分析中将进一步引入中介效应模型：

$$RC_{it} = C + \beta_0 WRC_{it} + \beta_1 DisT_{it} + \sum_{j=2}^{7}\beta_j X_{jit} + \beta_8 WDisT_{it} + \sum_{j=9}^{16}\beta_j WX_{jit} + \varepsilon_{it} \tag{7.1}$$

$$MV_{it} = C + \beta_{17} DisT_{it} + \sum_{j=18}^{25}\beta_j X_{jit} + \xi_{it} \tag{7.2}$$

$$RC_{it} = C + \beta_{26} WRC_{it} + \beta_{27} DisT_{it} + \beta_{28} MV_{it} + \sum_{j=29}^{36}\beta_j X_{jit} + \beta_{37} WDisT_{it} + \beta_{38} WMV_{it} + \sum_{j=9}^{16}\beta_j WX_{jit} + \psi_{it} \tag{7.3}$$

式（7.1）至式（7.3）中：RC_{it}为地区 i 在 t 时期的居民总体消费需求；$DisT_{it}$表示地区 i 在 t 时期的要素价格总变动程度；MV_{it}表示地区 i 在 t 时期的机制变量，根据本书中介效应机制检验，其包括收入水平、收入分配差距两个方面；X_{it}为地区 i 在 t 时期可能会对中国各省（自治区、直辖市）居民消费需求产生影响的一系列控制变量；C、W 和 β 分别为常数、空间权重矩阵和各变量的系数；ε_{it}、ξ_{it} 和 ψ_{it} 分别为地区 i 在 t 时期的随机误差项。

7.1.3 变量选择和数据来源

1. 被解释变量

被解释变量为居民消费需求，包括居民总体消费需求（*RC*）、城镇居民消费需求（*URC*）和农村居民消费需求（*RRC*），分别表示中国全体居民人均消费支出水平、城镇居民人均消费支出水平和农村居民人均消费支出水平。借鉴储德银（2012）的方法，全体居民人均消费支出水平采用 RC_{it} =

$(URC_{it} \times UPP_{it} + RRC_{it} \times RPP_{it})/TP_{it}$ 进行衡量。式中，UPP、RPP 和 TP 分别为年末城镇常住人口、年末农村常住人口和年末总人口。

2. 核心解释变量

核心解释变量为要素价格总变动程度（$DisT$），具体测算方式、变量含义等详见本书第 4 章要素价格变动程度的测算与分析部分。

3. 纳入模型的相关控制变量

(1) 经济发展水平（Led）。本书采用各省（自治区、直辖市）的地区人均生产总值作为衡量地区经济发展水平的指标，以 2000 年的消费者价格指数为基期进行平减处理。根据凯恩斯的消费理论，居民消费支出与收入水平密切相关。通常，某个地区的经济发展程度往往决定该地区居民收入水平的高低。因此，从理论上来说，地区经济发展水平越高，居民消费需求也就越大。

(2) 金融发展程度（Fin）。从现有研究看，有关金融发展程度的度量指标大体上可以概括为以下几类：一是采用股票交易额/国内生产总值的方式来衡量资本或证券市场的直接融资水平，以此来替代金融发展程度；二是使用广义货币供给量 M_2/国内生产总值（麦氏指标）或全部金融资产/国内生产总值（金融相关比率）的方式，来衡量金融信贷市场的发展程度；三是通过王小鲁等提出的金融市场化发育程度指数进行衡量，该指数越大说明金融发展程度越高。但是，在对数据进行整理的过程中发现，无论是中国各省（自治区、直辖市）的金融资产数据、证券市场数据，还是 M_2 数据都存在严重的数据资料欠缺问题，王小鲁等的《中国分省份市场化指数报告（2018）》中的金融市场化发育程度指数也仅更新到 2014 年。另外，由于中国证券市场化改革尚未完全实现，若采用证券市场指标也可能无法充分反映真实的金融发展水平。因此，本书借鉴当前国内较为常见的一种衡量方法，即采用各地区金融机构人民币各项存款余额/地区生产总值来表示金融市场发展程度。

(3) 人力资本状况（Hci）。本书主要采用各省（自治区、直辖市）的普通高等学校在校学生数占年末总人口的比重来衡量人力资本状况。具体计算方式如下：$Hci_{it}=Pe_{it}/TP_{it}$。其中：Pe 为普通高等学校在校学生数；TP 为各省（自治区、直辖市）年末总人口数。以往的研究认为，一个地区的人均受教育程度越高，则该地区的人力资本状况越好，越有利于促进地区经济发展和产业结构升级，推动地区整体工资水平的提升。当前，中国正处于经济转型发展的关键时期，快速的城镇化进程使得受教育程度较高的群体更倾向于进城就业，所以人力资本投资水平可能会对居民消费需求产生影响。

（4）产业结构（Tis）。本书采用 $Tis_{it}=Ati_{it}/Asi_{it}$ 来衡量产业结构，其中：Ati 为各省（自治区、直辖市）的第三产业增加值，Asi 为各省（自治区、直辖市）的第二产业增加值。该比值越大说明该地区的产业结构越趋于合理。相对于单纯通过第二或第三产业增加值/国内生产总值的衡量方式，该方法不仅可以更好地体现各省（自治区、直辖市）第二和第三产业增加值的时间变化趋势，而且能够较好地反映产业结构内部的变动情况。一般来说，某一地区产业结构的调整会引起该地区就业结构的变动，就业结构的变动又会对地区间的劳动力流动产生影响，最终导致劳动者报酬和消费水平的变化。因此，产业发展可能会提高居民消费需求，也可能会对居民消费产生“挤出效应”。

（5）就业状况（Tes）。以中国各省（自治区、直辖市）统计的年末城镇私营企业和个体就业人数进行衡量。由于城乡“二元”经济结构的长期存在使得城镇化发展进程中大量农村剩余劳动力向城市转移。一方面，抑制城市就业劳动报酬的上升，同时，因就业压力增大出现大量失业；另一方面，相对于在农村从事农业生产，城市就业能够获得更高的收入。因此，本书认为就业状况可能会对中国居民消费需求产生负向影响效应。

（6）对外开放水平（Lou）。通过 $Lou=Tie/\text{GDP}$ 进行衡量。其中：Tie 为中国各省（自治区、直辖市）的进出口贸易总额，GDP 为地区生产总值。同时，使用当年平均汇率水平将上述进出口贸易总额数据折算为人民币数据。当前学术界关于对外开放水平对居民消费需求的影响仍然存在许多争议。例如：有学者提出，发展中国家对外开放水平的提高会导致相对稀缺要素的实际价格减少，也可以促进相对充足的非技能劳动者报酬增加，缩小现代工业部门和传统农业部门之间劳动者的收入差距（刘英，2007），扩大对外开放是推动发展中国家经济增长的重要动力（靳涛 等，2017）。因此，对外开放水平的提高能够提高居民收入水平，进而刺激居民消费需求。但是，也有学者认为，对外开放水平的提高是造成居民消费需求不足的重要原因。

（7）外商投资水平（Fdl）。采用 $Fdl=Fdi/\text{GDP}$ 对中国各省（自治区、直辖市）的外商投资水平进行衡量。其中：Fdi 为各省（自治区、直辖市）实际利用外商直接投资额；GDP 为地区生产总值。同时，按照平均汇率将外商直接投资额折算为人民币数据。关于外商投资水平和居民消费需求之间的内在联系，有学者研究认为，外商投资能够促进社会经济发展、完善社会保障制度以及提高社会整体工资水平。因此，外商投资在提高居民消费水平、促进消费结构升级、推动消费方式变迁、改变社会消费观念等方面都发挥着重要的作用（桑百川，2002）。

（8）政府行为（Tgb）。采用 $Tgb=Tfe/\text{GDP}$ 对中国各省（自治区、直辖市）的政府行为进行衡量。其中：Tfe 为各省（自治区、直辖市）的财政支出总额；GDP 为地区生产总值。在中国经济发展中，地方政府起到了至关重要的作用，政府行为不仅影响国民收入再分配，甚至是决定要素价格的关键。有学者认为，政府财政支出对居民消费需求具有负向的冲击作用，产生明显的“挤出效应”（王玉凤 等，2015）。也有学者从财政分权的角度提出，政府行为作为财政分权对外形成带动效应的中介，从间接层面来看可以有效地促进居民消费需求的提高（贺俊 等，2016）。另外，也有学者将政府财政支出分为生产性公共支出和非生产性公共支出两大类，引入生产函数中，利用 Hamilton 函数法进行分析，得出政府行为与居民消费需求之间表现出倒“U”形的动态关系（李少博 等，2015）。

在没有特别说明的情况下，以上数据均来源于国家统计局统计数据库、各省（自治区、直辖市）历年《统计公报》或中经网统计数据库。

7.1.4 描述性统计分析

根据上述分析，考虑到数据的可得性和实证分析的科学性，本章将以2000—2019年为样本区间，收集中国各省（自治区、直辖市）的相关时间序列数据。在截面数据选择上，由于西藏自治区统计数据的大量缺失，样本涵盖除西藏自治区及港澳台地区以外30个省（自治区、直辖市）。有关数据的处理，主要使用Stata15.0统计软件进行分析，计量模型中主要变量的具体描述性统计分析结果如表7.2所示。

表7.2 主要变量的具体描述性统计分析结果

变量名称	符号	平均值	标准差	最小值	最大值	观测值
要素价格总变动程度	*DisT*	7.141	1.438	4.361	11.943	600
居民总体消费需求	ln*RC*	8.994	0.738	7.504	10.719	600
城市居民消费需求	ln*URC*	9.374	0.589	8.195	10.785	600
农村居民消费需求	ln*RRC*	8.415	0.764	6.988	10.019	600
经济发展水平	ln*Led*	10.127	0.856	7.923	12.009	600
金融发展程度	*Fin*	1.589	0.686	0.735	5.587	600
人力资本状况	*Hci*	0.016	0.007	0.002	0.035	600
产业结构	*Tis*	1.035	0.555	0.500	5.170	600
就业状况	ln*Tes*	5.507	1.001	2.526	8.245	600
对外开放水平	*Lou*	0.303	0.371	0.010	1.720	600
外商投资水平	*Fdl*	0.024	0.020	0.0001	0.109	600
政府行为	*Tgb*	0.204	0.095	0.069	0.628	600

7.2 计量回归结果与实证分析

7.2.1 要素价格变动与居民消费需求关系的实证检验

在拉格朗日乘数（LM）检验中，F统计量的p值小于0.05，表明拒绝非空间模型的原假设。因此，需要采用 Wald 检验和 LR 检验来进一步判断选择空间自相关模型，还是空间自回归模型。有学者认为，对于空间模型的选择，可以考虑能得到无偏系数估计的空间杜宾模型，利用的两个基本假设分别为 $\theta=0$ 和 $\theta+\zeta\beta=0$，以检验空间杜宾模型能否被简化为空间自回归模型或者空间自相关模型（周少甫 等，2016）。接下来，将通过 Wald 检验和 LR 检验来判断解释变量是拒绝还是接受两个基本假设。检验结果存在以下四种可能：第一，当两个原假设均被拒绝时，则采用更具一般性的空间杜宾模型；第二，当基本假设 $\theta=0$ 被拒绝，且拉格朗日乘数检验也得出需要采用空间自回归模型时，则通过空间自回归模型进行分析；第三，当基本假设 $\theta+\zeta\beta=0$ 被拒绝，且拉格朗日乘数检验也得出需要采用空间自相关模型时，则通过空间自相关模型进行分析。第四，当 Wald 检验或 LR 检验得出需要采用的空间模型和拉格朗日乘数检验结果不同时，则必须采用更具一般性的空间杜宾模型进行分析。

根据 Hausman 检验结果得出，chi2(18)＝17.01，对应的 p 值为 0.0013。因此，选择固定效应模型进行估计较为合理。另外，从表 7.3 非空间面板数据的拉格朗日乘数检验结果可以看出，在四种不同回归方式下，得到的 LM 检验大部分在 1%的显著性水平上拒绝了解释变量不存在空间效应的原假设。由此表明，需要采用空间自回归模型和空间自相关模型。该结论再次验证了通过空间模型对居民消费需求进行分析是必要的。到底采用哪种空间效应，需要通过 LR 检验来判断。如表 7.4 所示，LR 检验原假设没有空间固定效应和没有时间固定效应的 p 值均为 0，说明使用时间空间双固定效应分析较为合适。有学者认为，在空间面板数据分析中，直接放弃空间杜宾模型而选择空间自回归模型或空间自相关模型的行为可能缺乏严谨性，因为空间杜宾模型能够更好地估计不同观测个体产生的空间溢出效应。对于采用哪种模型，可以通过 Wald 检验和 LR 检验进行判断（杨姗姗 等，2020）。从表 7.5 中国要素价格变动对居民消费需求影响的回归结果中可以看出，采用空间杜宾模型进行分析最为合理。

表 7.3　非空间面板数据的拉格朗日乘数（LM）检验结果

检验类型	OLS	时间空间双固定效应	空间固定效应	时间固定效应
没有空间滞后的 LM 检验	217.194***	41.513***	231.418***	47.173***
没有空间滞后的稳健性检验	117.259***	32.715***	211.574***	3.708*
没有空间误差的 LM 检验	175.831***	12.115***	52.061***	75.119***
没有空间误差的稳健性检验	52.064***	2.754**	19.104***	24.503*

注：检验结果由 Matlab 软件得出，***、**、*分别表示 1%、5%和 10%的显著性水平。

表 7.4　似然比（LR）检验结果

假设检验	LR 检验	*P* 值
待检验假设（H_0）：没有时间固定效应	471.507	0.000
备择假设：有时间固定效应		
待检验假设（H_0）：没有空间固定效应	538.109	0.000
备择假设：有空间固定效应		

注：检验结果由 Matlab 软件得出。

表 7.5　中国要素价格变动对居民消费需求影响的回归结果

变量	居民总体消费需求（*RC*）		城镇居民消费需求（*URC*）		农村居民消费需求（*RRC*）	
	地理距离矩阵	经济距离矩阵	地理距离矩阵	经济距离矩阵	地理距离矩阵	经济距离矩阵
	模型(1)	模型(2)	模型(3)	模型(4)	模型(5)	模型(6)
DisT	−3.241*** (−6.21)	−2.115*** (−5.73)	−3.042*** (−5.84)	−2.613*** (−5.09)	−1.742*** (−6.58)	−0.725*** (−3.31)
ln*Led*	−1.203*** (−7.24)	−1.217*** (−9.45)	−1.225*** (−7.53)	−1.132*** (−8.41)	−0.875*** (−7.25)	−0.794*** (−7.63)
Fin	0.025 (0.41)	0.031*** (2.05)	0.074 (0.96)	0.038*** (3.26)	0.011 (1.07)	0.042*** (1.34)
Hci	0.061*** (2.17)	0.005 (1.23)	0.039* (1.53)	0.052* (1.28)	0.028 (0.75)	0.004 (0.12)
Tis	0.143*** (5.18)	0.087*** (1.16)	0.113*** (4.14)	0.026 (0.34)	0.059** (3.97)	0.038*** (1.22)

续表

变量	居民总体消费需求(RC)		城镇居民消费需求(URC)		农村居民消费需求(RRC)	
	地理距离矩阵	经济距离矩阵	地理距离矩阵	经济距离矩阵	地理距离矩阵	经济距离矩阵
	模型(1)	模型(2)	模型(3)	模型(4)	模型(5)	模型(6)
ln*Tes*	0.221* (1.43)	0.248** (1.02)	0.185*** (2.48)	0.103** (1.07)	0.079** (1.12)	0.035*** (1.64)
Lou	−0.073** (−3.27)	−0.056 (−2.95)	−0.061** (−2.12)	−0.077 (−3.79)	−0.091* (−0.44)	−0.042 (−0.39)
Fdl	0.007 (0.12)	0.029 (1.01)	0.034 (1.56)	0.019 (1.44)	0.015 (0.23)	0.021* (1.12)
Tgb	0.123*** (3.24)	0.051 (1.72)	0.149*** (4.01)	0.035 (0.44)	0.028 (1.53)	0.001 (0.68)
WDisT	−3.106*** (−5.25)	−3.72*** (−5.78)	−3.557*** (−5.91)	−2.641*** (−3.35)	−2.021*** (−3.79)	−2.331*** (−2.84)
*W*ln*Led*	0.835** (2.96)	1.539*** (5.06)	0.774** (2.14)	1.371*** (5.72)	0.7703* (1.22)	1.259*** (5.41)
WFin	0.132 (1.14)	0.179* (1.24)	0.118 (1.47)	0.079** (1.42)	0.029 (1.01)	0.038** (0.43)
WHci	0.058 (0.47)	0.056 (0.62)	0.011 (0.39)	0.213** (1.68)	0.045 (0.33)	0.021 (0.12)
WTis	0.112*** (1.49)	0.637*** (7.01)	0.132*** (1.12)	0.054 (1.18)	0.305*** (4.27)	0.396*** (5.28)
*W*ln*Tes*	0.316** (1.22)	0.214** (1.18)	0.228*** (1.36)	0.107** (0.96)	0.063** (1.72)	0.088*** (0.94)
WLou	−0.065* (−2.78)	−0.058 (−2.11)	−0.055* (−2.28)	−0.061 (−2.97)	−0.074* (−0.52)	−0.033 (−0.26)
WFdl	0.011 (0.13)	0.014 (0.75)	0.046 (1.02)	0.038 (1.12)	0.026 (0.98)	0.034** (1.21)
WTgb	0.114*** (2.17)	0.241*** (2.49)	0.162*** (2.88)	0.005 (0.21)	0.084** (1.59)	0.003 (0.11)
λ	0.275*** (4.19)	0.254*** (4.36)	0.213*** (2.71)	0.447*** (8.06)	0.302*** (5.34)	0.511*** (11.63)

续表

变量	居民总体消费需求(RC)		城镇居民消费需求(URC)		农村居民消费需求(RRC)	
	地理距离矩阵	经济距离矩阵	地理距离矩阵	经济距离矩阵	地理距离矩阵	经济距离矩阵
	模型(1)	模型(2)	模型(3)	模型(4)	模型(5)	模型(6)
R^2	0.947	0.912	0.973	0.911	0.954	0.917
观测值	600	600	600	600	600	600
Wald 空间滞后检验	34.107***	216.351***	31.775***	312.362***	57.538***	115.306***
LR 空间滞后检验	37.223***	211.326***	37.748***	187.943***	61.241***	157.332***
Wald 空间误差检验	57.048***	439.813***	42.945***	257.517***	114.965***	234.991***
LR 空间误差检验	53.749***	275.982***	51.203***	354.716***	87.574***	267.553***

注：检验结果由 Matlab 软件得出，括号内为 t 值，***、**、 * 分别表示 1%、5%和 10%的显著性水平。

从表 7.5 可以看出，模型的拟合度较高，各系数总体显著。无论是在地理距离矩阵还是经济距离矩阵上，模型（1）至模型（6）中的空间自相关系数（λ）都为正值，且在 1%水平上显著，表明居民消费需求在地区之间存在空间依赖关系。因此，通过空间计量模型进行实证研究具有更强的解释力。另外，从主要解释变量的回归结果看，要素价格变动对居民总体消费需求（*RC*）、城镇居民消费需求（*URC*）和农村居民消费需求（*RRC*）的估计系数均为负值，且在 1%水平上显著。同时，通过逐步引入经济发展水平、金融发展程度、人力资本状况等控制变量，估计系数的符号依然没有发生改变，模型估计结果是可靠的。由此表明，中国要素价格变动对居民消费需求存在明显抑制效应，该结论与部分学者的研究一致（李文溥 等，2013；何春丽 等，2019）。有学者认为，中国经济正处于转型发展的关键时期，还没有完成转轨的经济体制造成生产要素价格变动的普遍存在，是现阶段居民消费需求不足的重要原因（李莹莹，2020）。

在控制变量方面，对控制变量估计结果的分析，不仅可以加深中国要素价格变动对居民消费需求不足影响的理解，而且能够比较其与前人研究成果的一致性或区别。

(1) 经济发展水平变量 ($\ln Led$)。经济发展水平无论是在地理距离矩阵还是在经济距离矩阵上都对本地区居民消费需求具有显著的负向影响，对于经济发展水平相近的地区来说，经济发展水平对居民消费需求同样存在明显的抑制效应。这一经济现象说明，当前中国居民消费需求并没有因为经济发展水平的快速提高而增加。有学者认为，改革开放以来中国居民尤其是农村居民没有很好地获得经济发展带来的“生活红利”。例如，居民收入差距持续扩大、城乡社会保障体系不健全、基础设施建设不完善等问题长期存在，导致居民消费需求随着经济发展水平的提高反而呈现出下降的趋势（吕志科 等，2020；陈彦斌 等，2020）。

(2) 金融发展程度 (Fin)。在经济距离下，金融发展程度无论是对本地区居民总体消费需求，还是对城镇居民消费需求，抑或是对农村居民消费需求都具有显著的正效应，这说明金融发展程度的提高可以刺激居民消费需求的上升。该结论与多数学者的研究结论相近，也符合金融发展存在经济上强关联性的特点（潘海峰 等，2018）。对于这一经济现象的解释：一是在经济关联性越强的地区，金融发展程度提高时，资本活力、资本效率、资本保值增值性以及市场融资渠道等也就越好，越有利于居民财富的增长，居民财富的增加可以提高居民的购买欲望，释放消费潜力。二是在经济关联性越强的地区，金融发展程度提高时，一方面居民可以更容易获得金融机构的借贷，另一方面居民能够对整个生命周期内的财富进行相对理性的平滑消费。两方面都有利于减少居民现实生活中的预算约束，提高消费需求。但是，金融发展程度对空间特征相似地区居民消费需求的作用不明显。

(3) 人力资本状况 (Hci)。在地理距离矩阵下，人力资本状况对本地区的居民总体消费需求和城镇居民消费需求存在显著的正效应，说明近年来中国人均受教育水平的提高以及高等教育的大众化有利于居民消费需求的增加。但是在经济距离矩阵下，人力资本状况对空间特征相近地区居民消费需求的影响不显著。本书认为，人力资本状况与人均受教育水平之间存在相互促进的内在关系。对于个人来说，受教育程度的提高能够改善劳动技能，获得更多的就业机会，进而提高居民收入水平，提高社会整体消费需求；对于某个地区来说，人均受教育程度的提高有利于推动产业结构的调整，处在产业链顶端的地区可以掌握更大的收益分配权，收益水平的提高必然会激发地区整体消费需求的增加。

（4）产业结构（Tis）。中国产业结构发展对本地区居民消费需求存在显著的正向影响，对空间特征相近地区的居民消费需求也具有明显的促进作用。选取第二、第三产业增加值的比值表示产业结构变化情况，估计结果表明，第三产业增加值的提升有利于促进产业结构转型发展，推动居民消费需求的增加。对于这一经济现象的解释：一是由于第三产业主要涉及金融、信息传输、仓储邮政、住宿餐饮、交通运输等服务性消费行业，甚至相当比重的第三产业是消费性服务业，第三产业发展水平的提高自然会促进居民消费需求的增加。二是由于第三产业多为高附加值的行业，且劳动者的受教育程度普遍较高，所以收入水平也相对较高，对消费需求的带动效应较强。

（5）就业状况（$\ln Tes$）。就业水平的提高对本地区居民消费需求存在显著的正向影响，对空间特征相近地区的居民消费需求也具有明显的促进作用。本书认为，就业水平对居民消费需求的影响主要来源于两个方面：一是非农就业机会的增加可以通过改善家庭收入结构、弱化预期收入的不确定性、增强居民消费支出的示范效应，最终推动居民消费需求的增长；二是非农就业机会的增加能够提高居民消费净效用，释放居民消费潜力。

（6）对外开放水平（Lou）。在地理距离矩阵下，对外开放水平对本地区的居民总体消费需求、城镇居民消费需求和农村居民消费需求均存在显著的负效应，说明某一地区对外开放水平的提高反而抑制了居民消费需求的增加。另外，在经济距离矩阵下，对外开放水平对空间特征相近地区居民消费需求的影响不显著。本书认为，产生这一经济现象的可能原因如下：第一，社会转型发展的阶段性导致中国经济结构出现严重的失衡，社会整体消费需求不足，经济增长主要靠投资拉动，再依赖扩大出口解决高投资带来的产能过剩问题，这种经济发展模型造成中国多数地区特别是沿海地区对此形成不可避免的“路径依赖”。第二，本书选择的对外开放水平变量通过进出口贸易总额/地区生产总值来衡量，其中，出口和消费都属于根据支出法计算国内生产总值中的一部分。因此，出口水平的提高必然会导致消费支出的减少。

（7）外商投资水平（*Fdl*）。外商投资水平的提高对本地区居民消费需求的影响不显著，但是对地理相近地区的居民总体消费需求具有正效应，且对经济发展水平相近地区的居民总体消费需求以及农村居民消费需求都存在正向影响。表明中国外商投资水平的提高能够促进居民消费需求的增加。本书认为，产生这一经济现象的可能原因如下：一是外商投资不仅可以促进该地区的产业结构转型发展，而且能够增加就业机会，提高劳动者的平均收入水平；二是外商投资在推动经济发展的同时也可以带动一系列相关产业或服务业水平的提升，最终促进当地居民消费需求的增加。

（8）政府行为（*Tgb*）。政府行为对本地区居民总体消费需求以及城镇居民消费需求均表现出一定程度的“挤出效应”，但是政府行为对地理距离相近地区的居民消费需求存在正向影响。这说明，中国政府对社会经济发展的干预程度越高，越有利于促进地理距离相近地区居民消费需求的提高。本书认为，产生这种经济现象的可能原因如下：一是财政支出的增加不仅可以降低居民预防性支出在总收入中的占比，减少居民储蓄意愿，间接刺激居民总体消费需求的提高；二是居民的转移性支出占比也会因为政府财政支出的增加而上升，提高居民的消费能力；三是政府通过一系列增加财政支出的方式对社会经济行为进行干预，挤占了企业和居民收益在国民收入中的比重，政府将财政支出用于对企业或者消费者的补贴，就可以提高社会总的消费需求水平。

在空间计量模型的分析过程中，由于被解释变量存在空间滞后项的反馈效应，使得解释变量对本地区和空间特征相近地区的作用形成一种相互传递机制，导致模型回归的估计系数无法有效反映解释变量对被解释变量的内在影响。本书将解释变量的影响用“总效应＝直接效应＋溢出效应”表示。其中，直接效应主要说明解释变量对本地区中被解释变量产生的影响，溢出效应主要说明解释变量对空间特征相近地区中被解释变量产生的影响，总效应主要说明解释变量对所有地区中被解释变量产生影响的均值。近年来，有学者采用能够处理多元函数的偏微分方程来分析空间计量模型中变量变化的影响，同时，该方法也被用来进一步判断被解释变量是否具有空间溢出效应（Restuccia et al.，2008；杨喜 等，2020）。因此，本书将空间杜宾模型（SDM）写成如下形式：

$$\boldsymbol{Z}=(\boldsymbol{\Gamma}-\tilde{\boldsymbol{\omega}}\boldsymbol{W})^{-1}(\boldsymbol{S}\boldsymbol{\nu}+\boldsymbol{W}\boldsymbol{S}\boldsymbol{\rho})+\boldsymbol{P} \tag{7.4}$$

式（7.4）中：$\boldsymbol{Z}$、$\boldsymbol{S}$ 和 $\boldsymbol{\Gamma}$ 分别为被解释变量矩阵、解释变量矩阵与单位矩阵；$\tilde{\boldsymbol{\omega}}$、$\boldsymbol{\nu}$ 和 $\boldsymbol{\rho}$ 分别为空间自回归系数矩阵、解释变量的系数矩阵与空间滞后项的系数矩阵；$\boldsymbol{W}$ 为空间权重矩阵；$\boldsymbol{P}$ 为包含截距和误差项在内的剩余项。其中，直接效应和溢出效应分别是矩阵对角线上各元素加总后取的平均值，以及矩阵中列或者行上各元素加总后取的平均值。另外，对式（7.4）中被解释变量矩阵的期望值求偏导，可以得到如下形式：

$$\left[\frac{\partial E(\boldsymbol{Z})}{\partial s_{1k}}\times\frac{\partial E(\boldsymbol{Z})}{\partial s_{nk}}\right]=(\boldsymbol{\Gamma}-\tilde{\boldsymbol{\omega}}\boldsymbol{W})^{-1}\begin{bmatrix}\nu_k & w_{12}\rho_k & \cdots & w_{1n}\rho_k\\ w_{21}\rho_k & \nu_k & \cdots & w_{2n}\rho_k\\ \vdots & \vdots & \ddots & \vdots\\ w_{n1}\rho_k & w_{n2}\rho_k & \cdots & \nu_k\end{bmatrix} \tag{7.5}$$

中介效应就是某个（某些）测量变量（测量模型）在另外两个（两组）变量之间起传导作用的机制，既可以是路径分析模型，也可以是结构方程模型。在实证研究过程中，判断是否存在中介效应的方法主要包括逐步回归法、差异系数检验法和系数乘积检验法。

逐步回归法采用一种路径分析模型，如图 7.1 所示。逐步回归法主要通过以下三步判断中介效应是否存在：第一步，判断解释变量（S）是否存在对被解释变量（Z）的显著性影响；第二步，判断解释变量是否具有对中介变量（M）的显著性影响；第三步，判断中介变量和解释变量在加入机制变量后是否仍然存在对被解释变量的显著性影响。但是，在中介效应较弱时，若不加以控制，可能出现部分中介的假阳性问题，最终结果为不存在中介效应。系数乘积检验法采用一种结构方程模型，该方法主要用来判断中介效应模型式（7.2）和式（7.3）中的系数乘积是否为 0，若最终结果是拒绝系数乘积为 0 的原假设，说明存在中介效应。差异系数检验法也采用一种结构方程模型，若最终结果是拒绝系数之差为 0 的原假设，说明存在中介效应。另外，系数乘积检验法和差异系数检验法在判断是否具有中介效应时容易导致过度接受存在中介效应的假设，特别是当 $a=0$ 且 $b\neq 0$ 时，差异系数检验法的出错概率相当高，所以其较少被学者应用（方杰 等，2018）。近年来，有学者提出了一种改进型的中介效应检验方法（如图 7.2 所示）。这种方法将逐次检验和 Sobel 检验法相结合，能够将检验过程中出现的假阳性或过度接受问题控制在可接受范围。其中，Sobel 检验需要对 Z 统计量进行检验，$Z=ab/S_{ab}$，分母 S_{ab} 表示乘积项的联合标准误差，$S_{ab}=\sqrt{a^2S_b^2+b^2S_a^2}$（温忠麟 等，2004）。也有学者基于 Bootstrap 的结构方程模型对 $ab=0$ 进行检验，该方法主要处理截面数据（张涵 等，2016）。本书在空间计量分析中采用的是面板数据，需要对是否存在溢出效应进行检验，因此，采用 Sobel 检验法较为合理。一些学者认为，在检验过程中若第一步检验系数 c 不显著，可能是由于存在遮掩效应，导致作用方向相反的中介效应（许水平 等，2014）。本书在检验中，若系数 c 不显著，也不会停止对系数 a 和系数 b 的进一步检验。如果检验结果为系数 a 和系数 b 都显著，则表明具有中介效应（当 c' 显著时，表明存在部分中介效应；当 c' 不显著时，表明具有完全中介效应）。当系数 a 和 b 至少有一个为不显著时，则通过 Sobel 检验法继续进行检验。

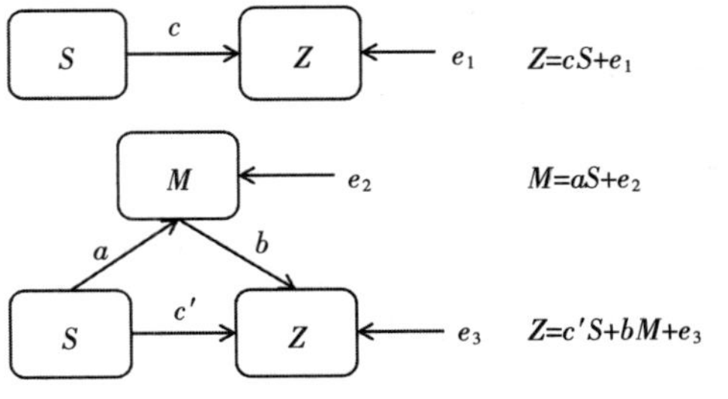

图 7.1　逐步回归法过程图

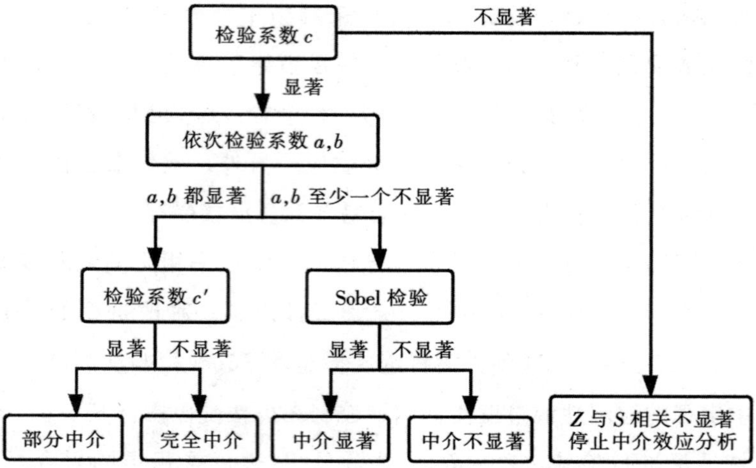

图 7.2　中介效应检验过程

7.2.2　要素价格变动、收入水平与居民消费需求关系的实证检验

本书第 3 章理论基础与作用机制分析得出，要素价格变动会通过收入水平与收入分配对居民消费需求产生影响。同时，要素价格变动与居民消费需求关系的实证检验结果显示，要素价格变动对居民总体消费需求、城镇居民消费需求和农村居民消费需求的估计系数均为负值，且在 1%水平上显著。由此表明，中国要素价格变动对居民消费需求存在明显抑制效应。接下来，将以城镇和农村居民人均可支配收入作为机制变量，对式（7.2）和式（7.3）中变量的系数进行中介效应检验，考察要素价格变动是否会通过减少居民收入来抑制居民消费需求。

在下文的中介效应机制检验过程中，将就要素价格变动是否对城镇和农村居民人均可支配收入存在抑制作用进行检验。由于要素价格变动与机制变量（居民人均可支配收入）之间可能存在相互影响的内生性问题，所以利用在实证研究中被广泛采纳的两步系统 GMM 方法进行估计。首先，通过 Sargan 检验方法对广义矩估计中是否存在工具变量过度限制约束问题进行检验，从表 7.6 中 Sargan 检验的结果可以看出，p 值都超过 0.1，表明检验结果无法拒绝“所有工具变量均有效”的原假设，即使用的工具变量是有效的。其次，通过 Arellano-Bond 统计量检验误差项是否存在序列相关问题，从表 7.6 中的结果可以看出，二阶序列相关AR（2)的检验结果显著大于 0.05，且一阶序列相关AR（1）的检验结果均为 0，检验结果支持误差项差分仅存在一阶自相关的假设。综合上述检验结果可以得出，选择两步系统 GMM 估计方法对模型进行分析是有效的，且能够克服变量间的内生性和弱工具变量问题。在回归结果中，城镇居民人均可支配收入的一阶滞后项（*L.UPI*）和农村居民人均可支配收入的一阶滞后项（*L.RPI*）系数分别为 1.147 和 1.078，且在 1%的水平上显著，说明两个机制变量都存在时间上的连续性。另外，要素价格变动对城镇和农村居民人均可支配收入的影响系数分别为－0.316 和－0.183，且在 1%的水平上显著。由此表明，要素价格变动会导致城镇和农村居民收入水平的下降。

表 7.6　中介效应机制检验（第一步）

变量	城镇居民人均可支配收入（*UPI*）	农村居民人均可支配收入（*RPI*）
	模型（7）	模型（8）
L.UPI	1.147*** (112.03)	—
L.RPI	—	1.078*** (132.46)
DisT	－0.316*** (－2.51)	－0.183*** (－0.27)
ln*Led*	－0.063*** (－0.92)	0.007 (0.18)
Fin	0.055*** (3.27)	0.003* (1.91)
Hci	0.078*** (3.32)	－0.005** (－2.18)
Tis	0.022** (1.53)	0.013 (0.79)

续表

变量	城镇居民人均可支配收入（*UPI*）	农村居民人均可支配收入（*RPI*）
	模型（7）	模型（8）
ln*Tes*	0.011*** (2.64)	0.019*** (3.45)
Lou	0.077* (2.06)	0.081* (2.41)
Fdl	0.089* (2.97)	0.092* (3.05)
Tgb	−0.021*** (−2.07)	−0.013*** (−4.45)
Cons	−1.704*** (−3.25)	0.213* (0.57)
AR(1)	−3.56 [0.000]	−3.74 [0.000]
AR(2)	−0.219 [0.825]	−0.237 [0.741]
Sargan	21.053 [0.941]	27.238 [0.927]
观测值	599	599

注：(1) 圆括号和方括号里的数值分别为估计系数的 t 值和统计量的 p 值；(2) *L.UPI* 和 *L.RPI* 分别为城镇和农村居民人均可支配收入的一阶滞后项；(3) ***、** 和 * 分别表示在 1%、5%和 10%置信水平上显著。

对式（7.2）中要素价格变动是否存在影响城镇和农村居民人均可支配收入的中介效应进行检验，结果表明：要素价格变动对居民收入水平的提高具有显著抑制效应。接下来，将从地理距离矩阵和经济距离矩阵角度检验式（7.3）中核心变量对机制变量影响的显著性，以及估计系数的正负关系。当以城镇居民消费需求为被解释变量时，在加入城镇居民人均可支配收入这一机制变量后（如表 7.7 所示），要素价格变动在地理距离矩阵与经济距离矩阵下的直接效应分别为－0.502 和－0.419。城镇居民人均可支配收入的直接效应分别为 0.747 和 0.325，且在 1%的水平上显著。由此表明，增加城镇居民人均可支配收入能够促进本地区城镇居民消费需求的提升。同时，两者的 Sobel 检验结果得出 Z 值分别为 1.15 和 2.08，都超过临界值 0.95，即存在中介效应，说明要素价格变动会通过降低城镇居民人均可支配收入来抑制本地区城镇居民消费需求的提高。

另外，这种对城镇居民消费需求的抑制作用在溢出效应中同样存在。在地理距离矩阵和经济距离矩阵下，加入城镇居民人均可支配收入这一机制变量后，要素价格变动的溢出效应分别为－0.814 和－1.107。城镇居民人均可支配收入的溢出效应分别为 0.334 和 0.472，且在 1%的水平上显著。同时，两者的 Sobel 检验结果中 Z 值为 1.71 和 1.59，都大于临界值 0.95，即存在中介效应，说明本地区的要素价格变动会通过减少城镇居民人均可支配收入来抑制地理距离相近地区城镇居民消费需求的提升。在经济距离矩阵下，要素价格变动的溢出效应为－1.107，城镇居民人均可支配收入的溢出效应为 0.472。由此表明，本地区的要素价格变动会通过降低城镇居民人均可支配收入来抑制经济发展水平相近地区城镇居民消费需求的提高。

表 7.7　中国要素价格变动对城镇居民消费需求的影响效应

影响效应	地理距离矩阵	经济距离矩阵	加入变量城镇居民人均可支配收入	
			地理距离矩阵	经济距离矩阵
直接效应（*DisT*）	－2.241*** （－5.82）	－2.719*** （－5.34）	－0.502 （－1.14）	－0.419 （－1.38）
直接效应（*UPI*）	—	—	0.747*** （10.26）	0.325*** （7.73）
溢出效应（*DisT*）	－6.448*** （－3.79）	－9.316*** （－3.01）	－0.814 （－1.89）	－1.107** （－1.44）
溢出效应（*UPI*）	—	—	0.334*** （3.56）	0.472*** （2.73）

注：括号里的数值为估计系数的 t 值，***、** 和* 分别表示在 1%、5%和 10%置信水平上显著（其他控制变量未在表中列出）。

表 7.8 中国要素价格变动对农村居民消费需求的影响效应

影响效应	地理距离矩阵	经济距离矩阵	加入变量农村居民人均可支配收入	
			地理距离矩阵	经济距离矩阵
直接效应（*DisT*）	−2.379*** (−6.42)	−1.334*** (−4.31)	−0.411 (−1.32)	−0.012 (−0.05)
直接效应（*RPI*）	—	—	1.364*** (12.93)	0.469*** (7.27)
溢出效应（*DisT*）	−5.769*** (−5.31)	−5.813*** (−3.77)	−1.874** (−1.26)	−0.187 (−0.94)
溢出效应（*RPI*）	—	—	0.339*** (3.17)	1.452*** (4.11)

注：括号里的数值为估计系数的 t 值，***、**和*分别表示在 1%、5%和 10%置信水平上显著（其他控制变量未在表中列出）。

从表 7.8 可以看出，当以农村居民消费需求为被解释变量时，无论是在地理距离矩阵还是经济距离矩阵下，在加入农村居民人均可支配收入这一机制变量后，要素价格变动对农村居民消费需求影响的直接效应都为负。农村居民人均可支配收入的直接效应分别为 1.364 和 0.469，且在 1%的水平上显著，说明提高农村居民人均可支配收入能够刺激本地区农村居民消费需求的增长。同时，两者的 Sobel 检验结果中 Z 值分别为 2.71 和 2.25，都超过临界值 0.95，即存在中介效应，说明要素价格变动会通过降低农村居民人均可支配收入抑制本地区农村居民消费需求的提升。

另外，这种对农村居民消费需求的抑制作用在溢出效应中同样存在。在地理距离矩阵和经济距离矩阵下，加入农村居民人均可支配收入这一机制变量后，要素价格变动的溢出效应分别为−1.874 和−0.187。农村居民人均可支配收入的溢出效应分别为 0.339 和 1.452，且在 1%的水平上显著。同时，两者的 Sobel 检验结果得出 Z 值分别为 2.13 和 2.85，都大于临界值 0.95，即存在中介效应，说明本地区的要素价格变动会通过抑制农村居民人均可支配收入来掣肘地理距离相近地区农村居民消费需求的提高。在经济距离矩阵下，要素价格变动的溢出效应为－0.187，农村居民人均可支配收入的溢出效应为 1.452。由此表明，本地区的要素价格变动会通过降低农村居民人均可支配收入来抑制经济发展水平相近地区农村居民消费需求的上升。

7.2.3　要素价格变动、收入分配与居民消费需求关系的实证检验

本书第 3 章理论基础与作用机制分析部分得出，要素价格变动可以通过降低劳动收入份额和扩大收入分配差距对居民消费需求产生抑制作用。接下来，将从居民收入分配和城乡收入差距角度就式（7.2）和式（7.3）中变量的系数进行检验，分析要素价格变动是否会从上述两个方面对居民消费需求产生影响。同时，根据研究需要，分别使用劳动收入份额和城乡收入差距作为系数检验的机制变量。

在中介效应机制检验过程中，将就要素价格变动是否对劳动收入份额（*SLI*）存在抑制效应，以及要素价格变动是否对城乡收入差距（*CR*）存在正向影响进行检验。由于要素价格变动与机制变量之间可能存在相互影响的内生性问题，所以利用在实证研究中被人们广泛采纳的两步系统 GMM 方法进行估计。首先，通过 Sargan 检验方法对广义矩估计中是否存在工具变量过度限制约束问题进行检验。从表 7.9 中 Sargan 检验的结果可以看出，p 值都超过 0.1，表明检验结果无法拒绝"所有工具变量均有效"的原假设，即使用的工具变量是有效的。其次，通过 Arellano-Bond 统计量检验误差项是否存在序列相关问题。从表 7.9 中二阶序列相关 AR（2）的检验结果显著大于 0.05，且一阶序列相关 AR（1）的检验结果均为 0 可知，检验结果支持误差项差分仅存在一阶自相关的假设。综合上述检验结果可以得出，选择两步系统 GMM 估计方法对模型进行分析是有效的，且能够克服变量间的内生性和弱工具变量问题。在回归结果中，劳动收入份额的一阶滞后项（*L.SLI*）和城乡收入差距的一阶滞后项（*L.CR*）系数分别为 0.231 和 0.943，且在 1%的水平上显著，说明两个机制变量都存在时间上的连续性。另外，要素价格变动对劳动收入份额和城乡收入差距的影响系数分别为－0.257 和 0.053，且在 5%的水平上显著。由此表明，要

素价格变动会导致居民劳动收入份额下降，并且造成城乡居民收入差距的扩大。

表 7.9 中介效应机制检验（第一步）

变量	劳动收入份额（*SLI*）	城乡收入差距（*CR*）
	模型（9）	模型（10）
L. SLI	0.231*** (6.73)	—
L. CR	—	0.943*** (42.79)
DisT	−0.257*** (−5.18)	0.053** (2.29)
AR(1)	−5.28 [0.000]	−4.47 [0.000]
AR(2)	−0.704 [0.735]	−0.638 [0.774]
Sargan	27.162 [0.926]	29.553 [0.952]
观测值	599	599

注：（1）圆括号和方括号里的数值分别为估计系数的 t 值和统计量的 p 值；（2）*L. SLI* 和 *L. CR* 分别为劳动收入份额和城乡收入差距的一阶滞后项；（3）***、**和*分别表示在 1%、5%和 10%置信水平上显著。

对式（7.2）中要素价格变动是否会对劳动收入份额和城乡收入差距产生影响的中介效应进行检验，结果表明：要素价格变动会导致居民劳动收入份额的下降，造成城乡居民收入差距的扩大。接下来，将从地理距离矩阵和经济距离矩阵角度检验核心变量对机制变量影响的显著性以及估计系数的正负关系。当被解释变量为居民总体消费需求时，将劳动收入份额（*SLI*）与城乡收入差距（*CR*）两个机制变量代入基准回归模型进行分析（如表 7.10 所示）。加入机制变量劳动收入份额后，要素价格变动的估计系数分别为−5.903 和−3.017，劳动收入份额的估计系数分别为 8.347 和 6.447，且在 1%的水平上显著。由此表明，要素价格变动会对本地区居民消费需求表现出明显的抑制效应，而劳动收入份额的增加可以促进本地区居民消费需求的增长。同时，两者的 Sobel 检验

结果得出 Z 值分别为 2.35 和 2.78，都超过临界值 0.95，即存在中介效应，说明要素价格变动会通过降低劳动收入份额来抑制本地区居民总体消费需求的提升。另外，这种对居民总体消费需求的抑制作用在溢出效应中同样存在，说明本地区的要素价格变动会通过减少劳动收入份额来抑制地理距离相近地区居民总体消费需求的提升。在加入城乡收入差距这一机制变量后，要素价格变动的估计系数分别为－4.411 和－2.609，城乡收入差距的估计系数分别为－0.774 和－0.518，且在 1%的水平上显著。由此表明，要素价格变动和城乡收入差距都对本地区居民消费需求具有明显的抑制效应。同时，两者的 Sobel 检验结果得出 Z 值分别为 3.17 和 2.94，都超过临界值 0.95，即存在中介效应，说明要素价格变动会通过城乡收入差距的扩大来抑制本地区居民总体消费需求的提升。同时，这种对居民总体消费需求的抑制作用在溢出效应中同样存在，说明本地区的要素价格变动能够通过城乡收入差距的扩大来抑制地理距离相近地区居民的总体消费需求提升。

表 7.10　中国要素价格变动对居民总体消费需求的影响效应

影响效应	地理距离矩阵	经济距离矩阵	加入变量劳动收入份额		加入变量城乡收入差距	
			地理距离矩阵	经济距离矩阵	地理距离矩阵	经济距离矩阵
直接效应 (*DisT*)	-3.771^{***} (−8.02)	-2.293^{***} (−5.36)	-5.903^{***} (−7.42)	-3.017^{***} (−5.05)	-4.411^{***} (−9.21)	-2.609^{***} (−7.73)
直接效应 (*SLI/CR*)	—	—	8.347^{***} (4.15)	6.447^{***} (7.19)	-0.774^{***} (−1.78)	-0.518^{***} (−2.33)
溢出效应 (*DisT*)	-6.348^{***} (−5.02)	-5.614^{***} (−3.45)	-4.374^{**} (−8.19)	-7.131^{***} (−5.04)	-8.804^{***} (−4.76)	-5.57^{***} (−4.34)
溢出效应 (*SLI/CR*)	—	—	9.051^{***} (2.16)	7.403^{***} (2.71)	-2.338^{**} (−1.99)	0.992 (0.75)

注：括号里的数值为估计系数的 t 值，***、**和*分别表示在 1%、5%和 10%置信水平上显著（其他控制变量未在表中列出）。

从表 7.11 可以看出，加入机制变量劳动收入份额后，当被解释变量为城镇居民消费需求时，要素价格变动的估计系数分别为－4.015 和－2.224，而劳动力收入份额的估计系数分别为 6.915 和 4.641，且在 1%的水平上显著。由此表明，要素价格变动会对本地区城镇居民消费需求产生明显的负向影响，同时，劳动收入份额的提高可以促进本地区城镇居民消费需求的增加。因此，要素价格变动能够通过降低劳动收入份额来抑制本地区城镇居民消费需求的提高。经过 Sobel 检验后发现这种对城镇居民消费需求的抑制作用在劳动收入份额的溢出效应中却不显著。说明要素价格变动无法通过降低劳动收入份额来抑制地理距离相近地区的城镇居民消费需求的提升。另外，在加入城乡收入差距这一机制变量后，要素价格变动的估计系数分别为－3.884 和－1.711，城乡收入差距的估计系数分别为－1.724 和－0.547，且在 1%的水平上显著。由此表明，要素价格变动和城乡收入差距会对本地区城镇居民消费需求表现出明显的抑制作用，说明要素价格变动能够通过城乡收入差距的扩大来抑制本地区城镇居民消费需求的增长，即要素价格变动在导致本地区居民收入分配差距扩大的同时，通过收入分配效应制约了城镇居民消费需求的提升。经过 Sobel 检验后发现，这种对城镇居民消费需求的抑制作用在城乡收入差距的溢出效应中并不显著。说明要素价格变动不能通过城乡收入差距的扩大来制约地理距离相近地区城镇居民消费需求的增长。

表 7.11　中国要素价格变动对城镇居民消费需求的影响效应

影响效应	地理距离矩阵	经济距离矩阵	加入变量劳动收入份额		加入变量城乡收入差距	
			地理距离矩阵	经济距离矩阵	地理距离矩阵	经济距离矩阵
直接效应 (*DisT*)	－3.901*** (－8.48)	－2.733*** (－5.56)	－4.015*** (－7.69)	－2.224*** (－5.35)	－3.884*** (－7.92)	－1.711*** (－7.43)
直接效应 (*SLI/CR*)	—	—	6.915*** (4.28)	4.641*** (3.21)	－1.724*** (－3.44)	－0.547*** (－1.23)
溢出效应 (*DisT*)	－6.112*** (－5.36)	－11.485*** (－3.74)	－5.895*** (－4.29)	－4.532*** (－5.99)	－6.211*** (－4.05)	－4.186*** (－4.16)
溢出效应 (*SLI/CR*)	—	—	4.208 (0.11)	3.478 (2.21)	－1.373 (－1.42)	0.196 (0.32)

注：括号里的数值为估计系数的 t 值，***、** 和* 分别表示在 1%、5%和 10%置信水平上显著（其他控制变量未在表中列出）。

从表7.12可以看出，加入机制变量劳动收入份额后，当被解释变量为农村居民消费需求时，要素价格变动的估计系数分别为－3.906和－2.958，劳动收入份额的估计系数分别为－5.413和－4.371，且在1%的水平上显著。由此表明，要素价格变动对本地区农村居民消费需求的提高具有显著的负向影响。同时，劳动收入份额的提高会导致本地区农村居民消费需求的下降，该结论与理论预期不符。本书认为，出现这一经济现象的可能原因如下：一方面，劳动者报酬增长的主要受影响群体是劳动力市场中的城镇劳动者；另一方面，进城务工人员在城镇中工作获得的大部分劳动报酬收入会被转移至农村或是形成储蓄。因此，劳动收入份额的增长没有形成大规模消费需求的增加。所以，在理论分析中因要素价格变动导致的收入分配机制对居民消费的抑制效应在这里不成立。另外，在地理距离矩阵和经济距离矩阵下，劳动收入份额溢出效应的估计系数分别为－13.741和－10.937，要素价格变动的估计系数分别为－6.206和－7.584，且在1%的水平上显著。说明溢出效应中要素价格变动通过劳动收入份额对农村居民消费需求的抑制作用不成立。在加入城乡收入差距这一机制变量后，要素价格变动的估计系数分别为－1.452和－1.467，城乡收入差距在地理距离矩阵下的估计系数为－0.761，且在10%的水平上显著。由此表明，要素价格变动和城乡收入差距对本地区农村居民消费需求存在明显的抑制效应，要素价格变动会通过城乡收入差距的扩大来抑制本地区农村居民消费需求的增长。在地理矩阵下，城乡收入差距的溢出效应估计系数为－0.313，但不显著。经过Sobel检验后发现，Z值为0.62，小于临界值0.95，即不存在中介效应。在经济矩阵下，要素价格变动的溢出效应估计系数分别为－7.584和－6.014，城乡收入差距的估计系数为2.739，且在1%的水平上显著。说明溢出效应中要素价格变动通过城乡收入差距对农村居民消费需求的抑制作用不成立。

表 7.12 中国要素价格变动对农村居民消费需求的影响效应

影响效应	地理距离矩阵	经济距离矩阵	加入变量劳动收入份额		加入变量城乡收入差距	
			地理距离矩阵	经济距离矩阵	地理距离矩阵	经济距离矩阵
直接效应 (*DisT*)	−2.371*** (−7.59)	−1.205*** (−5.36)	−3.906*** (−7.25)	−2.958*** (−5.11)	−1.452*** (−7.72)	−1.467*** (−4.78)
直接效应 (*SLI/CR*)	—	—	−5.413*** (−4.61)	−4.371*** (−3.88)	−0.761** (−2.35)	0.039 (0.01)
溢出效应 (*DisT*)	−5.564*** (−5.42)	−7.227*** (−3.49)	−6.206*** (−6.24)	−7.584*** (−5.26)	−5.659*** (−6.35)	−6.014*** (−3.51)
溢出效应 (*SLI/CR*)	—	—	−13.741*** (3.31)	−10.937*** (3.25)	−0.313 (−0.12)	2.739*** (3.26)

注：括号里的数值为估计系数的 t 值，***、**和*分别表示在 1%、5%和 10%置信水平上显著（其他控制变量未在表中列出）。

7.3 本章小结

本章基于中国 2000—2019 年除西藏自治区及港澳台地区以外 30 个省（自治区、直辖市）的面板数据，使用两步系统 GMM 估计方法和空间杜宾模型（SDM）就中国要素价格变动对居民消费需求的作用机制进行实证分析。同时，利用中介效应检验法验证要素价格变动对居民消费需求的影响路径，主要包括收入水平和收入分配两个机制变量。实证分析得出：

（1）要素价格变动对城镇和农村居民人均可支配收入的估计系数均为负值，且在 1%的水平上显著。结果表明，要素价格变动会导致城镇和农村居民收入水平的下降。另外，通过加入机制变量城镇和农村居民人均可支配收入进行中介效应检验得出，要素价格变动能够通过降低居民人均可支配收入来抑制居民消费需求的提升。首先，从加入城镇居民人均可支配收入这一机制变量的角度看，要素价格变动会通过降低城镇居民人均可支配收入来抑制本地区城镇居民消费需求的提高。同时，这种对城镇居民消费需求的抑制作用在溢出效应中同样存在。无论是在地理距离矩阵还是在经济距离矩阵下，本地区的要素价格变动都会通过减少城镇居民人均可支配收入来抑制地理距离相近地区和经济发展水平相近地区城镇居民消费需求的提升。其次，从加入农村居民人均可支配收入这一机制变量的角度看，要素价格变动会通过降低农村居民人均可支配收入来抑制本地区农村居民消费需求的提升。同时，这种对农村居民消费需求的抑制作用在溢出效应中同样存在。无论是在地理距离矩阵还是在经济距离矩阵下，本地区的要素价格变动都会通过降低农村居民人均可支配收入来抑制地理距离相近地区和经济发展水平相近地区农村居民消费需求的提高。

（2）从居民收入分配和城乡收入差距的角度看，要素价格变动会导致居民劳动收入份额的下降，造成城乡居民收入差距的扩大。以劳动收入份额和城乡收入差距为机制变量的中介效应检验得出：第一，当被解释变量为居民总体消费需求时，无论是在地理距离矩阵还是经济距离矩阵下，要素价格变动都会通过降低劳动收入份额和扩大城乡收入差距来抑制本地区居民总体消费需求的提升。另外，这种对居民总体消费需求的抑制作用在溢出效应中同样存在，说明本地区的要素价格变动会通过减少劳动收入份额和扩大城乡收入差距来抑制地理距离相近地区居民总体消费需求的提升。第二，当被解释变量为城镇居民消费需求时，要素价格变动会对本地区城镇居民消费需求产生明显的负向影响，同时，劳动收入份额的提高可以促进本地区城镇居民消费需求的增加。因此，要素价格变动能够通过降低劳动收入份额来抑制本地区城镇居民消费需求的提高。但是，这种对城镇居民消费需求的抑制作用在劳动收入份额的溢出效应中却不显著。说明要素价格变动无法通过降低劳动收入份额来抑制地理距离相近地区城镇居民消费需求的提升。另外，在加入城乡收入差距这一机制变量后，要素价格变动和城乡收入差距会对本地区居民消费需求表现出明显的抑制作用，说明要素价格变动能够通过城乡收入差距的扩大来抑制本地区城镇居民消费需求的增长，即要素价格变动在导致本地区居民收入分配差距扩大的同时，通过收入分配效应制约了城镇居民消费需求的提升。但是，这种对城镇居民消费需求的抑制作用在城乡收入差距的溢出效应中并不显著。说明要素价格变动不能通过城乡收入差距的扩大来制约地理距离相近地区城镇居民消费需求的增长。第三，当被解释变量为农村居民消费需求时，要素价格变动对本地区农村居民消费需求的提高具有显著的负向影响。同时，劳动收入份额的提高会导致本地区农村居民消费需求的下降。另外，无论是在地理距离矩阵还是经济距离矩阵下，溢出效应中要素价格变动通过劳动收入份额对农村居民消费需求的抑制作用都不成立。在加入城乡收入差距这一机制变量后，要素价格变动和城乡收入差距对本地区农村居民消费需求存在明显的抑制效应。因此，要素价格变动会通过城乡收入差距的扩大来抑制本地区农村居民消费需求的增长。

本章相对系统地研究了中国要素价格变动对居民消费需求的内在影响机制。有学者认为，收入水平是决定居民消费需求的重要因素，甚至影响社会整体消费结构的转型升级。近年来，能否推动居民收入水平的提升已成为扩大中国居民消费需求，实现经济增长“内循环”的关键所在（韩海燕，2020）。本章研究结果表明，中国要素价格变动会对城镇和农村居民人均收入水平的提高产生不利影响，从而抑制居民消费需求的增长。根据研究结论，提出以下几点政策建议：第一，加快推进生产要素市场化改革进程，特别是在国内外环境发生深刻复杂变化以及中国人口红利逐渐消失的大背景下，能否实现市场在资源配置中的决定性作用以及提高要素资源配置效率成为能否实现经济可持续发展的重要方面。第二，减少中国生产要素价格变动程度，提高劳动要素报酬在国民收入分配中的比重，可以缩小居民收入分配差距，推动居民消费需求的提升。

第 8 章　研究结论与政策建议

近年来，关于中国要素价格变动、收入分配失衡与消费需求不足等问题的研究成为社会各界普遍关注的热点，有部分学者试图探析三者之间的内在关系。就要素价格变动而言，虽然要素价格变动能够在一定程度上促进经济增长，尤其是促进资源依赖较高的第二产业发展，但是要素价格变动也导致国内资本、劳动、土地等资源的配置效率低、经济结构失衡以及发展路径依赖等问题突出。2020 年 3 月 30 日，为深化要素市场改革，构建统一开放、竞争有序的要素市场化体制机制，中共中央、国务院印发《关于构建更加完善的要素市场化配置体制机制的意见》，这是中国第一次从国家层面对要素市场化配置问题进行系统性、深层次、多方位的部署。该意见对国内资本、劳动、土地等要素市场实现要素价格市场决定，加快破除制约要素自主有序流动的体制机制障碍，健全要素市场体系等提出具体要求。在国内外环境发生深刻复杂变化的大背景下，坚持以供给侧结构性改革为主线，实现以消费拉动经济“内循环”，将成为中国促进经济可持续发展，加快经济体制改革的关键突破点。就收入分配失衡而言，中国居民收入分配差距持续扩大已成为当前需要着力解决的突出问题。党的二十大在持续深化收入分配改革的基础上提出“两个同步”的改革任务，其目的就是实现国民收入分配格局更加合理有序，将经济增长、劳动生产率提高和人民生活水平提高有机结合起来，使得经济建设取得的重大成就能够有效造福广大劳动者，这是接下来很长一段时期中国在调节收入分配上的主要方向和总体要求。就消费需求不足而言，消费是拉动经济增长的“三驾马车”之一，中国居民消费需求持续下降不仅严重制约经济的转型发展，而且造成投资过度和出口依赖等经济结构失衡问题。由此可以看出：一方面，基于生产要素市场不完善的视角，研究中国要素价格变动对收入分配和消费需求的影响，不仅有助于缩小收入分配差距、丰富消费理论的相关成果，而且是对以市场经济为假设前提的西方传统经济理论的一种补充和延伸；另一方面，研究中国要素价格变动对收入分配和消费需求的影响对深化要素市场改革，缩小居民收入差距，实现以消费推动经济增长，具有重要的现实意义。

8.1 研究结论

本书从理论机制出发，构建要素价格变动与收入分配失衡的理论模型，在此基础上就要素价格变动对居民消费需求不足的影响路径进行分析。在实证研究部分：首先，基于中国 2000—2019 年除西藏自治区及港澳台地区以外 30 个省（自治区、直辖市）的面板数据，使用两步系统 GMM 估计方法分析中国要素价格总变动对收入分配失衡影响的内在机理；其次，通过两步系统 GMM 估计方法和空间杜宾模型（SDM）就中国要素价格变动对居民消费需求不足的作用机制进行分析，利用中介效应检验法验证要素价格变动对居民消费需求的影响路径。本书研究得出的主要结论如下：

第一，通过构建理论模型，探讨了要素价格变动对收入分配失衡以及居民消费需求不足的影响，从理论上论证了彼此之间的内在关系。理论分析发现：(1) 总的要素价格变动加剧了中国收入分配失衡；(2) 不同要素价格变动，即资本、劳动和土地要素价格变动对居民收入分配的影响机制存在一定差异；(3) 转型时期中国资本市场行政垄断的存在，导致资本价格长期被低估，资本市场一直处于价格变动的状态，资本价格变动通过抑制收入增长来影响居民的消费需求。中国城乡“二元”经济结构、人口户籍制度等因素的存在，使得中国劳动要素长期处于负向变动的状态。劳动要素价格变动不仅会对中国资源配置效率产生许多不利影响，还会降低居民收入水平，扩大收入分配差距，抑制居民消费需求的提升。土地市场作为一种重要的要素市场，其市场化水平不仅会对土地资源配置效率和土地要素供求价格产生直接影响，还会形成重要的收入分配效应，影响居民的消费需求。因此，要素价格变动会通过影响居民收入水平和收入分配来抑制居民消费需求的提升。

第二，通过对比分析现阶段较为常用的衡量要素价格变动的方法，在传统 C-D 生产函数的基础上采用扩展的 C-D 生产函数法对中国 2000—2019 年除西藏自治区及港澳台地区以外 30 个省（自治区、直辖市）的要素价格总变动程度以及资本、劳动、土地要素价格变动程度进行测算。结果表明：中国资本、劳动和土地要素市场都存在价格变动现象。在样本期内，就全国而言，除劳动要素价格存在正向变动外，资本、土地要素价格均呈现出负向变动，表明现阶段中国劳动力市场中的劳动要素实际价格大于其边际产出水平。但是，这种正向变动程度开始逐渐减弱，甚至在部分地区呈现出负向变动的趋势。因此，未来还需要进一步消除城乡“二元”经济结构，加大户籍制度改革力度，弱化限制劳动力自由流动的制度约束，解决劳动力市场价格变动问题。在资本要素价格变动的测算中，中国资本市场资本要素的实际价格严重低于其边际产出水平，资本要素价格呈现出较大的负向变动。由于中国政府对资本市场的人为干预，如为了促进地区经济发展，加大招商引资力度等，导致资本要素市场价格一直被严重低估。同时，中国资本要素价格变动程度明显大于劳动要素价格变动程度，这种资本-劳动要素相对价格负向变动的存在会对居民就业、收入甚至消费产生不利影响。土地要素价格变动的测算结果表明，中国土地要素存在严重的价格负向变动问题，土地市场中土地要素的实际价格远低于边际产出水平。就全国总体来说，虽然近年来中国土地要素价格变动程度存在下降趋势，但加快土地市场化改革进程，实现城乡统一的用地市场，仍然需要各方高度重视。

第三，利用两步系统 GMM 估计方法对模型进行实证研究，在分析中国要素价格总变动对居民收入不平衡影响的基础上，进一步探讨中国资本价格变动、劳动价格变动和土地价格变动对收入分配失衡影响的内在机理。结果表明：(1)

中国要素价格总变动和资本价格变动对收入分配失衡的影响表现为线性正相关关系，即样本期内，无论是中国要素价格总变动程度的提高，还是资本价格变动程度的加剧，都会导致居民收入差距的扩大。实证分析发现，中国劳动价格变动和土地价格变动对收入分配失衡的影响呈现出类似于库兹涅茨曲线的倒“U”形关系，即伴随劳动价格变动或土地价格变动程度的上升，居民收入分配差距表现为先扩大后缩小的变化趋势。从土地市场化程度看，中国土地价格变动对居民收入不平衡的影响仍然处于正向作用阶段，即土地价格变动加剧了居民收入分配的失衡。因此，需要进一步加大土地要素配置市场化改革力度，以尽快摆脱土地价格变动过大的“高水平陷阱”，同时也需要警惕以土地私有化推进土地市场化等危险举措。(2) 在加入经济发展水平、金融发展程度、人力资本状况、产业结构和就业状况等控制变量后，要素价格变动的估计系数符号没有发生改变。同时，通过对比分析两步系统 GMM 估计方法和两步差分 GMM 估计方法得出的估计结果发现，其在系数符号和显著性方面也基本一致，说明模型设定是合理的，且研究结论是稳健的。

第四，通过 2000—2019 年省级面板数据就中国要素价格变动对要素收入分配失衡的影响进行系统深入的实证分析。由于动态面板数据模型在对变量参数进行估计时可能存在解释变量之间的内生性和弱工具变量问题，导致估计结果的严重偏误。因此，利用在实证研究中被人们广泛采纳的两步系统 GMM 估计方法，分析中国要素价格总变动、资本价格变动、劳动价格变动以及土地价格变动对要素收入分配失衡影响的内在机理。研究结论如下：(1) 中国要素价格总变动与要素收入分配失衡之间呈现显著的倒“U”形关系，表明在样本期内随着要素价格总变动程度的持续上升，国民经济中劳动收入份额的占比呈现出先增加后减少的过程。(2) 资本价格变动的估计系数为正，说明随着资本价格变动程度的上升，劳动报酬占国民经济中的比重持续提高，因此能够减少中国要素收入分配失衡问题。表现为资本价格变动程度上升，要素收入分配失衡降低。(3) 劳动价格变动的估计系数均为负值，说明劳动价格变动程度的上升，导致劳动报酬占国民经济中的比重下降，进一步提高了要素收入分配不平衡的程度，即劳动价格变动程度提高 1 个单位，则劳动报酬占国民经济中的比重下降约 7.1%。因此，劳动价格变动是导致要素收入分配失衡的重要原因。（4）土地价格变动对要素收入分配失衡的估计结果一次项符号为正，平方二次项符号为负。表明土地价格变动与要素收入分配失衡之间呈现倒“U”形关系，即土地价格变动程度的提高不必然导致要素收入分配失衡的加剧，表现为先扩大后缩小的变化趋势。

第五，使用两步系统 GMM 估计方法和空间杜宾模型（SDM）就中国要素价格变动对居民消费需求不足的作用机制进行实证分析。同时，利用中介效应检验法验证要素价格变动对居民消费需求的影响路径，包括收入水平和收入分配两个机制变量。实证分析得出：（1）要素价格变动会导致城镇和农村居民收入水平的下降。另外，通过加入机制变量城镇和农村居民人均可支配收入进行中介效应检验得出，要素价格变动能够通过降低居民人均可支配收入来抑制居民消费需求的提升。首先，从加入城镇居民人均可支配收入这一机制变量的角度看，要素价格变动会通过降低城镇居民人均可支配收入来抑制本地区城镇居民消费需求的提高。同时，这种对城镇居民消费需求的抑制作用在溢出效应中同样存在。无论是在地理距离矩阵还是在经济距离矩阵下，本地区的要素价格变动会通过减少城镇居民人均可支配收入来抑制地理距离相近地区和经济发展水平相近地区城镇居民消费需求的提升。其次，从加入农村居民人均可支配收入这一机制变量的角度看，要素价格变动会通过降低农村居民人均可支配收入来抑制本地区农村居民消费需求的提升。同时，这种对农村居民消费需求的抑制作用在溢出效应中同样存在。无论是在地理距离矩阵还是在经济距离矩阵下，本地区的要素价格变动都会通过降低农村居民人均可支配收入来抑制地理距离相近地区和经济发展水平相近地区农村居民消费需求的提高。（2）从居民收入分配和城乡收入差距的角度看，要素价格变动会导致居民劳动收入份额的下降，造成城乡居民收入差距的扩大。以劳动收入份额和城乡收入差距为机制变量的中介效应检验得出：当被解释变量为居民总体消费需求时，无论是在地理距离矩阵还是在经济距离矩阵下，要素价格变动都会通过降低劳动收入份额和扩大城乡收入差距来抑制本地区居民总体消费需求的提升。另外，这种对居民总体消费需求的抑制作用在溢出效应中同样存在，说明本地区的要素价格变动会通过减少劳动收入份额和扩大城乡收入差距来抑制地理距离相近地区居民总体消费需求的提升。当被解释变量为城镇居民消费需求时，要素价格变动会对本地区城镇居民消费需求产生明显的负向影响，同时，劳动收入份额的提高可以促进本地区城镇居民消费需求的增加。因此，要素价格变动能够通过降低劳动收入份额来抑制本地区城镇居民消费需求的提高。但是，这种对城镇居民消费需求的抑制作用在劳动收入份额的溢出效应中却不显著。说明要素价格变动无法通过降低劳动收入份额来抑制地理距离相近地区的城镇居民消费需求的提升。另外，在加入城乡收入差距这一机制变量后，要素价格变动和城乡收入差距会对本地区居民消费需求表现出明显的抑制作用，说明要素价格变动能够通过城乡收入差距的扩大来抑制本地区城镇居民消费需求的增长，即要素价格变动在导致本地区居民收入分配差距扩大的同时，通过收入分配效应制约了城镇居民消费需求的提升。但是，这种对城镇居民消费需求的抑制作用在城乡收入差距的溢出效应中并不显著。说明要素价格变动不能通过城乡收入差距的扩大来制约地理距离相近地区城镇居民消费需求的增长。当被解释变量为农村居民消费需求时，要素价格变动对本地区农村居民消费需求的提高具有显著的负向影响。同时，劳动收入份额的提高也会导致本地区农村居民消费需求的减少。另外，无论是在地理距离矩阵还是在经济距离矩阵下，溢出效应中要素价格变动通过劳动收入份额对农村居民消费需求的抑制作用都不成立。在加入城乡收入差距这一机制变量后，要素价格变动和城乡收入差距对本地区农村居民消费需求存在明显的抑制效应。可以得出，要素价格变动会通过城乡收入差距的扩大来抑制本地区农村居民消费需求的增长。

8.2 政策建议

本书在现有研究的基础上，深化中国要素价格变动、收入分配和消费需求的相关理论成果。总体而言，现阶段中国要素价格变动程度依然较大，且没有出现明显的下降趋势。其中，中国资本、劳动、土地等关键要素价格变动的存在是导致收入分配失衡以及消费需求不足的重要原因。本书研究对深化要素市场改革，缩小居民收入差距，实现以消费推动经济增长提供了重要理论支持。根据研究结论，提出以下有针对性的政策建议：

第一，推动要素市场化改革，降低要素价格变动程度。（1）在劳动要素市场化改革方面：当前，中国户籍制度改革已经取得重要进展，但是在进城务工人员市民化问题上需要进一步突破，仍然存在诸多制约劳动力在城乡之间自由流动的体制机制因素，劳动市场化程度不足将影响劳动力要素的有效配置。一方面，市场化改革的目的是使国民经济发展与劳动者的收入增长率得到同步提高，从而缓解要素收入分配失衡，提高居民收入水平，最终释放居民消费需求潜力；另一方面，由于中国城乡“二元”经济结构的存在，继续推进户籍制度改革仍然是未来一段时期的重要任务，也是考验社会公平效率的关键。因此，需要消除附加在户籍制度上的医疗、养老、教育等各项隐性福利，避免进城务工人员市民化问题无法落实，限制了农村转移人口或者外来务工人员的自由流动，这种“半城镇化”现象的长期存在会导致城乡收入差距持续扩大，抑制居民消费需求的提升。国家统计局数据显示，2023 年中国城镇人口占总人口的比重（常住人口城镇化率）约为 65%，但是户籍人口城镇化率仅为 47%。由此表明，中国农村转移人口市民化问题的彻底解决还需要政府加快推进改革。当然，户籍制度改革要根据各地区社会经济发展实际，努力将协同配合、因地制宜作为灵活制定政策的重要原则，不能简单生硬地搞“一刀切”。农村转移人口主要向沿海地区、中心城市和部分大城市流入，大城市应根据自身规划在大幅增加落户规模的前提下调整完善积分落户制度，既要避免城市“摊大饼”式的发展，又要让各行各业的进城务工人员能够在城市获得同等的市民待遇。另外，中小城市需要加快以“人”为核心的新型城镇化建设，在门槛上降低农村转移人口的落户标准，促进城乡统筹发展。要充分发挥市场机制在劳动要素配置中的决定性作用，使得劳动者能够真正实现自己的价值，获得与自身价值相对应的报酬收入，降低劳动要素价格变动对居民消费需求的负向影响。要加强就业信息服务平台建设，形成服务完善、城乡统一的劳动力市场，提升市场机制对居民特别是农村居民就业的资源配置能力，促进劳动要素的合理有序流动。在国民收入初次分配中，需要改变过去向国家和企业倾斜的状况，提高劳动报酬占国民收入中的比重，使得广大劳动者能够享受经济增长带来的成果，做到“藏富于民”。（2）在资本要素市场化改革方面：加快推进中国利率市场化特别是存款利率市场化的改革步伐，使利率能够切实反映资本的市场价格及其供求关系的变化，促进资本的合理有效流动，充分发挥资源优化配置的作用。目前，中国的利率体系由政策利率和市场利率组成，以央行制定的短端政策调控利率为导向。虽然中国利率市场化改革取得了一系列重要进展，但是也存在着政策锚定利率不清晰、利率两轨制和市场利率不够市场化等问题。改革后的利率应是一种能够充分反映资本稀缺性和供求变化的市场化利率。商业银行为了自身利益最大化，可能会通过调整存贷款方式造成恶性竞争，进行利率市场化改革需要根据实际情况采取多阶段、分步骤、渐进式的措施。2020 年，中共中央、国务院印发的《关于构建更加完善的要素市场化配置体制机制的意见》中指出，稳妥推进存贷款基准利率与市场利率并轨。推动存款利率市场化将作为未来改革的主要任务，逐步放松甚至取消官定存贷款利率，让金融体系能够根据经营状况自主调整相应的决策，这样不仅可以增加居民的财产性收入（利息收入），而且能够推动消费信贷的进一步发展。另外，金融市场不完善导致的资金价格偏低造成中国经济结构的严重失衡，投资过度不仅加剧了生产的非理性，而且抑制了居民消费需求的提升，引起产能过剩、缺乏创新动力、消费内需不足等问题。中国国有企业更容易从商业银行获得所需的融资贷款，民营企业特别是中小微企业却很难通过金融机构实现融资。一方面，国有企业的要素使用成本偏低，导致企业过度依赖资源，缺乏技术创新，限制了产业的转型升级，最终导致社会生产无法满足多样化的产品需求；另一方面，大量民间资本涌入中小微企业，成为民营企业获得融资的主要渠道。但是，由于缺乏必要的法律法规作为保障，这种融资形式存在极大的风险，若出现资金链断裂、债务违约、企业破产等问题，就会造成债权人权益的不确定性，对居民财富造成不同程度的损失，最终抑制居民消费需求的增长。（3）在土地要素市场化改革方面：完善城乡统一的建设用地市场、激发土地市场活力、推动土地要素自主有序流动是实现土地要素市场化改革的关键所在。虽然《中华人民共和国土地管理法》（2020年）的颁布破除了集体经营性建设用地入市、建立城乡统一建设用地市场、耕地指标跨区域交易的法律障碍，但是在实践过程中仍存在“谁来入市”、入市成本价格、土地增值收益分配、交易价格被人为固化等诸多问题。因此，在土地市场中需要进一步弱化政府的行政垄断地位，降低政府在土地资源配置过程中的人为干预程度。在农地非农化过程中，地方政府通常以压低土地价格的方式从农民手中获得土地，为了扩大招商引资规模，以较低的工业用地价格出让给投资商，同时，在建设用地上以较高的价格出让给开发商，形成土地价格的结构性问题。在此过程中，地方政府和企业均获得较高的土地增值收益，但是村集体和农民的利益没有得到应有的保障，更缺乏补偿收益的长期化。政府应明确农村土地产权特别是宅基地产权，实现集体经营性建设用地价格市场化，由村民集体自主决定土地的转让用途、流转价格和增值收益分配方式等。另外，应加快推进新农村建设，发展现代农业，实现农村经营方式的转变，改善农村土地资源的配置效率，释放农村剩余劳动力，提高农村居民的收入水平，激发农村居民的消费潜力。

第二，在加入一系列相关控制变量后，通过分析其对主要被解释变量的影响得出，导致中国收入分配失衡和消费需求不足的原因是多方面的，因此，有必要从多个角度进行充分考虑。例如：有学者认为，经济发展水平、居民收入分配与消费需求之间存在相互影响的内在关系，经济发展和居民收入分配之间具有“双向决定”的机制。一方面，经济发展决定居民收入分配，经济发展的水平、速度、质量等影响居民收入分配的公平性；另一方面，收入分配制度同样决定经济发展方式，在消费内需相对不足的特定经济环境下，收入分配状况的改善能够带来社会总需求的增长，最终促进经济发展。由此可知，经济发展、居民收入分配与消费需求之间表现出一种辩证关系，不是单向的决定机制。同时，这种“双向决定”的辩证关系是随着经济条件的变化动态调整的（杨灿明等，2010）。收入分配状况的改善通过居民消费需求的提高推动经济发展。居民消费需求是一种最终消费需求，投资需求则是一种派生需求（引致需求），当需求相对不足时，经济发展主要依靠消费需求的增长。社会有效消费需求的提高主要取决于居民人均可支配收入的增加、总消费需求的释放以及边际消费倾向的上升。首先，对于较低档的生活必需品消费（如食品、服装、家电、厨卫等家庭用品）而言，由于收入较高群体对这些基本生活必需品的边际消费倾斜较低，消费需求已转向高档消费品，收入较低的群体则成为生活必需品消费的重要主体。相对公平的收入分配可以使低收入群体获得较为稳定的收入，让他们满足对这些生活必需品的消费需求。其次，对于家电、住房、家具、汽车、名表等高档消费品或耐用消费品来说，收入较高群体对这些商品的消费需求因收入水平提高而增长的幅度有限。因此，相对公平的收入分配能够使中低收入群体在满足生活必需品消费需求的同时逐渐提高居民储蓄，增强其购买高档消费品的即期消费能力。再次，相对公平的收入分配使中低收入群体的收入在国民收入增量中的占比不断增加，提高其预期收入水平，增强中低收入群体的消费信心，释放居民消费潜力。因此，在制定政策时，政府要立足于现阶段存在的收入分配失衡和居民消费需求不足的现实问题，充分考虑推动社会经济发展的客观需求。近年来，许多学者的研究认为，促进经济发展、降低收入分配差距与提高居民消费需求之间不是矛盾的，公平的收入分配有助于居民消费需求的提高，社会整体消费需求的释放能够在拉动经济发展的同时实现以消费促进经济“内循环”。反过来，经济发展也有利于居民收入水平的提高（谢琦，2013；张来明 等，2016；孙豪 等，2020）。

在中国房地产市场中，相对于居民收入而言，商品房价格长期过高，超过了绝大部分中低收入群体可以接受的范围，买房储蓄行为已经严重影响了他们在日常生活上的消费支出。近年来，中国政府积极采取各项调控措施，其目的就是抑制房价过快增长。本书认为，在住房市场的管理上，中国政府可以借鉴新加坡的经验，为中低收入群体提供以租赁为主的政府保障性住房，而商品房主要提供给高收入群体购买。例如，新加坡政府通过对土地资源的有力控制，实施组屋政策，以较低的价格出售组屋给居民，实现“居者有其屋”。据统计，2020 年家庭月收入在 3 万至 6 万新元的新加坡居民可以申请三居室的组屋。同时，居民申请组屋的最低收入标准也会随着经济发展水平的提高而不断上升，其目的是使更多的中低收入群体能够申请到组屋。新加坡《人口简报（2020 年）》数据表明，高达 82％的新加坡居民居住在组屋中。学习新加坡的住房市场模式，不仅能够降低中国居民对商品房的过度依赖，打击炒房投机行为，而且有利于推动其他领域居民消费需求的提升。

总之，为了推进党的十八大以来提出的“构建扩大内需的长效机制，实现经济结构协调发展”的战略目标，有必要在充分考虑中国社会经济发展现状的基础上加强要素市场化改革，特别是加快资本、劳动和土地等关键生产要素的市场化进程，提高要素资源配置效率，降低要素价格变动程度。发挥市场机制在资源配置中的决定性作用，不仅有助于促进经济高质量发展，而且有利于公平合理的收入分配，提高内需对经济增长的贡献率，最终实现经济结构的转型发展。本书给出了推动中国要素市场化改革与经济结构转型发展的启示路线图，如图 8.1 所示。

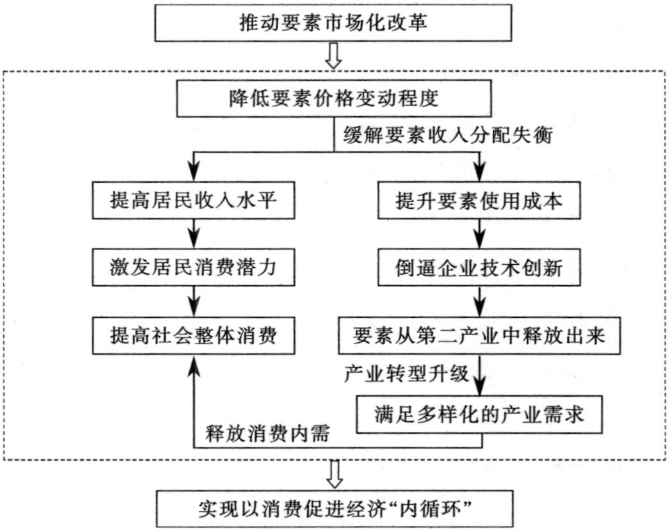

图 8.1 推动中国要素市场化改革与经济结构转型发展的启示路线图

8.3 本章小结

基于社会经济发展过程中的现实问题，探讨中国要素价格变动、收入分配失衡与消费需求不足之间的内在影响机理，不仅有助于丰富消费理论的相关成果，而且对推进要素市场化改革、缩小居民收入分配差距、实现以消费促进经济“内循环”等具有重要的现实意义。本书通过严谨的理论分析和较为科学的经验依据对相关问题进行系统翔实的研究，但是由于受学术水平、科研条件、文献数据以及投入时间等方面的限制，本书必然存在一定不足，需要在将来进行深入的研究。

第一，本书在理论分析与实证研究的基础上探讨中国要素价格变动、收入分配与消费需求之间的内在关系，理论分析部分的数理模型较为简单，仅是根据中国宏观经济现状，从各自的角度进行数理模型的构建，缺乏对更多内生因素的考虑。因此，在接下来的研究中有必要整合并拓展现有的相关理论成果，在一个统一的框架内（包括所有内在因素）就要素价格变动、收入分配与消费需求的作用机制进行分析。

第二，本书采用中国 2000—2019 年除西藏自治区及港澳台地区以外 30 个省（自治区、直辖市）的面板数据，由于要素价格变动问题从计划经济时期就一直存在，而且改革开放以后经历了一系列的市场经济实践，出现了新的特点，使得本书可能存在两方面的不足：一方面，本书所包含的样本期显得略短，无法相对完整地反映要素价格变动对收入分配失衡和消费需求不足的影响，也不能就改革开放前后的变化情况作对比分析；另一方面，本书采用省际层面的宏观数据，缺乏对中观行业层面、微观不同性质部门数据的分析。

第三，随着中国居民收入水平的不断提高，居民消费需求不再是简单的“量”上的增加，更加注重“质”的提升。但是，本书没有分析中国要素价格变动对居民消费结构升级的内在影响，在接下来的研究中有必要将其考虑在内。

另外，本书在研究要素价格变动时只涉及资本、劳动和土地三种传统的生产要素，随着经济发展水平的提高以及产业结构的调整，需要将越来越多的要素考虑进去，如数据、能源、企业家才能等。

参考文献

[1] Magee S P. Factor Market Distortions, Production, Distribution, and the Dure Theory of International Trade [J]. The Quarterly Journal of Economics, 1971 (4): 623-643.

[2] Stolper W, Samnelson P A. Protection and Real Wages [J]. Review of Economic Studies, 1941 (1): 58-73.

[3] Bhagwati J N. The Generalized Theory of Distortions and Welfare [J]. The Quarterly Journal of Economics, 1971 (1): 69-90.

[4] Baldwin R E. Non-Tariff Distortions of International Trade [J]. Economic Journal, 1970 (11): 36-49.

[5] Rodrik D. Tariffs, Subsidies and Welfare with Endogenous Policy [J]. Journal of International Economics, 1992 (7): 258-296.

[6] Srinivasan T N. The Political Economy of the Rent-seeking Society [J]. American Economic Review, 1996 (7): 236-257.

[7] Tobin J. Inflation and Unemployment [J]. American Economic Review, 1972 (2): 1-18.

[8] Pieter D, Piet B. A Test of Dual Labor Market Theory [J]. American Economic Review, 2019 (5): 135-146.

［9］ Banerjee. Growth Theory Through the Lens of Development Economics ［M］ // Philippe A，Steven D. Handbook of Economic Growth. Amsterdam：Elsevier Science，2005：473-552.

［10］ Wu Q，Li Y L，Yan S Q. The Incentives of China's Urban Land Finance ［J］. Land Use Policy，2015 (5)：432-442.

［11］ Li J. Land Sale Venue and Economic Growth Path：Evidence from China's Urban Land Market ［J］. Habitat International，2014 (41)：307-313.

［12］ Kravis I B. Relative Income Shares in Fact and Theory ［J］. The American Economic Review，1997 (5)：917-949.

［13］ Esteban V. Measure and Cause Analysis of Factor Price Distortion ［J］. Quarterly Journal of Economics，2017 (9)：386-393.

［14］ Kornai J. The Hungarian Reform Process：Visions，Hopes，and Reality ［J］. Journal of Economic Literature，1986 (24)：1687-1737.

［15］ Behrman J R. Sectoral Elasticities of Substitution Between Capital and Labor in a Development Economy：Time Series Analysis in the Case of Postwar Chile ［J］. Econometrica，2016 (2)：311-326.

［16］ Hsieh C T，Klenow P J. Misallocation and Manufacturing TFP in China and India ［J］. Quarterly Journal of Economics，2009 (4)：1403-1448.

［17］ Fernando G B. Investment Rates and the Aggregate Production Function ［J］. European Economic Review，2013 (5)：150-169.

［18］ Allen R C. The Rise and Decline of the Soviet Economy ［J］. Canadian Journal of Economies，2001 (4)：96-113.

［19］ Broeck S P. Further Implications of Distortion in the Factor Market ［J］. Econometrica，1977 (3)：571-535.

［20］ Jagdish N. Measuring Market Distortion：International Comparisons，Policy and Competitiveness ［J］. The Applied Economics，2013 (3)：253-264.

[21] Kopp R J, Diewert W E. The Decomposition of Frontier Cost Function Deviations into Measures of Technical and Allocative Efficiency [J]. Journal of Econometric, 2017 (4): 319-331.

[22] Atkinson S E, Halvorsen R. Parametric Efficiency Tests, Economies of Scale, and Input Demand in United-states Electric-power Generation [J]. International Economic Review, 2008 (3): 647-662.

[23] Anderson E. The Impact of Trade Liberalization on Poverty and Inequality: Evidence from CGE Models [J]. Journal of Policy Modeling, 2020 (4): 142-161.

[24] Alvaredo F, Chancel L , Piketty T. Global Inequality Dynamics: New Findings from WID World [J]. The American Economic Review, 2017 (5): 404-409.

[25] Kennedy P M, Alade S O. An Appraisal of Personal Income Tax Evasion in Nigeria [J]. Asian Economic and Financial Review, 2014 (1): 33-40.

[26] Attanasio O P, Pistaferri L. Consumption Inequality [J]. Journal of Economic Perspectives, 2016 (2): 3-28.

[27] Kalecki M. Selected Essays on the Dynamics of the Capitalist Economy [M]. Cambridge University Press, 1971.

[28] Chakrabarty M, Majumder A. A Framework for the Simultaneous Measurement of Spatial Variation and Temporal Movement in Prices in a Heterogeneous Country: The Dynamic Household Regional Product Dummy Model [J]. Review of Income&Wealth, 2018 (3): 703-730.

[29] Bonis D. International Tax Coordination: Indirect Taxation [J]. International Economics, 1999 (3): 63-70.

[30] Ljungqvst L, Uhlig H. Tax Policy and Aggregate Demand Management under Catching up with the Joneses [J]. The American Economic Review, 2008 (90): 102-117.

[31] Keen M, Pascalis R M. Tax Principles and Tax Harmonization under Imperfect Competition: Cautionary Example [J]. European Economic Review, 2002 (8): 94-105.

[32] Kaplanoglou G. Household Consumption Patterns, Indirect Tax Structures and Implications for Indirect Tax-harmonization: A Three Country Perspective [J]. The Economic and Social Review, 2004 (35): 113-126.

[33] Crossley T F, Low H. The Economics of a Temporary VAT Cut [J]. Fiscal Studies, 2009 (30): 36-48.

[34] Devarajan V, Swaroop H F. The Composition of Public Expenditure and Economic Growth [J]. Journal of Monetary Economics, 1996 (37): 92-105.

[35] Blanchard O, Perotti R. An Empirical Characterization of the Dynamic Effects of Changes in Government Spending and Taxes on Output [J]. The Quarterly Journal of Economics, 2002 (4): 56-68.

[36] Wissem K. Effect of Fiscal Policy on Private Consumption in Tunisia: Modeling Nonlinear [J]. European Journal of Social Law, 2015 (28): 74-89.

[37] Wolff G J, Tenhofen K H. The Macroeconomic Effects of Exogenous Fiscal Policy Shocks in Germany: A Disaggregated SVAR Analysis [J]. Journal of Economics and Statistics, 2014 (234): 126-139.

[38] Angelos A. Consumer Credit and Consumption Fore-casts [J]. International Journal of Forecasting, 1996 (12): 439-453.

[39] Olney M L. Avoiding Default: The Role of Credit in the Consumption Collapse of 1930 [J]. The Quarterly Journal of Economics, 1999 (5): 399-441.

[40] Blake D. The Impact of Wealth on Consumption and Retirement Behaviour in the UK [J]. Applied Financial Economics, 2004 (8): 555-576.

[41] Brown P H, Brauw A D, Du Y. Understanding Variation in the Design of China's New Co-operative Medical System [J]. The China Quarterly, 2009 (198): 304-329.

[42] Gertler P, Gruber J. Insuring Consumption Against Illness [J]. American Economic Review, 2002 (1): 51-76.

[43] Modigliani F, Brumberg R. Utility Analysis and the Consumption Function: An Interpretation of Cross-section Data [M]. New Brunswick: Rutgers University Press, 1954: 86-101.

[44] Akira Y. Life Time, Fertility and Social Security [J]. Journal of Population Economics, 2001 (14): 635-640.

[45] Hungerford T L. The Social Security Surplus and Saving [J]. Public Finance Review, 2009 (37): 94-114.

[46] Harberger A C. Using the Resource at Hand More Effectively [J]. American Economic Review, 1959 (2): 134-156.

[47] Floystad G. Distortions in the Factor Market: An Empirical Investigation [J]. Review of Economic and Statistics, 2013 (2): 200-213.

[48] Knight J, Wang W. China's Macroeconomic Imbalances: Causes and Consequences [J]. The World Economy, 2011 (9): 1476-1506.

[49] Weitzman M L. Soviet Postwar Economic Growth and Capital-labor Substitute [J]. American Economic, 1970 (1): 146-156.

[50] Granderson G. The Impact of Regulation on Technical Change [J]. Southern Economic Journal, 1999 (4): 807-822.

[51] Jagdish S. Completing China's Economic System [J]. Journal of Economic Literature, 2019 (6): 601-645.

[52] Floystad G. Distortions in the Factor Market: An Empirical Investigation [J]. Review of Economics and Statistics, 1975 (2): 200-213.

[53] Mckinnon R. Income Distribution and Macroeconomics [J]. Review of E-

conomic Studies, 2017 (2): 458-474.

[54] Bhagwati J, Ramaswami V K. Domestic Distortions, Tariffs and the Theory of Optimum Subsidy [J]. Journal of Political Economics, 1969 (6): 1005-1015.

[55] Chacholiades M. International Trade Theory and Polity [M]. New York: Mc Graw-hill Book Company, 1978.

[56] Magee S P. Factor Market Distortions, Production, Distribution, and the Pure Theory of International Trade [J]. The Quarterly Journal of Economics, 1971 (4): 623-643.

[57] Meade J E. Trade and Welfare [M]. Oxford: Oxford University Press, 1955.

[58] Hagen E E. An Economic Justification of Protectionism [J]. Quarterly Journal of Economics, 1958 (4): 496-524.

[59] Johnson H G. Factor Market Distortion and Shape of the Transformation Curve [J]. Econometrica, 1966 (3): 686-698.

[60] Wu Q, Li Y L, Yan S Q. The Incentives of China's Urban Land Finance [J]. Land Use Policy, 2015 (42): 432-442.

[61] Li J. Land Sale Venue and Economic Growth Path: Evidence from China's Urban Land Market [J]. Habitat International, 2014 (41): 307-313.

[62] Bhagwati J, Ramaswami V K. Domestic Distortions, Tariffs and the Theory of Optimum Subsidy [J]. Journal of Political Economics, 1969 (6): 1005-1015.

[63] Chacholiades M. International Trade Theory and Polity [M]. New York: Mc Graw-hill Book Company, 1978.

[64] Samuelson. The Stability of Equilibrium: Comparative Static and Dynamics [J]. Econometrica, 1941 (2): 97-120.

[65] Yotopoulos P A. A Test for Relative Efficiency and Application to Indian

Agriculture [J]. American Economic Review, 1971 (1): 94-109.

[66] Atkinson S E, Halvorsen R. Parametric Efficiency Tests, Economies of Scale, and Input Demand in United-States Electric-power Generation [J]. International Economic Review, 1980 (3): 647-662.

[67] Hall R E, Jones C I. Why Do Some Countries Produce So Much More Output Per Worker Than Others? [J]. The Quarterly Journal of Economics, 1999 (1): 83-116.

[68] Hsieh C T, Klenow P. Misallocation and Manufacturing TFP in China and India [J]. Quarterly Journal of Economics, 2009 (4): 1403-1448.

[69] Christiaensen L, Todo Y. Poverty Reduction During the Rural-urban Transformation: The Role of the Missing Middle [J]. World Development, 2014 (63): 43-58.

[70] Munshi K, Rosenzweig M. Networks and Misallocation: Insurance, Migration, and the Rural-urban Wage Gap [J]. American Economic Review, 2013 (1): 46-98.

[71] Chua K K, Limkin L. Urban-rural Income and Wage Gaps in the Philippines: Measurement Error, Unequal Endowments, or Factor Market Failure? [J]. Philippine Review of Economics, 2015 (2): 1-21.

[72] Elhorst J P. Matlab Software for Spatial Panels [J]. Inter-national Regional Science Review, 2015 (3): 389-405.

[73] Kumar S, Raizada A . Assessing the Impact of Watershed Development on Energy Efficiency in Groundnut Production Using DEA Approach in the Semiarid Tropics of Southern India [J]. Current Science, 2015 (10): 1831-1837.

[74] Arellano M, Bond S. Some Tests of Specification for Panel Data: Monte Carlo Evidence and an Application to Employment Equations [J]. Journal of Econometrics, 1995 (1): 29-51.

[75] Blundell R, Bond S. Initial Condition and Moment Restrictions in Dynamic Panel Date Models [J]. Journal of Econometrics, 1998 (1): 111-143.

[76] Roodman D. How to Doxt Abond: An Introduction to Difference and System GMM in Stata [R]. Working Paper No. 103, Center for Global Development, 2006.

[77] Kuznets. Economic Growth and Income Inequality [J]. The American Economic Review, 1955 (1): 1-28.

[78] Lazear E, Rosen S. Rank-Order Tournaments as Optimum Labor Contracts [J]. Journal of Political Economy, 1981 (5): 841-864.

[79] Smyk M. Wage Inequality and Structural Change [J]. Social Indicators Research, 2019 (2): 503-538.

[80] Elsby M W L, Hobijn B. The Decline of the US Labor Share [J]. Brookings Papers on Economic Activity, 2013 (2): 1-63.

[81] Daron A. Notes on the Role of Education in Production Functions and Growth Accounting [J]. The Review of Economic Studies, 2002 (4): 781-809.

[82] Restuccia D, Rogerson R. Policy Distortion and Aggregate Productivity with Heterogeneous Establishments [J]. Review of Economic Dynamics, 2008 (4): 707-720.

[83] 闵素玲，李婉丽，李海燕. 收入分配结构对城镇居民消费影响的分析 [J]. 商业经济研究，2019 (16): 56-58.

[84] 胡绍雨. 影响消费需求的财政因素分析及政策建议 [J]. 山东商业职业技术学院学报，2020 (2): 1-5+74.

[85] 谭燕芝，彭千芮. 金融集聚与城镇居民消费：空间溢出与门槛特征 [J]. 上海经济研究，2019 (2): 85-98.

[86] 徐雪，宋海涵. 中国人口年龄结构变化对城乡居民消费水平的影响 [J]. 首都经济贸易大学学报，2019 (1): 15-23.

[87] 韦森，张红伟. 消费习惯形成视角下城镇化质量对农村居民消费的影响 [J]. 农村经济，2020（4）：83-90.
[88] 刘颜，周建军. 城市房价上涨促进还是抑制了城镇居民消费？[J]. 消费经济，2019（1）：49-56.
[89] 亚当·斯密. 国富论 [M]. 唐日松，译. 北京：华夏出版社，2005.
[90] 哈耶克. 自由秩序原理 [M]. 邓正来，译. 北京：生活·读书·新知三联书店，1997.
[91] 冯涛，罗小伟. 劳动力市场扭曲与收入差距研究——基于“身份”型社会视角 [J]. 经济管理，2015（4）：71-83.
[92] 陈晓暾，程姣姣. 劳动力要素市场扭曲对产业结构转型的影响研究 [J]. 价格理论与实践，2019（11）：41-44＋56.
[93] 郭策策，倪何永乐. 贸易开放、市场扭曲与地区收入差距——劳动力错配的中介效应检验 [J]. 西南民族大学学报（人文社科版），2020（3）：125-134.
[94] 张兴龙，沈坤荣. 中国资本扭曲的产出损失及分解研究 [J]. 经济科学，2016（2）：53-66.
[95] 杨灿明，詹新宇. 土地财政的再分配效应——来自中国省际面板数据的经验证据 [J]. 经济学动态，2015（11）：4-16.
[96] 孙秀林，周飞舟. 土地财政与分税制：一个实证解释 [J]. 中国社会科学，2013（4）：40-59＋205.
[97] 陶然，陆曦. 地区竞争格局演变下的中国转轨：财政激励和发展模式反思 [J]. 经济研究，2009（7）：21-33.
[98] 陈林，罗莉娅，康妮. 行政垄断与要素价格扭曲——基于中国工业全行业数据与内生性视角的实证检验 [J]. 中国工业经济，2016（1）：52-66.
[99] 罗知，刘卫群. 国有企业对资本和劳动价格扭曲的非对称影响 [J]. 财经研究，2018（4）：34-46＋129.
[100] 麦金农. 经济发展中的货币与资本 [M]. 卢骢，译. 上海：上海三联书

店，1988.
[101] 魏鹏飞，魏新月. 要素市场扭曲相关研究综述 [J]. 湖北经济学院学报，2017 (5)：42-48.
[102] 陈林，罗莉娅，康妮. 企业垄断与要素价格扭曲——基于中国工业全行业数据与内生性视角的实证检验 [J]. 中国工业经济，2016 (1)：52-66.
[103] 蒲艳萍，彭聚飞，张玉珂. 劳动力市场多重分割下的城乡劳动力工资差异及其分解 [J]. 重庆大学学报 (社会科学版)，2020 (2)：69-84.
[104] 林晨. 价格管制、要素流动限制与城乡二元经济——基于历史投入产出表的理论和实证研究 [J]. 农业经济问题，2018 (5)：70-79.
[105] 顾振华，陈强远. 中央和地方的双重政策保护与产能过剩 [J]. 财经研究，2017 (11)：84-97.
[106] 朱喜，史清华，盖庆恩. 要素配置扭曲与农业全要素生产率 [J]. 经济研究，2011 (5)：86-98.
[107] 李静，彭飞，毛德凤. 资源错配与中国工业企业全要素生产率 [J]. 财贸研究，2012 (5)：46-53.
[108] 王宁，史晋穿. 中国要素价格扭曲程度的测度 [J]. 数量经济技术经济研究，2015 (9)：149-160.
[109] 谢冬水. 土地市场扭曲与中国居民消费不足 [J]. 上海财经大学学报，2017 (3)：81-94.
[110] 史晋川，赵自芳. 所有制约束与要素价格扭曲——机遇中国工业行业数据的实证分析 [J]. 统计研究，2007 (6)：42-47.
[111] 唐杰英. 要素价格扭曲对出口的影响——来自中国制造业的实证分析 [J]. 世界经济研究，2015 (6)：92-101＋129.
[112] 李程. 要素市场扭曲、资本深化与产业结构调整——基于时变弹性生产函数的实证分析 [J]. 统计与信息论坛，2015 (2)：60-66.
[113] 章上峰. 理论劳动收入份额测度及分解——基于时变弹性生产函数模型 [J]. 商业经济与管理，2016 (12)：83-90.

[114] 胡浪. 中国要素价格扭曲的测度及分析 [D]. 杭州：浙江工商大学，2017.
[115] 陈平，殷明明. 要素价格扭曲的测度及成因分析 [J]. 金融学季刊，2017 (3)：120-132.
[116] 郝晓莉，卓乘风，邓峰. 国际技术溢出、人力资本与丝绸之路经济带能源效率改——基于投影寻踪模型和随机前沿分析法 [J]. 国际商务（对外经济贸易大学学报），2019 (2)：13-24.
[117] 窦勇. 开放进程中要素市场扭曲与宏观经济失衡 [D]. 北京：中共中央党校，2010.
[118] 罗知，刘卫群. 国有企业对资本和劳动价格扭曲的非对称影响 [J]. 财经研究，2017 (4)：345-346+129.
[119] 袁鹏，杨洋. 要素市场扭曲与中国经济效率 [J]. 经济评论，2014 (2)：28-51.
[120] 缪富民. 基于迪氏对数指标分解法（LMDI）的工业能耗分解研究 [J]. 求索，2008 (8)：23-25.
[121] 唐杰英. 地方政府服务标杆分析的非参数前沿方法 [J]. 世界经济研究，2015 (6)：92-101+129.
[122] 孙浩进. 中国收入分配公平的制度变迁 [D]. 长春：吉林大学，2009.
[123] 刘伟. 中国收入分配差距：现状、原因和对策研究 [J]. 中国人民大学学报，2018 (5)：25-43.
[124] 王子龙. 论养老金双轨制改革及其路径 [D]. 武汉：武汉大学，2014.
[125] 周爱民. 当前中国养老保障制度改革的现状、面临的挑战及其对策探讨 [J]. 湖南社会科学，2019 (6)：133-140.
[126] 王丹. 科学合理确定中国公务员工资水平的路径探讨 [J]. 中国行政管理，2011 (11)：46-48.
[127] 马草原，王婷，魏梅. 垄断与所有制的收入溢价：理论解释与经验证据 [J]. 当代经济科学，2018 (6)：38-48+127.

[128] 李军，宋善炎. 中国行业收入差距的影响因素分析 [J]. 湖南大学学报（社会科学版），2015（3）：90-94.

[129] 张龙，葛晶. 人力资本、行业特征与行业收入差距——基于中国家庭追踪调查数据的研究 [J]. 山西财经大学学报，2015（11）：65-76.

[130] 聂海峰，岳希明. 行业垄断对收入不平等影响程度的估计 [J]. 中国工业经济，2016（2）：5-20.

[131] 杨海涛，田文. 行业垄断与收入分配差距的合理性探索及治理研究 [J]. 经济问题，2018（9）：50-55.

[132] 宁光杰，姜现. 中国垄断行业与非垄断行业间的工资差距——基于流动人口数据的分析 [J]. 安徽师范大学学报（人文社会科学版），2019（6）：122-132.

[133] 李实，岳希明，史泰丽，等. 中国收入分配格局的最新变化 [J]. 劳动经济研究，2019（1）：9-31.

[134] 杨威. 分配公平理论及对中国分配现状的检验 [D]. 长春：吉林大学，2014.

[135] 李实，赵人伟，高霞. 中国离退休人员收入分配中的横向与纵向失衡分析 [J]. 金融研究，2013（2）：1-18.

[136] 史乐陶. 中国居民收入分配现状与问题——“中国收入分配 50 人论坛”会议综述 [J]. 经济学动态，2018（2）：159-160.

[137] 俞彤晖. 中国城乡收入不平等的时空演进及影响因素分析——基于收入两极分化视角 [J]. 北京工商大学学报，2018（3）：46-57.

[138] 何秋琴，顾文涛，王利萍. 中国区域金融发展水平与居民收入不平等——基于初次分配的路径研究 [J]. 金融评论，2018（6）：71-83.

[139] 陈建东，伍薆霖. 消费税对城乡居民收入分配的影响研究 [J]. 税务研究，2019（6）：44-51.

[140] 孙敬水，蔡培培. 社会流动与居民收入分配公平满意度 [J]. 北京工商大学学报（社会科学版），2019（3）：107-116.

[141] 周建军，彭隽婷，阳娟. 房价对城镇居民收入差距的影响研究 [J]. 财

经理论与实践，2020（3）：109-116.

[142] 罗楚亮，颜迪．家庭结构与居民收入差距［J］．劳动经济研究，2020（1）：3-25.

[143] 修磊．收入不平等、流动性约束与城镇家庭消费——基于地位寻求视角的分析［D］．太原：山西财经大学，2017.

[144] 郑得坤，李凌．城镇化、人口密度与居民消费率［J］．首都经济贸易大学学报，2020（2）：13-24.

[145] 姜秀敏，秦龙．“三公”消费中的腐败防治及其策略［J］．河南社会科学，2013（5）：5-8.

[146] 梁其翔．中国居民消费实证研究［D］．广州：华南理工大学，2016.

[147] 李文溥，陈婷婷．灰色消费估算与居民消费率［J］．东南学术，2019（1）：79-92+247.

[148] 谢琦．国民收入分配对居民消费需求的影响［J］．现代经济探讨，2013（3）：30-33.

[149] 张婷．国民收入初次分配公平性对刺激消费的影响［J］．商业经济研究，2020（11）：43-45.

[150] 刘长庚．完善提升居民消费能力的收入分配制度［J］．消费经济，2018（6）：7-9.

[151] 闵素玲，李婉丽，李海燕．收入分配结构对城镇居民消费影响的分析［J］．商业经济研究，2019（16）：56-58.

[152] 凯恩斯．就业、利息和货币通论［M］．北京：商务印书馆，1997.

[153] 刘运转．持久性收入与中国居民消费需求［J］．工业技术经济，2018（7）：38-44.

[154] 张斌．扩大消费需求与税制结构调整［J］．涉外税务，2011（6）：22-25.

[155] 喻开志，陈良．累进的遗产税如何扩大居民消费需求——基于累进遗产税率的李嘉图等价模型研究［J］．消费经济，2013（1）：34-37+65.

[156] 王蕴．新形势下如何进一步促进消费潜力释放［J］．人民论坛·学术前

沿，2019（2）：28-39.

[157] 刘宛晨，袁闯. 中国财政支出的消费传导效应分析 [J]. 消费经济，2006（4）：75-78.

[158] 张超，甘梦群，徐蕾. 地方财政支出对居民消费影响的区域差异研究 [J]. 华东经济管理，2018（5）：63-69.

[159] 王玉凤，肖宏伟. 财政支出、居民消费与经济波动——基于动态随机一般均衡模型（DSGE）的分析 [J]. 科学决策，2015（2）：30-42.

[160] 吴强，刘云波. 财政支出影响居民消费的差异性效应分析——基于财政功能和居民消费分类的省级面板数据 [J]. 宏观经济研究，2017（10）：20-30＋61.

[161] 万建军. 地方财政支出规模与支出结构对城镇居民消费的影响——基于省级面板数据的实证 [J]. 商业经济研究，2019（16）：48-51.

[162] 李承政，邱俊杰. 中国农村人口结构与居民消费研究 [J]. 人口与经济，2012（1）：49-56.

[163] 郑妍妍，李磊，刘斌. "少子化""老龄化"对中国城镇家庭消费与产出的影响 [J]. 人口与经济，2013（6）：19-29.

[164] 陈晓毅. "老龄化"和"少子化"是否影响了农村居民消费？——基于静态和动态空间面板模型的实证研究 [J]. 北京工商大学学报（社会科学版），2015（3）：118-126.

[165] 张乐，雷良海. 中国人口年龄结构与消费关系的区域研究 [J]. 人口与经济，2011（1）：16-21.

[166] 范兆媛，王子敏. 人口年龄结构与居民家庭消费升级——基于中介效应的检验 [J]. 湘潭大学学报（哲学社会科学版），2020（2）：62-68.

[167] 徐雪，宋海涵. 中国人口年龄结构变化对城乡居民消费水平的影响 [J]. 首都经济贸易大学学报，2019（1）：15-23.

[168] 吴石英. 人口年龄结构演变对居民消费的影响：理论机理与实证检验 [J]. 青岛科技大学学报（社会科学版），2019（2）：49-55.

[169] 胡乃军，杨燕绥，于淼. 中国城镇人口老龄化与城镇居民消费研究 [J]. 人口学刊，2014 (5)：61-71.

[170] 李建民. 老年人消费需求影响因素分析及中国老年人消费需求增长预测 [J]. 人口与经济，2001 (5)：10-16.

[171] 郝政. 消费信贷对居民消费行为影响的实证研究 [J]. 商业经济研究，2019 (22)：62-64.

[172] 李佳，谢芸芸，田发. 消费示范效应下消费信贷对消费行为区域差异性影响研究 [J]. 消费经济，2020 (6)：40-47.

[173] 赵青，李珍. 基本养老保险与居民消费——基于 CHARLS 数据的多层次线性回归分析 [J]. 财政研究，2018 (3)：87-98.

[174] 权立波，郑志峰. 中国股票市场财富效应测度的实证研究 [J]. 生态经济（学术版），2010 (2)：41-44.

[175] 胡帮勇，张兵. 农村金融发展对农民消费影响的动态研究 [J]. 西北农林科技大学学报（社会科学版），2013 (1)：34-38+53.

[176] 戴序，董亚文. 农村金融发展对农村居民消费影响的实证分析 [J]. 税务与经济，2019 (2)：29-36.

[177] 齐红倩，李志创. 中国农村金融发展对农村消费影响的时变特征研究 [J]. 农业技术经济，2018 (3)：110-121.

[178] 江国才，高文亮. 金融发展对城镇居民消费行为影响的实证分析 [J]. 消费经济，2012 (3)：49-52.

[179] 任鑫，葛晶. 金融发展、收入结构与城镇居民消费结构 [J]. 宏观经济研究，2019 (1)：30-36+64.

[180] 纪建悦，孙启伟. 住房价格、社会保障支出和居民消费——基于面板门槛模型的实证分析 [J]. 南京审计大学学报，2018 (3)：1-10.

[181] 罗楚亮. 经济转轨、不确定性与城镇居民消费行为 [J]. 经济研究，2004 (4)：100-106.

[182] 伍艳艳，戴豫升. 中国产业结构变化对居民消费率影响的实证研究 [J].

中央财经大学学报，2010（9）：53-57.

［183］孟习贞．扩大内需重在结构调整［J］．首都师范大学学报（社会科学版），2000（5）：62-65.

［184］郭春丽，相伟．以产业结构升级促进消费结构升级［J］．宏观经济管理，2013（8）：15-17.

［185］陈靖．居民消费结构变化对中国产业结构调整的启示［J］．商业经济研究，2016（5）：191-193.

［186］廖红伟，张莉．新消费促进产业结构转型升级［J］．人民论坛，2019（26）：86-87.

［187］林毅夫．自生能力、经济发展与转型［M］．北京：北京大学出版社，2004.

［188］林毅夫．中国的奇迹：发展战略与经济改革［M］．上海：上海人民出版社，2002.

［189］郭庆旺，吕冰洋．论要素收入分配对居民收入分配的影响［J］．中国社会科学，2012（12）：46-62＋207.

［190］冯涛，罗小伟．劳动力市场扭曲与收入差距研究——基于“身份”型社会视角［J］．经济管理，2015（4）：71-83.

［191］徐长生，王晶晶．宏观经济内外失衡的矫正与政策工具选择［J］．改革，2008（7）：34-41.

［192］张见．中国宏观经济内外失衡现状与政策组合研究［J］．理论月刊，2015（11）：122-131.

［193］姜学勤．要素市场扭曲与货币政策的宏观调控效果［J］．湖北社会科学，2009（12）：64-66.

［194］贺京同，王辉．要素价格扭曲和需求结构失衡［J］．现代管理科学，2016（8）：21-23.

［195］冼国明，石庆芳．要素市场扭曲与中国的投资行为——基于省际面板数据分析［J］．财经科学，2013（10）：31-42.

[196] 尚晓晔．要素市场价格扭曲对中国经济的影响——理论与实证［D］．武汉：武汉大学，2016.

[197] 康志勇．赶超行为、要素市场扭曲对中国就业的影响——来自微观企业的数据分析［J］．中国人口科学，2012（1）：60-69＋112.

[198] 盛仕斌，徐海．要素价格扭曲的就业效应研究［J］．经济研究，1999（5）：68-74.

[199] 张军．改革以来中国的资本形成与经济增长：一些发现及其解释［J］．世界经济文汇，2002（1）：18-31.

[200] 宋大强，皮建才．要素价格扭曲的经济效应：一个文献综述［J］．经济社会体制比较，2020（3）：171-181.

[201] 盛明泉，张悦．要素价格扭曲对全要素生产率的影响研究述评［J］．天津商业大学学报，2019（4）：8-13.

[202] 郑毓盛，李崇高．中国地方分割的效率损失［J］．中国社会科学，2003（1）：64-72.

[203] 朱顺林．中国区际分割的产业效率损失实证分析［J］．经济地理，2005（1）：16-19.

[204] 罗小芳．地方保护、市场分割与技术创新——基于中国高技术行业的实证分析［J］．江汉论坛，2019（4）：5-15.

[205] 林毅夫，蔡昉，李周．竞争、政策性负担与国有企业改革［J］．经济社会体制比较，1998（5）：1-5.

[206] 唐志军，苏丽．资源错配与中国经济发展研究述评［J］．湖北经济学院学报，2019（2）：16-28.

[207] 曹亚军．要素市场扭曲如何影响了资源配置效率：企业加成率分布的视角［J］．社会科学文摘，2020（3）：49-51.

[208] 唐杰英．要素价格扭曲对出口的影响——来自中国制造业的实证分析［J］．世界经济研究，2015（6）：92-101＋129.

[209] 孙光林，王雪标，艾永芳．要素价格扭曲对商业银行不良贷款率的影响

研究——基于省际数据的实证分析［J］．经济学家，2017（12）：75-82.

［210］夏晓华，李进一．要素价格异质性扭曲与产业结构动态调整［J］．南京大学学报（哲学·人文科学·社会科学版），2012（3）：40-48.

［211］石庆芳．要素价格扭曲、收入分配与消费需求［D］．天津：南开大学，2014.

［212］韦朕韬．要素市场扭曲对中国居民消费需求的影响机制研究［D］．南京：南京师范大学，2019.

［213］王宋涛，朱腾腾，燕波．制度环境、市场分割与劳动收入份额——理论分析与基于中国工业企业的实证研究［J］．南开经济研究，2017（3）：70-87.

［214］曹亚军．要素市场扭曲如何影响了资源配置效率：企业加成率分布的视角［J］．南开经济研究，2019（6）：18-36＋222.

［215］方福前．中国居民消费需求不足原因研究——基于中国城乡分省数据［J］．中国社会科学，2009（02）：68-82.

［216］范黎波，杨金海，黄铄婷．社会保障提升能有效促进居民消费吗？——基于分位数回归与反事实分解方法的研究［J］．华东经济管理，2017（3）：49-59.

［217］韩汉君．收入分配：一个从生产要素层面的分析框架［J］．学术月刊，2005（9）：43-49.

［218］杨兰品，王兴振．不同所有制要素收入份额差异化及影响因素研究——以上市公司为例［J］．中国地质大学学报（社会科学版），2016（5）：127-135.

［219］李丹．全球价值链分工下的生产要素收入：理论创新与重构［J］．经济学家，2017（3）：40-47.

［220］邓晓兰，鄢伟波．中国式分权、金融化与要素收入分配——基于中国地级市数据的实证检验［J］．当代财经，2019（9）：48-59.

［221］郭继强．技术进步类型与要素收入份额变化研究的理论梳理［J］．社会科学战线，2020（6）：47-59.

［222］卢盛峰，陈思霞，时良彦．走向收入平衡增长：中国转移支付系统“精

准扶贫”了吗？[J]. 经济研究，2018（11）：49-64.

[223] 张世贵，陈桂生. 公共财政再分配偏差及其政府责任研究 [J]. 新视野，2019（5）：31-37.

[224] 陶纪坤. 共享发展视角下中国社会保障再分配机制及实现方式研究 [J]. 当代经济研究，2020（2）：78-87+113.

[225] 刘蓉，熊阳. 消费税对收入再分配的公平与福利效应——基于 2017 年中国家庭金融调查数据的分析 [J]. 税务研究，2020（6）：45-50.

[226] 韦朕韬. 要素市场扭曲对中国居民消费需求的影响机制研究 [M]. 南京：南京师范大学，2019.

[227] 李北伟，耿爽. 利率并轨政策对银行稳健性的冲击 [J]. 南京师大学报（社会科学版），2020（3）：127-141.

[228] 占华. 要素市场扭曲与中国环境污染 [J]. 统计与信息论坛，2020（2）：67-76.

[229] 钟若愚，屈沙. 劳动力市场分割、就业机会不平等与城乡工资差异——基于中国综合社会调查（CGSS）数据的研究 [J]. 北京工商大学学报（社会科学版），2019（6）：88-104.

[230] 蒲艳萍，彭聚飞，张玉珂. 劳动力市场多重分割下的城乡劳动力工资差异及其分解 [J]. 重庆大学学报（社会科学版），2020（2）：69-84.

[231] 徐蔼婷. 劳动收入份额及其变化趋势 [J]. 统计研究，2014（4）：64-71.

[232] 郭继强，蔡媛媛，林平. 论工业化过程中劳动收入份额的“羹匙曲线” [J]. 重庆大学学报（社会科学版），2018（6）：17-29+126.

[233] 张少辉，余泳泽. 土地出让、资源错配与全要素生产率 [J]. 财经研究，2019（2）：73-85.

[234] 谢冬水. 土地市场扭曲与中国居民消费不足 [J]. 上海财经大学学报，2017（3）：81-94.

[235] 杨灿明，詹新宇. 土地财政的再分配效应——来自中国省际面板数据的经验证据 [J]. 统计研究，2015（11）：4-16.

[236] 陈斌开. 收入分配与中国居民消费——理论和基于中国的实证研究 [J]. 南开经济研究，2012 (1)：33-49.

[237] 陈斌开，陈琳，谭安邦. 理解中国消费不足：基于文献的评述 [J]. 世界经济，2014 (7)：3-22.

[238] 周泽红. 完善社会主义市场经济体制是实现高质量发展的体制保障 [J]. 上海经济研究，2020 (1)：16-21.

[239] 郭晗，任保平. 人口红利变化与中国经济发展方式转变 [J]. 当代财经，2014 (3)：5-13.

[240] 史恩义. 实际汇率、进出口贸易与创新驱动经济发展 [J]. 中央财经大学学报，2017 (7)：126-136.

[241] 冀福俊. 中国城镇化、经济发展与制度变迁——基于跨国面板数据的实证研究 [J]. 经济问题探索，2016 (4)：48-54.

[242] 杜旭宇. 经济发展与社会稳定的正相关分析 [J]. 湖南社会科学，2008 (3)：93-96.

[243] 史晋川，赵自芳. 所有制约束与要素价格扭曲——基于中国工业行业数据的实证分析 [J]. 统计研究，2007 (6)：42-47.

[244] 王林辉，高庆昆. 要素错配水平及其对全要素生产率作用效应的研究 [J]. 经济学动态，2013 (6)：61-67.

[245] 邓翔，李德山，李双强，等. 价格扭曲、资源错配与全要素生产率 [J]. 软科学，2017 (9)：25-29.

[246] 宣烨. 要素价格扭曲、制造业产能过剩与生产性服务业发展滞后 [J]. 经济学动态，2019 (3)：91-104.

[247] 李言. 中国生产要素价格扭曲的变迁：2000—2016 年 [J]. 经济学动态，2020 (1)：34-51.

[248] 夏晓华，李进一. 要素价格异质性扭曲与产业结构动态调整 [J]. 南京大学学报（哲学·人文科学·社会科学版），2012 (3)：40-48.

[249] 韩国高，胡文明. 要素价格扭曲如何影响了中国工业产能过剩——基于

省际面板数据的实证研究［J］．产业经济研究，2017（2）：49-61．
［250］史晋川，赵自芳．所有制约束与要素价格扭曲——基于中国工业行业数据的实证分析［J］．统计研究，2007（6）：42-47．
［251］盛仕斌，徐海．要素价格扭曲的就业效应研究［J］．经济研究，1999（5）：3-5．
［252］程娅昊，钟声．中国生产要素价格扭曲的实证分析［J］．山东社会科学，2014（1）：139-143．
［253］丁建勋．要素价格扭曲、资本深化与中国劳动收入份额［J］．贵州财经大学学报，2017（1）：1-13．
［254］刘奕，林轶琼．地方政府补贴、资本价格变动与产能过剩［J］．财经问题研究，2018（11）：34-41．
［255］吴武林，李顺辉，李婷．要素相对价格扭曲程度及其区域差异收敛性［J］．社会科学研究，2020（2）：75-83．
［256］王希．要素价格扭曲与经济失衡之间的互动关系研究［J］．财贸研究，2012（5）：8-15．
［257］胡文明．要素价格扭曲对中国工业产能过剩的影响——基于省际动态面板数据的系统 GMM 方法［D］．大连：东北财经大学，2012．
［258］李广瑜，陆蒙华，赵子健，等．深化要素价格改革对产业转型升级的影响研究［J］．价格理论与实践，2016（9）：93-96．
［259］靖学青．中国省际物质资本存量估计：1952—2010［J］．广东社会科学，2013（2）：46-55．
［260］王希．要素价格扭曲与经济失衡之间的互动关系研究［J］．财贸研究，2012（5）：8-15．
［261］李平，季永宝，桑金琰．要素市场扭曲对我国技术进步的影响特征研究［J］．产业经济研究，2014（5）：63-71．
［262］石庆芳．要素价格扭曲、收入分配与消费需求［D］．天津：南开大学，2014．
［263］白俊红，卞元超．要素市场扭曲与中国创新生产的效率损失［J］．中国

工业经济，2016（11）：39-55.

[264] 余东华，孙婷，张鑫宇. 要素价格扭曲如何影响制造业国际竞争力［J］. 中国工业经济，2018，(02)：63-81.

[265] 李实，罗楚亮. 中国收入差距究竟有多大？——对修正样本结构偏差的尝试［J］. 经济研究，2019（4）：68-79.

[266] 姚玉祥，吴普云. 中国城镇化的收入分配效应——理论与经验证据［J］. 经济学家，2019（9）：5-14.

[267] 张天舒，王月，冯永琦. 金融发展、法治程度与收入分配差距研究——基于主要发达国家和发展中国家比较［J］. 经济学家，2020（4）：49-57＋149.

[268] 张蕴萍，赵建，叶丹. 新中国70年收入分配制度改革的基本经验与趋向研判［J］. 改革，2019（12）：115-123.

[269] 高越，侯在坤. 中国农村基础设施对农民收入的影响——基于中国家庭追踪调查数据［J］. 农林经济管理学报，2019（6）：733-741.

[270] 郭东杰，魏熙晔. 人力资本、收入分配与经济发展［J］. 中国人口科学，2020（2）：97-110＋128.

[271] 汪洪溟，李宏. 改革开放以来社会保障收入分配调节效应实证分析［J］. 中国软科学，2019（12）：178-186.

[272] 韩军，刘润娟，张俊森. 对外开放对中国收入分配的影响——"南方谈话"和"入世"后效果的实证检验［J］. 中国社会科学，2015（2）：24-40＋202.

[273] 蔡昉，王德文，都阳. 劳动力市场扭曲对区域差距的影响［J］. 中国社会科学，2001（2）：4-14＋204.

[274] 费舒澜，郭继强. 户籍的作用还有多大——基于城乡劳动者收入差距分布分解的研究［J］. 浙江社会科学，2014（11）：13-24＋155.

[275] 胡晶晶，黄浩. 二元经济结构、政府政策与城乡居民收入差距——基于中国东、中、西部地区省级面板数据的经验分析［J］. 财贸经济，2013（4）：121-129.

[276] 曾卓然. 市场化进程下二元经济结构对城乡居民收入差距的影响分析 [J]. 经济问题探索，2019 (12)：102-111.
[277] 林毅夫，苏剑. 论中国经济增长方式的转换 [J]. 管理世界，2007 (11)：5-13.
[278] 戴枫. 要素禀赋框架下的 FDI 与中国地区收入差距分析——基于动态面板模型的 GMM 检验 [J]. 国际贸易问题，2010 (5)：79-87.
[279] 龚明远，周京奎，张朕. 要素禀赋、配置结构与城乡收入差距 [J]. 农业技术经济，2019 (6)：57-69.
[280] 陈斌开，林毅夫. 金融抑制、产业结构与收入分配 [J]. 世界经济，2012 (1)：3-23.
[281] 张曙光，程炼. 中国经济转轨过程中的要素价格扭曲与财富转移 [J]. 世界经济，2010 (10)：3-24.
[282] 盛仕斌，徐海. 要素价格扭曲的就业效应研究 [J]. 经济研究，1999 (5)：3-5.
[283] 徐莹莹，李平. 要素价格扭曲与中国技术进步方向 [J]. 中国科技论坛，2017 (8)：12-19.
[284] 石庆芳. 要素价格扭曲、收入分配与消费需求 [D]. 天津：南开大学，2014.
[285] 俞彤晖. 流通产业集聚水平对城乡收入差距影响的实证研究——基于省际动态面板数据的系统 GMM 分析 [J]. 经济纵横，2018 (8)：106-113.
[286] 宋婧. 城乡居民收入差距对房价影响研究——基于省级动态面板的 SYS-GMM 分析 [J]. 湘潭大学学报（哲学社会科学版），2019 (6)：93-98.
[287] 龚志民，陈笑. 收入分配“合理性”与消费需求 [J]. 消费经济，2019 (5)：32-42.
[288] 刘金全，丁娅楠. 财政分权对中国居民收入差距的影响——基于泰尔指数的实证分析 [J]. 消费经济，2018 (4)：112-117.
[289] 杨新铭. 中国城乡收入差距形成的宏观机制分析——中国存在 Kuznets

倒“U”曲线吗 [J]. 当代经济科学，2012 (1)：83-91＋127.
[290] 王春雷，覃小蓉. 基于线性组合法的基尼系数计算新方法 [J]. 统计与决策，2019 (23)：71-73.
[291] 王少平，欧阳志刚. 中国城乡收入差距对实际经济增长的阈值效应 [J]. 中国社会科学，2008 (2)：54-66＋205.
[292] 陈斌开，林毅夫. 发展战略、城市化与中国城乡收入差距 [J]. 中国社会科学，2013 (4)：81-102＋206.
[293] 郑小平，候臣. 转型期中国城乡收入差距的原因分析 [J]. 农村经济，2016 (4)：79-84.
[294] 邵红伟，靳涛. 收入分配的库兹涅茨倒U曲线——跨国横截面和面板数据的再实证 [J]. 中国工业经济，2016 (4)：22-38.
[295] 韩军，刘润娟，张俊森. 对外开放对中国收入分配的影响——“南方谈话”和“入世”后效果的实证检验 [J]. 华东经济管理，2015 (2)：24-41＋202-203.
[296] 李红，梁炳礼，龙雨. 对外开放对城乡收入差距的空间溢出效应研究 [J]. 华东经济管理，2019 (11)：86-93.
[297] 蔡宏波，刘志颖. 出口贸易对中国民族地区与非民族地区之间收入差距的影响研究 [J]. 华东经济管理，2016 (3)：29-40＋124.
[298] 张懿. 中国对外开放与区域收入差距——基于省际面板数据的实证研究 [J]. 技术经济与管理研究，2017 (7)：123-128.
[299] 郑磊，汪旭晖. 外商直接投资流入加大了中国省际城乡收入差距吗——基于空间视角下的分析 [J]. 宏观经济研究，2018 (3)：62-80.
[300] 于峰，卢进勇. 外商直接投资对中国省域内收入分配的影响研究 [J]. 浙江工商大学学报，2014 (3)：90-96.
[301] 陈书，刘渝琳. 收入差异的倒“U”形假说悖论：初次分配、再分配与政策选择 [J]. 财贸研究，2012 (1)：90-101.
[302] 徐海东，倪鹏飞. 地方政府行为与城乡收入差距 [J]. 北京工业大学学

报（社会科学版），2020（4）：72-81.

[303] 韩长根，张力. 互联网普及对于城乡收入分配的影响——基于中国省际面板数据的系统 GMM 分析［J］. 经济问题探索，2017（8）：18-27.

[304] 俞彤晖. 流通产业集聚水平对城乡收入差距影响的实证研究——基于省际动态面板数据的系统 GMM 分析［J］. 经济纵横，2018（8）：106-113.

[305] 王小鲁，樊纲. 中国收入差距的走势和影响因素分析［J］. 经济研究，2007（10）：24-36.

[306] 孙旷怡. 中国城乡居民收入差距影响因素分析［J］. 统计与信息论坛，2011（5）：81-85.

[307] 武小龙，刘祖云. 中国城乡收入差距影响因素研究——基于 2002—2011 年省级 Panel Data 的分析［J］. 当代经济科学，2014（1）：46-54+125.

[308] 赵华伟. 中国金融发展与城乡收入差距的经验验证——来自省际面板数据的证据［J］. 当代经济科学，2014（7）：92-96.

[309] 孔杏. 新常态下互联网金融发展与城乡收入差距动态关系研究［J］. 经济与管理，2018（2）：58-62.

[310] 杨德才. 论人力资本二元性对城乡收入差距的影响［J］. 当代经济研究，2012（10）：69-74.

[311] 王海军，李愿宏. FDI 对中国城乡收入不均等的影响——基于理论与实证角度的研究［J］. 软科学，2011（1）：14-18.

[312] 彭文慧. 外商直接投资影响中国城乡收入差距的实证研究［J］. 中央财经大学学报，2013（1）：53-57.

[313] 周琳，范建双，虞晓芬. 政府间竞争影响城市土地市场化水平的双边效应研究：基于财政竞争和引资竞争的不同作用［J］. 中国土地科学，2019（5）：60-68.

[314] 张四灿. 市场化水平与中国经济波动的平稳化——基于扩展的 RBC 模型分析［J］. 中国土地科学，2014（11）：5-13.

[315] 周志莹，梁俊伟. 我国初次收入分配失衡分析及对策研究［J］. 当代经

济管理，2015（6）：6-12.

[316] 吕光明. 中国劳动收入份额的测算研究：1993—2008［J］. 统计研究，2011（12）：22-28.

[317] 刘长庚，柏园杰. 中国劳动收入居于主体地位吗——劳动收入份额再测算与国际比较［J］. 经济学动态，2022（7）：31-50.

[318] 吴国锋，谢建国. 对外贸易与中国劳动者的收入份额——基于1978—2012年中国省际面板数据的研究［J］. 国际贸易问题，2015（4）：66-74.

[319] 李连友，黄保聪，席鹏辉. "农转非"、劳动力流动与劳动收入份额［J］. 中国软科学，2023（4）：213-224.

[320] 张晓婧，丁一兵. 中国行业层面劳动收入份额变动的测算及结构分解［J］. 劳动经济研究，2022（2）：45-72.

[321] 何小钢，朱国悦，冯大威. 工业机器人应用与劳动收入份额——来自中国工业企业的证据［J］. 中国工业经济，2023（4）：98-116.

[322] 宋锦. 产业结构变迁、劳动力禀赋变化与劳动收入增长［J］. 南开经济研究，2023（4）：101-122.

[323] 罗长远，张军. 经济发展中的劳动收入占比：基于中国产业数据的实证研究［J］. 中国社会科学，2009（4）：65-79+206.

[324] 赵秋运，马晶，胡巧玉. 融资约束、企业储蓄和劳动收入份额：基于中国经济转型的发现［J］. 宏观质量研究，2020（2）：75-94.

[325] 林令涛，刘海洋，逯宇铎. 国有企业改制与劳动收入份额变动之谜——基于企业效率和工资水平不平衡增长的视角［J］. 财经研究，2019（8）：28-42.

[326] 王林辉，袁礼. 有偏型技术进步、产业结构变迁和中国要素收入分配格局［J］. 经济研究，2018（11）：115-131.

[327] 周明海，肖文，姚先国. 中国经济非均衡增长和国民收入分配失衡［J］. 中国工业经济，2010（6）：35-45.

[328] 王延中，王国洪. 最低工资标准、劳动生产率差异与就业效应研究［J］.

中国社会科学院研究生院学报，2018 (1)：33-45+145.
[329] 贺京同，王辉．要素价格扭曲和需求结构失衡 [J]．现代管理科学，2016 (8)：21-23.
[330] 张建平，葛扬．土地配置扭曲与城乡收入差距——基于城镇化不平衡发展的视角 [J]．华中农业大学学报（社会科学版），2021 (3)：172-181+192.
[331] 刘吉双，韩越．培育新型农业经营主体视域下农村土地流转价格的测算及应用 [J]．学术交流，2019 (2)：114-120+192.
[332] 蒋含明，李非．经济发展、企业家精神与劳动报酬份额下降 [J]．财经问题研究，2012 (7)：85-93.
[333] 张山虎，杨俊青．总体报酬对和谐劳动关系的影响——基于人力资本投资视角 [J]．经济问题，2017 (3)：19-24.
[334] 陈怡，周曙东．外商直接投资对内资企业工资影响的研究——基于中国省际面板数据的实证分析 [J]．南京农业大学学报（社会科学版），2009 (2)：43-47+53.
[335] 郭威．中国渐进式改革的实践演进、逻辑机理与借鉴意义 [J]．科学社会主义，2019 (5)：121-127.
[336] 钱龙，周绍东．中国的收入分配与高投资低消费：一个协整分析 [J]．兰州商学院学报，2010 (1)：62-67.
[337] 刘凤良，章潇萌，于泽．高投资、结构失衡与价格指数二元分化 [J]．金融研究，2017 (2)：54-69.
[338] 李强．全面对外开放与中国经济发展：改善分配还是促进增长 [J]．经济问题探索，2019 (4)：27-35+58.
[339] 常文涛．财政基础公共服务支出对城乡居民消费差距的效应检验 [J]．学习与探索，2020 (3)：103-110.
[340] 赵娟霞．劳动力价格对中国居民消费需求的影响 [J]．价格理论与实践，2015 (6)：49-51.

[341] 储德银，闫伟．税收政策与居民消费需求——基于结构效应视角的新思考 [J]．经济理论与经济管理，2012 (3)：53-63.

[342] 刘英．地区开放因素对中国城镇居民消费影响的实证分析 [J]．国际贸易问题，2007 (1)：30-37.

[343] 靳涛，陶新宇．政府支出和对外开放如何影响中国居民消费？——基于中国转型式增长模式对消费影响的探究 [J]．经济学（季刊），2017 (1)：121-146.

[344] 桑百川．外商投资对中国居民消费的影响 [J]．开放导报，2002 (5)：34-35.

[345] 王玉凤，肖宏伟．财政支出、居民消费与经济波动——基于动态随机一般均衡模型（DSGE）的分析 [J]．科学决策，2015 (2)：30-42.

[346] 贺俊，刘亮亮，张玉娟．财政分权、政府公共支出结构与居民消费 [J]．大连理工大学学报（社会科学版），2016 (1)：31-36.

[347] 李少博，刘亮亮．宏观税负、政府公共支出与中国居民消费 [J]．天津大学学报（社会科学版），2015 (6)：503-507.

[348] 周少甫，白羽．空间面板杜宾模型的 Bootstrap Wald-COMFAC 检验研究 [J]．统计与信息论坛，2016 (5)：3-7.

[349] 杨姗姗，任冬梅，贾菲．空间计量理论与应用研究综述 [J]．统计与决策，2020 (6)：39-42.

[350] 李文溥，龚敏．要素比价扭曲与居民消费不振 [J]．高校理论战线，2013 (1)：63-69.

[351] 何春丽，曾令秋．要素市场扭曲对中国缩小城乡居民消费差距的影响 [J]．改革，2019 (7)：150-159.

[352] 李莹莹．要素市场扭曲对城乡居民收入与消费的影响分析 [J]．商业经济研究，2020 (23)：48-51.

[353] 吕志科，曾馨．城乡收入不平等对消费结构的影响——基于有限理性决策视角 [J]．湘潭大学学报（哲学社会科学版），2020，(6)：74-79.

[354] 陈彦斌，王兆瑞．提升居民消费与推动中国经济高质量发展 [J]．人文杂志，2020 (7)：97-103.
[355] 潘海峰，魏宏杰．金融发展、FDI 与经济增长关联性的空间效应特征识别 [J]．统计与决策，2018 (22)：154-157. 2
[356] 易淼，赵磊．新时代中国收入分配体系建设初探——基于马克思“分工-利益-分配”的逻辑 [J]．教学与研究，2018 (9)：30-37.
[357] 杨喜，卢新海，沈纬辰．土地要素投入对城市经济增长空间溢出效应 [J]．经济地理，2020 (10)：83-90.
[358] 方杰，温忠麟．三类多层中介效应分析方法比较 [J]．心理科学，2018 (4)：962-967.
[359] 温忠麟，张雷，侯杰泰，等．中介效应检验程序及其应用 [J]．心理学报，2004 (5)：614-620.
[360] 张涵，康飞．基于 bootstrap 的多重中介效应分析方法 [J]．统计与决策，2016 (5)：75-78.
[361] 许水平，尹继东．中介效应检验方法比较 [J]．科技管理研究，2014 (18)：203-205+212.
[362] 韩海燕．国内大循环视角下居民消费能力提升分析——兼论居民债务风险问题及其化解 [J]．中国特色社会主义研究，2020 (4)：40-46.
[363] 杨灿明，郭慧芳，赵颖．论经济发展方式与收入分配秩序 [J]．财贸经济，2010 (5)：37-46.
[364] 谢琦．国民收入分配对居民消费需求的影响 [J]．现代经济探讨，2013 (3)：30-33.
[365] 张来明，李建伟．收入分配与经济增长的理论关系和实证分析 [J]．管理世界，2016 (11)：1-10.
[366] 孙豪，毛中根．中国居民消费的演进与政策取向 [J]．社会科学，2020 (1)：72-84.